中央党校（国家行政学院）
离退休人员科研成果资助出版项目

哲学观和哲学形态史讲演录

侯才 著

人民东方出版传媒
People's Oriental Publishing & Media
东方出版社
The Oriental Press

图书在版编目（CIP）数据

哲学观和哲学形态史讲演录 / 侯才 著 . — 北京：东方出版社，2024.1
ISBN 978-7-5207-3682-4

Ⅰ．①哲…　Ⅱ．①侯…　Ⅲ．①马克思（Marx, Karl 1818–1883）—哲学思想—思想研究②恩格斯（Engels, Friedrich 1820–1895）—哲学思想—研究　Ⅳ．① A811.63

中国国家版本馆 CIP 数据核字（2023）第 190622 号

哲学观和哲学形态史讲演录
（ZHEXUEGUAN HE ZHEXUE XINGTAISHI JIANGYANLU）

作　　者：侯　才
责任编辑：张永俊
责任审校：曾庆全　金学勇
出　　版：东方出版社
发　　行：人民东方出版传媒有限公司
地　　址：北京市东城区朝阳门内大街 166 号
邮　　编：100010
印　　刷：北京明恒达印务有限公司
版　　次：2024 年 1 月第 1 版
印　　次：2024 年 1 月第 1 次印刷
开　　本：710 毫米 ×1000 毫米　1/16
印　　张：23
字　　数：289 千字
书　　号：ISBN 978-7-5207-3682-4
定　　价：88.00 元
发行电话：（010）85924663　85924644　85924641

序 言

本书收录了我为在校博士和硕士研究生、导师制在职研究生等开设的两个专题的系列讲座。这两个专题的视域或许都较为特殊。

哲学观的讲座聚焦于中西哲学史上若干富有影响的哲学家，对其哲学观进行了考释。一定的哲学观构成一定的哲学体系的内核和灵魂。把握一定的哲学观不仅是深入该哲学体系的基本门径，而且也是把握该哲学体系的要旨。或许正因如此，加之这一课题相关研究成果匮乏，这一讲座的开设在当时激起了研究生们的极大兴趣。遗憾的是，这一研究和讲授后来被行政和其他工作事务打断，未能得到延续、深化和扩展，而且后来竟无机会专门返回到这一题目上来。因此，讲座稿也就基本上滞留在始初的状态，成为一种历史的记录。在该系列讲座的"导论"中，我稽以历史，尝试论从史出，也阐述了自己对于哲学的一种粗浅的理解。

"马克思恩格斯哲学形态演变史略"讲座源于我主编的《马克思主义哲学形态演变史》（全5卷，国家出版基金资助项目，黑龙江人民出版社2013年版）第一编"马克思、恩格斯哲学形态"文稿。现将其独立出来并进行了必要的校订。该题目是我多年来为各类研究生所开设的基础课程。《马克思主义哲学形态演变史》一书是首本，也是迄今唯一一本从"哲学形态学"的角度来撰写的马克思主义哲学发展史的著作。这或许是该书最主要的特色。此外，按照我自己的学术观点，该书还特别突出了马克思与恩格斯所分别开启和代表的扬弃传统形而上学与复兴传统形而上学这两大彼此交织的哲学传统的主线。对于马克思主义哲学发展史的内在逻辑固然可以从不同的角度作出不同的描述，但无论如何，如何对待传统形而上学，是一个较为基本和重大的问题。它直接关系到近代以降哲学所实现的根本性的转型及其评判，直接关系到在当代历史条件下对马克思主义哲学特别是马克思本人哲学之本质的理解，也直接关系到当代中国马克思主义哲学形态的构建。就马克思和恩格斯的哲学思想发展而言，我在文稿和相关的讲授中着意挖掘和突出了马克思和恩格斯自己所创制的、具有其哲学思想发展阶段之标识性的概念。例如，马克思在其早期曾先后用"新唯理论"（亦可译成"新理性主义"）、"最新哲学"、"彻底的自然主义或人道主义"、"现实的人道主义"以及"新唯物主义"来标示自己的哲学。显然，这些概念的迁移、递进和转换就构成了马克思早期思想发展即由"新唯理论"到"新唯物主义"这一转变的内在逻辑。作为马克思哲学起点的"新唯理论"概念是马克思在其博士论文的准备笔记中提出的，它清晰地表明写作博士论文时期的马克思虽然总的说来还基于黑格尔哲学的立场，但已经将黑格尔哲学视为"旧唯理论"，开始有意识地与其划清界限（顺便指出，这一重要概念迄今仍未受到学界的注意和重视）。与马克思早期思想发展的情况相类似，恩格斯在其晚年也先后提出了"现代唯物主义"、"辩证的同时又是唯物主义的自然观"以及"历史唯物主义"等概念，用来标志他和马克思的哲学思想。这些概念也清晰地呈现了恩格斯后期哲学思想发展的趋向和轨迹。应该说，通过概念这一纽结来把握整个逻辑之网进而把握客观对象，是黑格尔哲学的重要遗产，也是所谓哲学形态学的基本要求。

最后应予说明的是，鉴于教学需要，《马克思主义哲学形态演变史》一书基本上沿用了教科书的体裁和形式。该体裁和形式的优点是要求表述尽可能客观、准确、稳妥、简明。但是其局限也很严重，即无法就重要观点展开自由、深入和充分的学术讨论。这当然非常令人遗憾，因为读者如果想深入了解作者的观点，就只能去进一步阅读作者的相关著作和论文了。

本书的出版得到中共中央党校（国家行政学院）离退休干部局专项基金的资助，责任编辑张永俊为本书的付梓付出了辛勤努力，谨在此深致谢意。

2023 年 9 月 24 日

目 录

上编

历史上的哲学观——哲学的自我反思[①]

---

① 本编内容系作者于 2005 年为中共中央党校（国家行政学院）2003 级马克思主义哲学专业博士研究生所开设的"哲学基础理论研究"课程的系列讲座稿，其中有的文稿发表过，有的尚未发表。

第一讲 导论：哲学的历史解读、当代阐释和未来趋向

"哲学是什么？"是哲学的元问题。哲学的一切问题都以此问题为引导。哲学家们不断从这一问题出发，进行思想的追索，又不断返回到这一问题上。哲学的本性似乎总是隐藏着，诱使人们去探寻和揭示。如果说，哲学的本性构成哲学思考的永恒的主题，那么，哲学史就是"哲学是什么？"这一问题的答案的不断更新。在哲学史上，每一位哲学家都对哲学给出了自己的回答，但似乎还未有一位哲学家从整个哲学发展历史的角度对哲学给出一种令人信服的总体性的回答和描述。

一、哲学的历史解读：智慧及其一般、特殊和个别表现

由于对哲学概念本身的认识不管对哪一个哲学家而言都构成其哲学体系的核心和基础，不同的哲学学说或哲学体系首先和直接源于对哲学概念本身的不同理解。初看上去，哲学概念似乎只是主观的和相对的，但实际上，哲学自有其自身的客观蕴含和规定性。哲学的蕴含和规定性就体现在哲学发展的历史过程中。这表现在一般、特殊和个别三个层面。

首先，对哲学的理解在发生学和词源学的意义上是统一的，这体现哲学所具有的一般含义。

其次，哲学也具有其特殊含义。哲学的特殊含义，是指在不同的历史时期，人们的社会实践活动的内容和水平不同，人们认识的重心和哲学研究的主题不同，从而不同历史时期的人们对哲学的理解和界定也就不同。每一具体历史时期的哲学家的认识总是要这样或那样地受到其所处的特定社会历史条件的规定和制约。正如黑格尔所云，哲学是时代精神的实质的思维，而哲学家不能超出他的时代，正像人的肉体不能超出自己的皮肤①。

最后，哲学还有其个别含义，即每个哲学家对哲学都有自己的独特理解，这种理解除了受到哲学家所处的一般社会历史条件的规定，还受到每个哲学家自己所处的独特的家庭和社会环境以及哲学家本人的个性的规定。这一个性自然也会不可避免地在他的哲学理论中反映出来。

综上所述，可以对哲学概念作出三层含义的理解和解读：

其一，在一种发生论意义上的具有普适性的普遍的哲学概念；

其二，反映不同历史时期的认识重心和哲学主题的特殊的哲学概念，即在每一历史时期，不同的认识重心、不同的哲学研究主题所规定的具有不同含义的哲学概念；

其三，与哲学家的个性和独特视角相联系的、反映在各个独特哲学理论体系中的个别的哲学概念。它通过不同色彩的理论体系、不同的理论个性表现出来。一般说来，哲学家理论体系所具有的独有视域和个别含义，就体现该哲学家对哲学概念的独特理解。

（一）关于哲学的一般含义——爱智或智慧

首先，需要从发生学、词源学意义上考察哲学作为一种原初概念所具有的一般的或普遍的含义。为什么要追究发生学意义上的哲学的含义？

---

① 参阅黑格尔《哲学史讲演录》第 1 卷，贺麟、王太庆译，商务印书馆 1981 年版，第 57 页。

这是因为，正是在哲学的最始初的定义中包含了哲学以后一切发展及其样式的萌芽。这一含义虽然是哲学的最始初的含义，但无疑也是哲学的最基本的含义。如果把哲学比喻成一棵已衍生成的大的系谱树的话，那么，它的谜底在树根中。正如尼采所说："科学犹如一棵大树，我们能够攀援粗壮的树干和较低的分枝，但却不能攀援树枝和树梢，否则我们就会掉下来，同时又肯定会因此折断较低的分枝。哲学也是如此。"①

所以，如果从发生学、词源学意义上去追溯，应去追寻哲学之思这棵树的树根。正如树的谜底存在于树根中，哲学的谜底也存在于哲思之根中。海德格尔在 1919 年的一次讲稿中提出哲学是"原初科学"（Urwissenschaft），追溯了作为具体科学起源的哲学概念，并将其理解为一种原初的认识方式。海德格尔将原初的哲学称为"科学"（Wissenschaft）未必合适，但是他所从事的无疑是一种对哲思之根的追究。

据现有记载，如果追溯"哲学"这一概念的最初起源，或许可以追溯到荷马史诗。在荷马史诗《奥德赛》第 412 节中，"智慧"（σοψια）一词已经出现，虽然在诗歌中该词只是被用来具体指谓造船工匠的技艺。尔后，在前苏格拉底哲学中，"哲学"和"哲学家"（ψιλοσοψος）等词已获得了它们的普遍意义②。其中，赫拉克利特首次赋予哲学以研究事物本性的含义。他最早使用了"爱智"（ψιλοσοψια）一词，其意为与存在整体相适应、相统一③。总的说来，古希腊哲学家们对哲学的理解大体上是遵循赫拉克利特所规定的方向前进的。例如，苏格拉底把哲学理解为"在每

① 尼采：《哲学与真理》，田立年译，上海社会科学院出版社 1993 年版，第 146 页。

② "智人"见赛诺封《残篇》2，12；"哲学"见希罗多德《历史》卷 1，30；"哲学家"最初见赫拉克利特《残篇》35。见 E. 策勒尔《古希腊哲学史纲》，翁绍军译，山东人民出版社 1992 年版，第 24 页注 1。如学者们所考释，"哲学"一词在古希腊语中为"爱智"（ψιλοσοψια），其词根为"智慧"（σοψια）。在笔者看来，"爱智"与"智慧"两词的区别主要在于，后者强调的是活动的产物和结果，而前者强调的是活动本身。

③ Martin Heidegger, *Was ist das-die Philosophie?*, Pfullingen: Neske, 1956, S.21–38.

类事物中爱存在自身",柏拉图把哲学看作有关存在者或永恒物、不变物的认识①,亚里士多德把哲学视为对事物本体、始因和特性的研究②,等等。这种界定表明,哲学家们在最初制定和使用智能概念时,已经赋予其普遍或一般智慧的内涵。

日本学者西周选用汉语"哲"字来译希腊语 σοψια 一词,并提出"哲学"这一译名,虽然具有某种西化的色彩,但也不乏一定的合理性。"哲"在我国古汉语中为"智"之意。《说文》释:"哲,知也。从口折声。哲或从心。古文哲从三吉。"又据段玉裁释云,在古汉语中,"哲"字有三种写法:"《说文·日部》:晢,昭晰,明也,从日折声。《口部》:哲,知也,从口折声。《心部》:悊,敬也,从心折声。三字各有属本义,而经传多相假借。"就段氏论及的"哲"字的这三种写法而论,从心折似乎强调的是思维活动,从口折似乎强调的是语言表述功能,而从日折似乎强调的是思想和语言表述的明晰性。据考,"哲"字在甲骨文中未见,金文多写作"悊",从心折声,即侧重强调的是思维活动。如青铜器"曾伯桼簠"上的铭文:"曾伯桼悊圣。"在我国上古典籍中,已有关于"哲"的一些阐释和论述。如《尚书·虞夏书·皋陶谟》中记载大禹语:"知人则哲,能官人,安民则慧,黎民怀之。"《尚书·洪范》还载有"视曰明""明作哲"等语。《孔氏传》解释说:"哲,智也。无所不知,故能官人、厚爱也。爱则民归之。"此外,在我国古代虽然没有出现"哲学"这一概念,但古文献中已有"哲人""贤哲""前哲""哲思"等各种语词和用法③。由此

---

① 哲学是关于"永恒的不受产生与灭亡过程影响的实体的知识"。见柏拉图《理想国》中译本,郭斌和、张竹明译,商务印书馆1986年版,第230页。

② "这一门学术(哲学)的任务是考察存在之所以为存在所具有的诸特性。"见亚里士多德《形而上学》中译本,吴寿彭译,商务印书馆1959年版,第61页。译文有改动。

③ 《诗经·小雅·鸿雁》:"维此哲人,为我劬劳。"《诗经·大雅·抑》:"其维哲人,告知话言。"《礼·檀弓上》:"泰山其颓乎,良木其坏乎,哲人其萎乎!"《齐民要术序》:"舍本逐末,贤哲所非。"《左传·成公八年》:"夫岂无辟王,赖前哲以免也。"《陆文龙文集·五》:"澄鉴博映,哲思惟文。"

观之，西周选用汉语中的"哲"字来译 σοψια 一词，大体说来是贴切的。这也是该译名得以流传和广为接受的原因。

总之，智慧是"哲学"的最始源、最基本、最一般的含义。就此而论，哲学堪称为一般智慧，有理由被称为智慧之学。

（二）关于哲学的特殊含义——自然智慧、精神智慧、生存智慧

哲学同其他学科一样，也是一门历史的学科。如果我们运用历史主义的方法，将哲学作为一个历史概念来考察，那么，它的定义就存在于哲学史的发展过程中。从根本上说，哲学理论可以归结为哲学的实践，而哲学的实践就是哲学本身发展的历史。从这个意义上，我们可以把哲学理解为人类精神整体形态的容器，来从中寻觅和捕捉人类精神演化的轨迹。黑格尔早在《德国唯心主义始初系统纲领》中就已致力于哲学历史演变和发展趋向的宏观揭示，青年马克思在其博士论文《德谟克利特的自然哲学和伊壁鸠鲁的自然哲学的差别》中以及青年恩格斯在其《十八世纪》中也都曾对迄近代为止的哲学发展的历史线索作过天才的描述。从今天的视域出发，已经有条件尝试对迄今整个人类哲学认识发展的历史作出进一步的更为宏观和完整的描述。

作为一门历史的学科，哲学受制于人类社会实践的发展以及由此带来的认识重心的迁移和时代主题的变换。

正如日益被学者们所普遍认同的，从一种较为宏观的视域来看，有理由把哲学史中哲学研究重心迁移的轨迹描述为由古代的"自然"到近代的"精神"再到现代的"人"本身的过程：在古代，哲学认识的重心是广义的自然，而人虽然具有一定的独立性，却是作为自然的有机组成部分而出现的。近代以后，哲学认识的重心则日渐转移到人的意识、精神层面，尔后到了现代，则是人、人的存在本身。据此，也完全有理由，相应地把从古至今的哲学分别界定为自然智慧、精神智慧和生存智慧。

1. 古代：以广义的自然为主要对象的本体论哲学概念——自然智慧

在古代哲学中，人与自然处于天然的联系中，主、客体关系还潜伏在人与自然的原始统一性之内。哲学意识追寻和探究的重点是世界的统一性和始源，"实体"范畴居于中心地位，能够表达哲学主题的命题是"我们时代研究的主题是实体"（亚里士多德）。亚里士多德明确指出，哲学的任务是考察存在之所以为存在，以及存在所具有的诸特性。中国古代哲学对道、无、无极、太一、理、气、心等概念的研究，古希腊哲学对理念、逻各斯、数、原子、火等概念的研究，都体现了对世界本原和统一性的追寻。这种追寻，实质上是把一般和个别或普遍与特殊的关系作为研究的重点，试图从个别中找出一般，或者说，从具体存在者中找出一般存在。例如，中国古代《易经》中的"道"与"器"，老子《道德经》中的"道"与"万物"，公孙龙的"白马非马说"，张载在《西铭》中表达的"理一分殊"，古希腊爱利亚学派围绕"一与多"这一中心问题的讨论，西方中世纪有关"唯名论"与"唯实论"的争论，等等。因此，可以说，一般与个别的关系问题构成古代哲学的基本主题和中心，古代哲学堪称以一般与个别关系研究为主题的"实体"（自然）之本体论的理论。

2. 近代：以人的认知为主要对象的认识论哲学概念——精神智慧

到了近代，人类一般认识以及哲学认识的重心发生了重大变化。首先，近代资本主义大工业以及自然科学的飞速发展，提供了这种认识重心迁移的客观基础。与大工业生产迅速崛起和发展的需要相适应，自然科学从哲学中分化出来，完成了从经验科学向理论科学的转化。这一变化又转而对生产力的发展起到了决定性的作用。马克思指出，只是到了近代人才在总体上成为真正意义上的主体。也就是说，人借助于工业和科技的力量开始"征服"和"统治"自然，成为真正意义上的周围自然环境的主人。由于发生了这样的变化，人凭科技、工业的力量同自然相分离，从而，从理论上客观地认识和把握外在世界的任务就被提到了首位，具体地说，从理论上如何把握客观世界的本质和规律等认识问题就凸显出来，认识论就成了最受关注的哲学领域。于是，思维与存在的关系这一认识论领域的基本矛盾、基本范畴就获得了一种普遍的意义，取代了古代哲学中个别与一般的范畴所具有的主题与中心的地位。这时，精神、理性等范畴被置于了至高地位，具有时代精神的哲学命题是"我思故我在"（笛卡尔），而哲学则堪称思维之认识论的理论。黑格尔在《德国唯心主义始初系统纲领》中对此作出了明确表述："我要从自然迈向人的作品，即指明人的理念。"①恩格斯在《费尔巴哈论》中指出，思维和存在的关系问题到了近代才获得其全部意义，成为哲学的最高问题。从这个意义上说，近代哲学以认识论为统领，基本或主要是认识论哲学。冯友兰认为哲学是关于反思的哲学，是对已有的认识的再认识。这一定义的合理之处就在于它首先是对近代哲学特质的一种描述。毛泽东也讲过哲学就是认识论，实际上这一概括也主要是基于近代哲学的本质特征。可是，到了现代，由于哲学认识的重心发生了变化，哲学的含义也发生了变化，这种概括的限度就显现出来了。

3. 现代：以人的自身存在为对象的人本论或生存论哲学概念——生存智慧

值得注意的是，19 世纪以后，特别是到了 20 世纪，哲学研究的重心和时代主题再次发生转换，即主体范畴被置于核心，主、客矛盾愈益尖锐与突出，"世界是我的表象"（叔本华）、世界是"只有强力意志此外皆无的世界"（尼采）、"人是人的最高本质"（费尔巴哈）、"我们研究的出发点是现实的个体"（马克思、恩格斯）、"一切存在论所源出的基础存在论必须在对亲在的生存论分析中来寻找"（海德格尔）等命题成为富有时代

---

① Hegel, *Das aelteste Systemprogramm des deutschen Idealismus*, in *Mythologie der Vernunft,* Hrsg.v. Christoph Jamme u. Helmut Schneider, Frankfurt am Main: Suhrkamp, 1984, S. 12.

特征的标志，而哲学则开始成为完全意义上的人的自我理解、自我表达的工具，成为人的存在之人本论或生存论的理论。哲学发生的这种嬗变从根本上说与社会实践的发展相联系，是随着资本主义以及资本主义所开辟的现代化进程的深入发展而出现的。由于市场经济社会形式中的社会、历史所创造的人为因素愈益压倒和消解了土地所有制社会形式中的占优势的自然联系，国际资本的扩张带来的功利主义和消费主义的普遍化，以及科学技术力量急剧增长过程中的盲目性和失控等给人的自身存在和发展所造成的威胁，出现了像马克思所描述的"物的世界的增值和人自身的贬值"的"异化"问题，以及市场经济的发展、资本的扩张、科学技术力量的急剧增长所带来的一些其他方面的负面影响等问题。于是，人们对以思维与存在的关系为中心以及强调人的理性的作用的近代哲学认识论模式提出了质疑。同时，人们越来越关注人本身和人的生活方式、生活世界，关注人的主体地位和人的价值问题。这种变化总的说来是在人这一研究对象自身内部发生的，即由研究人的精神、意识层面转移到研究人的存在、人的整体。

在西方，19世纪后哲学重心由人的精神、意识层面向人、人的存在本身的转移主要是沿着两条路线进行的：其一，由叔本华通过返回古印度哲学所开启的路线，它后来通过唯意志论伸展到现象学、存在主义乃至现代解释学；其二，是在黑格尔主义基础上产生的由青年黑格尔派特别是鲍威尔、费尔巴哈、施蒂纳、赫斯开启的路线，它直接导致了马克思主义哲学的产生。早在1819年，叔本华就以其《作为意志和表象的世界》开始了哲学重心的变奏。他通过"世界是我的表象"这一命题表明了这一理解：世界上的一切东西都以透过主体为条件，也只对主体存在。此后，叔本华的后继者尼采在晚年的哲学札记中提出重估一切价值。他认为，应该重视、检验"轮回说"是否真实，如果轮回说是真实的，那么，显然一切价值都必须重估。他致力确立的价值是作为生命表征的"强力意志"。类似的情形也发生在青年黑格尔派哲学中。费尔巴哈把笛卡尔的"我思故我在"的命题修改为"我欲故我在"[1]，昭示了一种逾越片面诉诸精神之抽象主体性的尝试。但是，费尔巴哈却仍将苏格拉底的"认识你自己"这一箴言作为《基督教的本质》一书的警言和主题，这表明他尚未彻底摆脱这种抽象主体性的重负和纠缠。与费尔巴哈比较，在对时代精神的捕捉上，施蒂纳则表现出了更为敏锐的洞见，他以更贴近现代的眼光校正了费尔巴哈的说法："在我们时代的入口处铭刻着的不再是阿波罗的'认识你自己'，而是'实现你自己的价值'！"[2]施蒂纳把作为欧洲近代文化核心的个体主义发扬到极致，把"自我"提升到世界的主宰——"创造性的无"，成为尼采哲学和巴枯宁主义的先驱。与其他青年黑格尔派学者不同，赫斯在扬弃费尔巴哈感性直观的基础上，径直诉诸人的行为、实践，从人的行动、人的实践来理解人的存在及其本质。他以"行在思之先"对笛卡尔的"我思故我在"提出根本性的诘问和质疑，表达了"我行故我在"的独特的运思[3]，从而预示了马克思的以实践为基础的"新唯物主义"的诞生。

总的说来，19 世纪后哲学研究重心的迁移是在人、主体这一研究对象的自身之内发生的。由人的意识、精神的层面转到人的存在本体，这表明了人对自身认识的深化与拓展。可以说，迄今为止的整个西方哲学乃至世界哲学，总体上是从古代的有关自然（"实体"）的本体论之理论，发展到近现代的有关人（"主体"）的主体性之理论。

如上所述，由古代的自然、"实体"到近代以来的人、"主体"这种哲学的重心的迁移和主题的转换的社会历史根源，是近代工业所带来的生

---

[1] 《费尔巴哈哲学著作选集》上卷，荣震华、李金山等译，商务印书馆 1984 年版，第 591 页。

[2] Max Stirner, *Der Einzige und sein Eigentum,* Stuttgart, 1981, S. 353.

[3] Moses Hess, *Philosophische und sozialistische Schriften,* Hrsg. v. Cornu und Moenke, Berlin, 1961, S. 210.

产力的迅速发展及其引起的人与外部环境、人与自然之间空前广泛、深刻的相互作用。可以说，近代工业社会是人类发展史上的一个转折点。近代工业社会开创了这样一个人类发展史上的新时期：在这个时期中，"历史只有在对主体的思维中才能被自觉地创造"[①]。

在当代，特别是在西方发达国家，对主体性的推崇和高扬正在走向自己的反面。主体和主体性的中心地位遭到诘问和质疑，呈现出一种"超越"主体性原则以及与其相联系的主客两分思维模式的倾向。但是，由于主体性精神主要与近代工业开启的现代化进程相联系，是现代化进程的本质规定，而就世界范围而言，现代化进程迄今还远未完成，即使就发达国家来说，这一过程也依然没有终结，所以，主体性原则和主客体矛盾在当代哲学中的基础地位实际上并没有完全丧失和隐退。

（三）关于哲学的个别含义——自然、精神和生存智慧的各种具体样式

哲学不仅有其普遍含义和特殊含义，而且有其个别含义。哲学的个别含义，要受人类的一般生存条件和每一历史时期特定历史条件的规定，但更直接地是要受到哲学家个人所处的周围特定社会环境和条件以及哲学家本人所具有的个性的制约。总的说来，因为每个哲学家所处的生存环境、个性乃至观察视角不同，所以，即使是处在同一历史时期以及有着共同的认识重心，哲学家们对哲学的理解以及为此所规定的哲学表述的内容也会有所不同，而哲学的普遍含义和特殊含义就寓存于不同的哲学家所赋予哲学的各种不同的个别含义之中。

比如，同是对万物始源和统一性的描述，老子将它表述为"道"，同时还界说为"大""无""玄"；上海博物馆收藏的楚简《恒先》一文将它表述为"恒"；张载把它表述为"气"；程颐、程颢和朱熹将它表述为

[①]　卢卡奇：《社会存在本体论导论》，沈耕等译，华夏出版社 1989 年版，第 336 页。

"理"；等等。

比如，同是西方古代本体论哲学，但在柏拉图和阿奎那那里，其表现形式大相径庭。柏拉图在《理想国》第六卷中阐述了这样的观点，他认为，哲学是能够把握始终如一的事物的东西，它始终爱那种由存在向它显露的不会因产生和消逝而改变的某种事物的知识。这样，哲学不会停驻于多样的、被视为存在者的个别事物；相反，它要追寻存在，就要继续前进，不使自己迷惑。这典型地表达了西方古代的本体论哲学观，即一种理性本体论哲学。托马斯·阿奎那也认为，哲学关注智慧就是关注理性和真理，不过这个理性和真理是上帝的理性和真理。每件事物的终极目标为该事物的第一发动者和运动者所决定，这一宇宙的第一发动者和运动者就是理性。因而，宇宙的最后目标必然是理性之善。然而理性之善就是真理，所以真理就必然是整个宇宙的终极目标，智慧首先必须致力于关注它。他认为，就上帝的意义而言，真理有两种类型：一种真理与上帝有关，是人类理性的整体能力达不到的；另一种真理是理性本身能够达到的，它是哲学家们通过"自然理性之光"的指引能够证明的真理。这表达了西方中世纪的神学哲学观，但其本质却仍是本体论的，是一种神学本体论。

又比如，笛卡尔、霍布斯和黑格尔同为近代哲学家，但对认识论哲学的认识和表述形式也十分不同。笛卡尔从认识论的角度指出，哲学这个词意味着学习智慧，人们不能把智慧理解为日常的聪明，它应该是关于一切事物的完整知识。这些知识是人能够认识的，不仅为了他的生存定向而拥有，而且也为了他的健康而获得和为了他的艺术而发现。进一步说，它是为了获得从中引申出第一因的知识所必需的。霍布斯同笛卡尔一样，也从认识论的角度来论述哲学，但却是用的另一套说法。他在著作《论身体》中写道：哲学是来源于始因的作用或现象的理性知识，或者反过来说，是来源于显著作用的可能和产生根据的理性知识。哲学的目标和任务就在于，利用对我们有用的可预见的作用，或者使我们通过身体的交互作用形成一致的作用，以便使人类的生活变得轻松。黑格尔在其《法哲学原理》中申明，哲学的任务在于理解存在的东西，因为存在的东西就是理性。这种看法可以说是一种精神本体论的立场，但同时也更有理由说是一种认识论的立场，因为黑格尔十分自觉地把思维与存在的关系问题作为其哲学的中心，把整个哲学史理解为绝对精神自我认识的历史。

再比如，当代哲学家们对人本论或生存论哲学的不同表述。海德格尔从其存在主义哲学的角度来阐述哲学的含义。他认为，哲学是把我们"带入形而上学的通道"（DAS IN-GANG-BRINGEN）的东西。而形而上学的通道就是关于存在的研究。只要人类存在，哲学思考就以某种方式呈现。在形而上学中哲学复归自我和它自己的表述任务。哲学只有提供自我存在（EIGENE EXISTENZ）个性地进入整体形式的"亲在"这种基本的可能性，才能走进通道。应该说，在这里，海德格尔极其鲜明地代表和表达了当代哲学的人本论或生存论的主题，但却是带有其浓厚的"基础存在论"色彩的。雅斯贝尔斯与海德格尔同是存在主义哲学的代表，但是他对哲学却作出了另一种形式的理解和界定。他认为，哲学的意义在于：从现实中看出起源；通过像我思考着对待自我的方式、内在行为的方式把握现实；向我们开启理解对象的广度；人对人的交往采取勇于争辩真理各种意义的形式；理性在最陌生物和无反映物面前清醒地保持容忍和独立。在他看来，哲学是一种专注物，通过它人成为他自己，以及分享现实。至于维特根斯坦的分析哲学、哈贝马斯的商讨理论等其他当代哲学理论，虽然也关涉人的生存，但对于哲学的理解和表述在形式上与存在主义哲学相比就更加不同了。

二、哲学的当代阐释：人类理性与良心的共同承担者和立法者

如前已述，在现代，哲学是关于人的生存智慧的学说。但是，对于"生存智慧"人们显然可以作出各种不同的理解和解读。

鉴于哲学发展的历史及其逻辑，鉴于近代以降科学从哲学中的分化以及由此导致的科学与伦理、真理与价值、科学精神与人文精神等的分裂，鉴于当代人类社会实践发展的迫切需要，或许有必要依据哲学发展的历史逻辑和当代社会实践的客观需要对所谓生存智慧进而对哲学的本质进行新的揭示、描述和界定。笔者认为，据此而论，哲学——能够代表人类未来合理发展趋向的哲学——不是别的，就是人类的理性和良心，确切地说，是人类之理性与良心的共同承担者和立法者。

所谓人类之理性和良心的共同承担者和立法者，意味着哲学是科学性与价值性的有机统一，即哲学完整本性的实践化和现实化，是哲学自身的自由和自觉。

首先，这种理解和界定是基于哲学历史发展逻辑的必然。回顾哲学史，我们不难发现其中蕴含的相关线索及其展开。在西方，在柏拉图的"哲学王"的理想模式中已含有哲学是立法者的思想。柏拉图不仅希冀哲学成为理论的立法者，而且希冀哲学成为实践的立法者，希冀哲学成为理论与实践立法者的统一体，甚至希冀这种统一体在主体的承担者即君主身上得到直接的体现。在康德哲学中，哲学的功能性本质首次得到自觉和明晰的表述。康德把哲学不仅理解为理性的立法者，而且理解为理性的最后目的。康德认为，哲学为理性立法主要表现在哲学赋予知识以价值，它为知识使用的价值立法，因此，哲学可以称为理性的最高箴言的科学。遗憾的是，康德从理性主义的立场出发，只谈及哲学为理性立法，即为知识使用的价值立法，而没有关注和谈及哲学为一般价值本身立法。当尼采把哲学定义为"文化的医生"时，显然是受到了康德哲学

的影响。但尼采把康德的"理性"改换成"文化",开始表达出对哲学功能的一种全面的理解。理性和价值毕竟是文化中的决定性要素,因此,谈及文化,就同时包容了理性和价值。哲学只有通过为理性与价值共同立法才能使文化的痼疾得到诊治。当费尔巴哈说哲学的主要工具和器官是"头"与"心"时,他大概首先想到的是康德对哲学的界定。与康德的不同之处是,他不仅讲到头、讲到理性,而且讲到心。费尔巴哈认为,头是思维的原则、男性的原则、德国式的唯心主义的原则,而心则是直观的原则、女性的原则、法国式的唯物主义的原则。费尔巴哈对心的理解虽然主要是从认识论而非伦理学的角度,但是头与心在这里已俨然作为哲学的"两翼"出现。马克思承继和发挥费尔巴哈的思想,把"哲学"和"无产阶级"分别视为"人的解放"的头脑和心脏。在马克思那里,哲学与无产阶级在一定意义上是同一的:哲学把无产阶级当作自己的物质武器,而无产阶级则把哲学当作自己的精神武器。这样,作为哲学的头脑不过是无产阶级的理论表现,而作为无产阶级的心脏不过是哲学的实践化身,是哲学的实践载体和价值载体。归根到底,它们共同隶属和服务于人的解放这一目标。到了现代,海德格尔用"存在"或"本在"统摄主体与客体、真理与价值,并具体诉诸人的"亲在",而西田几多郎则用"纯粹经验的世界"或"历史的世界"比海德格尔更彻底地表达了一种主客不分、物我合一的统一境域。

其次,这种理解和界定是基于当代人类社会实践的需要。近代以降,由于人凭借科技和工业的力量开始成为真正意义上的周围自然的主体,各门具体科学从哲学中分化出去,以及市场经济所带来的负面影响,物与人的世界、科学与价值的世界发生了空前的分裂,即理性脱离了价值的统摄,而价值则脱离了理性的基础。由此,就赋予哲学一项特殊然而也是一项紧要的任务,即作为纽带或桥梁把这两个分裂的甚至已经变得彼此外在的世界联结、统一起来。这是当代哲学的一项重要的责任和使命。

最后，这种理解和界定归根到底也是基于人类生命本身之内在矛盾发展的要求。人的生命是一个复杂的多方面的矛盾体。其中，先天与后天、生与死以及理性与欲望等矛盾都具有特殊的重要地位。中国古代的哲学家们将人与自然的关系归结为人性与"天道"的关系，同时又将人性区分为先天本性与后天习性，并将人的生命的完善包括生死矛盾的解决理解为从后天习性复归到先天本性进而实现与"天道"的统一的过程。而实现这种复归和统一的关键，是能够合理地对待欲望，妥善协调和处理好理性与欲望的关系。在当代，伴随全球化进程和市场经济的空前扩展，资本逻辑在一定空间和一定范围内的统治及其所带来的贪欲和致富欲也获得了空前的强化。这就使理性与欲望的矛盾更加突出，从而也就彰显了哲学的理性功能和价值功能的重要性。

就生与死的矛盾而言，哲学家们往往将这一矛盾交付宗教学家和神学家去处理。其实，这样做的理由主要是基于对理性及其限度的理解，而其理论前提则是视理性为哲学的最主要的工具以及至高的认识能力和手段。因此，本质上未免带有西方理性主义的色彩。如此说来，哲学有义务和责任逾越西方理性主义的哲学观，直面人的生命的生死矛盾，对其尽可能作出某种哲学上的解答和阐明。

哲学作为人类之理性与良心的共同承担者和立法者，其根本目标和指向是把握和趋近人的根本、本原以及世界的根本、本原，归根到底是把握和趋近世界的根本、本原。由此，哲学就在某种意义上和在更高级的基础上回归到其古代所曾具有的内涵——本体智慧。同时也表明，哲学作为一般智慧，其底蕴始终是关于终极本体的智慧，是一种直接或间接地对于终极本体的追索。正是在这里，哲学充分显露了它的大树的根柢，而中国古代哲学的智慧也由此彰显出来。

三、哲学的未来趋向：哲学的审美化

哲学研究重心与时代主题的变换以及由此导致的哲学自身的变化植根于人类社会实践的发展，同时，也在哲学与其他各种社会意识形式的关系上得到体现。伴随着哲学与社会实践的关系的变化，哲学与其他诸种社会意识形式的关系也在发生变化。

与哲学对象从古代的实体的自然到近代以来主体的人——开始是人的精神，尔后是人的存在相适应，哲学（特别是西方哲学）在与其他诸种社会意识的关系方面，大体经历了从古代的宗教化到近代的科学化再到现代的伦理化的历程，而其未来的发展趋向则是科学化与伦理化的统一——审美化。

（一）哲学的宗教化

在古代，哲学与宗教融为一体。起初，哲学首先作为宗教之子出现。它"最初在意识的宗教形式中形成，从而一方面它消灭宗教本身，另一方面从它的积极内容说来，它自己还只在这个理想化的、化为思想的宗教领域内活动"[1]。具体而论，在西方，哲学最初束缚和局限在希腊的异教信仰的范围之内。后来，它逐渐同宗教信仰发生了矛盾（自色诺芬尼始）。但当它把握了宗教信仰的普遍内容，并将其翻译、改造成思想所能掌握的意义以及通过概念的形式对其予以合理的解释之时，它便从宗教中独立出来。[2]

但是，此后哲学仍只能跟在宗教后面蹒跚而行。11—13 世纪，西方哲学甚至彻底受到了宗教教会的统治，成了神学的"婢女"。14 世纪以后，这种局面才有所缓和。这时，哲学的宗教桎梏为经院哲学所逐渐打

①《马克思恩格斯全集》第 26 卷第 1 册，人民出版社 1972 年版，第 26 页。
② 参阅黑格尔《哲学史讲演录》第 1 卷，贺麟、王太庆译，商务印书馆 1959 年版，第 77—78 页。

破，信仰的超自然特性和内容开始远离作为人类理性主要工具的哲学，成为哲学所不理解的东西，而哲学本身则只限制在世俗感性事物的范围之内（如在埃克哈特和路德那里）。

在中国古代，哲学也在某种程度上与宗教相融合。开始，哲学脱胎于原始巫教传统。后来，道家和儒家思想又在不同程度上被宗教化。但是，这种哲学的宗教化始终未达到西方那样的极致，这主要是因为中国哲学与其说把天或自然宗教化了，毋宁说把宗教的上帝或神自然化了，从而用君神合一或君权神授来论证和强调世俗统治的合法性。

（二）哲学的科学化

在西方，17 世纪是哲学与宗教关系发展的一个转折点。随着近代自然科学的诞生，哲学开始取得了对宗教的某种独立地位，它与宗教的关系开始发生根本性的变化。哲学依靠科学的支持，作为某种独立的理性力量登场，并在启蒙运动中发挥了巨大的作用，甚至战胜宗教及其实证的信仰内容。当然，即便在此时和此后，哲学与宗教也还保持着某种联系：哲学仍在某种程度上为宗教所浸染，以及始终为与其和解而努力（从德国古典哲学始：康德、雅各比、费希特、黑格尔）。

近代以后，哲学的一个重大趋向是哲学的科学化。这一方面表现在由于近代自然科学的建立而引起的各门具体实证科学与哲学的分离，以及实证科学通过为哲学提供实证性基础而愈益对哲学发生影响；另一方面则表现在哲学自身对客观性、实证性、规律性、精确性等科学观念和科学精神的认同和追求。

在这种情势之下，哲学愈来愈被科学之光所笼罩。科学性逐渐成为各门学科以至于哲学学科的合法性的根据和完善性的最高标尺。哲学家们也都自觉不自觉地把哲学的科学化作为哲学理论活动的主旨。

科学的独立化与哲学的科学化导致了哲学的内容、性质和功能等的重大改变。

在此之前，哲学是宗教之子，同时又是科学之母。它作为关于世界全部知识的总汇，独立于宗教，同时又作为凌驾于各门具体科学之上并包摄具体科学在内的"科学之科学"而存在。直到 17 世纪，哲学家们还坚持为整体世界描绘具体图画，创制包罗万象的哲学体系，并且不可避免地用理想和幻想的联系来代替尚未知道的现实的联系，用臆想和纯粹的思辨来填补事实的空白。到了近代，特别是到了 19 世纪中叶以后，随着近代理论科学的系统形成和迅疾发展，有关自然和历史的实证知识脱离哲学的母体而转归到有关的专门知识领域，传统的哲学就终结了。恩格斯曾对此作出如下总结："一旦对每一门科学都提出要求，要它们弄清它们自己在事物以及关于事物的知识的总联系中的地位，关于总联系的任何特殊科学就是多余的了。于是，在以往的全部哲学中仍然独立存在的，就只有关于思维及其规律的学说——形式逻辑和辩证法。"[①]

这种科学的独立化与哲学的科学化有其重大的历史根据。从根本上说，它反映了人类认识客观世界所取得的突破性进展及其所引起的文化的根本变迁。

就对哲学本身的影响而言，科学的独立化减轻了哲学的重负，制止了哲学的臆造和玄想的倾向，赋予哲学以前所未有的空灵性，为哲学的发展与转型创造了条件，并导致了近代哲学的复兴与繁荣。

与此同时，科学的独立化也给哲学的发展带来了困惑与难题：科学的独立化造成了哲学对科学的依赖以及科学观念、科学精神对哲学本性的过深浸润和消解。在早期的实证主义那里，已经出现把哲学归结为具体实证科学的端倪。在当代科学主义思潮中，这一倾向达到了它的顶峰。

---

① 《马克思恩格斯选集》第 3 卷，人民出版社 1995 年版，第 364 页。

显然，传统哲学中的实证知识转化为有关自然与历史的具体实证科学，并不意味着可以用全部具体实证科学取代哲学，也不意味着哲学可以归结为一种特殊的实证科学或实证科学的一个部门。哲学虽具有科学性的特点，就此而论与各门具体科学学科具有某种共同性，但毕竟不能归结为实证科学意义上的科学。究其实质，哲学具有科学性与非科学性双重品格。这种双重性根源于人的实践活动（人的存在）的内在矛盾和内在本性。人在自己的实践活动中，一方面受制于自然，以自然这一客观存在为前提；另一方面则不断努力驾驭自然，把自然人性化，使其由"无机的自在之物"变成"无机的为我之物"。因而，人的实践活动就其本性来说始终是客观性与目的性、科学性与价值性、现实性与理想性、适存性与超越性等的统一。哲学应是人的实践活动的双重本性的观念形态的综合反映与表述。只有当它全面地反映实践的双重本性及其发展要求时，它才能切实地履行自己的职能和有效地发挥自己的功用，也才能完整、充分地发展和丰富自己的本质。

可是，在科学的独断统治和科学主义的影响下，哲学的科学性一面被片面地发展了，哲学的统一本性遭到了扭曲。由此导致的必然结果是，哲学在很大程度上被隶属于科学，甚至在某种程度上沦为科学主义的牺牲品和工具。如果说，在近代始初，当科学从哲学的怀抱中分离以后，科学与哲学两者还宛若情侣和盟友，那么，此后，哲学则在一定意义上沦为科学的"奴婢"。

哲学与科学关系的这种逆转成为当代文化矛盾的一种表征。当代文化矛盾集中表现为科学精神与人文精神的分裂：人凭借科技力量而赢取的对自然的支配、对舒适生活条件的享用和对社会财富的占有，以及对物欲、功利的满足，在某种程度上是以人自身的生存环境的恶化、精神家园的疏离和普遍价值体系的丧失等为代价的。这在宏观上固然仍是一种历史进步过程，但却被赋予一种"二律背反"的形式。

　　归结起来，近代以后哲学地位和作用的改变，其终极原因可以追溯到人类实践活动的内在矛盾及其发展，而直接原因却在于：由于有关自然和历史的实证知识从哲学中分化出去，对自然的认知与对历史的理解、科学精神与人文精神、真理性与价值性、客体规定与主体取向等由哲学之内的统一变成了哲学外部的对立，科学理性脱离了价值目标的统摄与立法，而价值目标则脱离了科学理性的依托和基础。这样，就给哲学提出了一项根本性的课题和任务：提供必要的媒介与纽带，把外在对立的双方紧密地联结起来，使其彼此协调、相互制约、和谐发展。

（三）哲学的伦理化

　　哲学要完成这一任务，首先必须实现自身的伦理化①。正是在对科学和科学主义之独断统治的扬弃中，在对实践和哲学本性之全面性的呼唤中，产生了哲学的伦理化需求。

　　当代科学在充分展示其自身优越性的同时，也充分暴露出其自身的局限性：它不仅不能解决对超验性问题的探寻，满足人类对统一性的需求，而且更无法帮助人们达到对人生意义、对个体存在的现实性的理解。一旦触及人、人的存在，诸如安身立命、"修身齐家"、自我价值、善恶判断，等等，就已由科学之境转入伦理之域。真无疑永远是善的基石，但也始终需要善的引导。在此意义上，哲学乃至文化的伦理化是科学主义以及一切科学原则之绝对性的消解剂。

　　哲学的伦理化不仅直接源于科学健康发展的要求，而且也直接源于当代市场经济运作的客观需要。经济行为中对目标及其实现手段的选择，

---

①　按照笔者的理解，在狭义上，伦理与道德有别：伦理应主要体现为人们在处理自己与他人、与社会的关系方面所应遵循的规范和准则，故应称为社会伦理；而道德则应主要体现为个体在处理自身的思想和行动方面即自我意识和自我活动方面所应遵循的规范和准则，故应称为个体道德。在此意义上，个体道德构成了社会伦理的前提和基础。但是如果在广义上而言，伦理则可包括道德。在这里，笔者是在广义上来使用伦理这一概念的。

是市场经济的伦理必然性的根源。市场经济需要重视经济规律的作用，从而需要科学理性的指导，但同时也需要道德准则的强有力的约束。在合理的社会秩序中，伴随经济生活的功利驱动，必然是精神生活的伦理催化。康德在构建自己的伦理学说时对于经济伦理（亚当·斯密等人的学说）给予了特殊的关注，以致其伦理学带有某种经济伦理的性质[1]，这显然不是偶然的。

哲学的伦理化是哲学本性的题中应有之义。伦理性在一定意义上综合体现了哲学的非科学本性，诸如主体性、实践性、价值性等。哲学需要体现主体的能动选择和价值取向，需要把"价值论"渗透于本体论或存在论、认识论和方法论，需要提供对道德的涵盖和统摄而与科学相区别并与宗教、神学相抗衡。正如在某种意义上可以把认识论视为哲学的科学本性的外化，也可以把伦理学视为哲学的非科学本性特别是道德本性的外化。因而，认识论不能等同和穷尽哲学，哲学必须同时涵盖、包容认识论与伦理学。伦理、道德的核心是自由意志。道德实践是源于自由意志的一种主动选择，它表现主体对现实客观因果性的驾驭和超越，从而昭示出主体及其目的性的崇高与至上。因之，哲学伦理化的实质不外是对人的个体存在的关注和对人的主体性的高扬。哲学伦理化的现实深刻地印证了黑格尔在《德国唯心主义始初系统纲领》中的预言：整个形而上学在未来将归于伦理学。[2]

（四）哲学的审美化

哲学在经历科学化与伦理化之后，将意味着经历科学化与伦理化的

---

[1]　尼采在《人性的、太人性的》中已揭示了康德的道德与市场经济理论的前提的一致性。当代德国学者彼德·科斯洛夫斯基则又前进一步，把康德视为市场经济哲学伦理学的创立者。参阅科斯洛夫斯基《资本主义的伦理学》，王彤译，中国社会科学出版社 1996 年版，第 38 页。

[2]　Hegel, *Das älteste Systemprogramm des deutschen Idealismus,* in *Mythologie der Vernunft,* Hrsg.v. Christoph Jamme u. Helmut Schneider, Frankfurt am Main: Suhrkamp, 1984, S. 11.

统一，即哲学的审美化。狭义的或美学意义上的概念是对具有审美价值的对象的直观、感受和鉴赏。而这里说的则是广义的或哲学意义上的审美概念，它是指科学与伦理、真理与价值、因果性与目的性、一般与个别、必然与偶然、本质与存在等矛盾的和解，即真与善的交融与统一。在此意义上的哲学的审美化，是哲学本性的完满实现与完整展示，是哲学的归宿，是在扬弃主客二分基础上实现的更高基础上的"天人合一"。这样的审美化，无疑是哲学的合理趋向和应然目标。

在哲学史上，孔子提出"知之者不如好之者，好之者不如乐之者"的名言，将审美置于至高地位。苏格拉底把哲学喻为由真、善、美"三匹马"拉的马车。康德试图通过审美来克服科学和道德的二元论。特别是，黑格尔在其《德国唯心主义始初系统纲领》中已提出美的理念是"最后的理念"、"将一切协调一致的理念"以及"理性的最高方式是审美的方式"等重要论点。黑格尔把审美的方式归结为理性的方式未必合适，这无疑典型地体现了他的理性主义哲学的特色。但是，在黑格尔的论述中所包含的下述思想显然是合理的：审美的意识是哲学的最高意识，而哲学的审美化则是哲学发展的应然趋向①。

可以说，哲学的审美化，是哲学的炼狱。哲学将在这一炼狱中得到永生，而不是哲学家一再宣布的"终结"。就此言之，哲学的审美化，就是哲学的涅槃。

哲学的科学化、伦理化和审美化，哲学的真、善、美的统一，在实质上意味着在某种意义上复归人的生命的本原和根柢，复归宇宙的本原和根柢。如果说，宗教就是对人的生命本原和根柢的意识和自觉，那么，

---

① 参见 Hou Cai, *Nirwana der Philosophie, —Überlegungen im Anschluss an "Das aelteste Systemprogramm des deutschen Idealismus",* in *Hegel-Jahrbuch,* 1999（《哲学的涅槃，——对黑格尔〈德国唯心主义始初系统纲领〉的一种理解、阐释和发挥》，《黑格尔年鉴》1999 年卷）。

哲学的科学化、伦理化和审美化，同时也就意味着哲学在更高层次上向其出发的原点——宗教化的某种复归，意味着哲学重新从宗教母体中获取某种滋养，汲取必要的灵思以及重新建立与宗教的某种联盟。

第二讲　中国古代哲学：反求诸己，尽性至命

中国古代哲学的合法性问题曾是甚至迄今仍是人们争议的一个话题。或许正是中国古代哲学合法性问题的纠缠和困扰，在很大程度上妨碍了人们去进一步追溯中国古代的哲学观，以致迄今尚未出现这方面的研究成果。

本讲拟专门对中国古代的哲学观进行某种探讨和当代解读。其主要致思是：如果将哲学定义为"思之事"，像海德格尔在其《面向思的事情》一书中所主张的那样，那么，中国古代哲学在此意义上确含有关于"思之事"的一整套系统的观点和看法。

一、思之内涵

"思"的观念在我国起源很早。在《尚书》中就已有关于"思"的明确论述，涉及思的本质、内涵、作用等。

关于"思"的本质，《尚书正义》将其注疏为"心虑所行"或"心之所虑"。

关于"思"的内涵，《尚书·洪范》中系统论及"五事"："一曰貌，二曰言，三曰视，四曰听，五曰思。貌曰恭，言曰从，视曰明，听曰聪，

思曰睿。恭作肃，从作乂，明作哲，聪作谋，睿作圣。"

　　这段话中含有一个基本思想，就是："思"可通"睿"达"圣"。关于睿，《说文》解释说："深明也，通也。"周敦颐解释为"通微"；就是能察觉微小的东西，所谓洞察秋毫。对于"圣"，《说文》的解释也是"通也"，周敦颐解释为"无不通"。《尚书正义》注云："睿、圣俱是通名。圣大而睿小，缘其能通微，事事无不通，因睿以作圣也。"所以，不管是"睿"还是"圣"，实际上都是强调思的功能和作用在于达到"通"，即达到"通微"或"无不通"。

　　具体说来，这段话讲了三层意思。第一层意思是讲何谓"五事"，即"思"在广义上所包摄的五个方面的活动："一曰貌"，是讲整体的表现、形象，容仪、态度、举止；"二曰言"，是讲言语、说话、表达；"三曰视"，是讲视觉、直观、观察；"四曰听"，是讲听觉、耳闻、接收信息；"五曰思"，即狭义上的"思"，是讲反思、思考、思索、思虑、领悟。前四个方面涉及感官，最后一个方面涉及思维。所以，"五事"实际上把感觉和思维这两种人类的认识功能都表达出来了。而且，在这里，思维还被看作人类的一种最高的认识活动。

　　第二层意思是阐释"五事"的功用、要求。"貌曰恭"，是说仪表、态度的功用和要求在于体现或表达谦恭和恭敬；"言曰从"，意为言说的功用在于沟通和理解，能够相互理解作为言说者的对方所表达的思想以及达成一致或共识；"视曰明"，是讲视觉的功用和要求是清晰地直观和反映认识的对象；"听曰聪"，是指听觉的功用和要求是广泛地了解各方面的情况，听取各方面的意见；"思曰睿"，是说思维的功用和要求是深入，能够看得深远，能够通微、通达，也就是说能够洞察事物的本质和发展趋向。

　　第三层意思是解释和说明"五事"达致的结果和目的。"恭作肃"："恭"是从"貌"而来，"恭"和"肃"可以互训，"恭作肃"是讲采取恭敬的态度就能够令人肃然起敬。"从作乂"："从"是从"言"而来，"乂"是治理、安定的意思，"从作乂"是说通过言语沟通达到理解和取得共识，就能够实现人际的和谐。"明作哲"："明"是从"视"而来，"明作哲"是说清晰地直观和反映对象就能够获得有关真理的认识，有真知灼见。"聪作谋"："聪"是从"听"而来，"聪作谋"是说善于听取各方面的意见，充分发挥听觉的作用，就能够去客观地判断、谋划。"睿作圣"：睿是从"思"而来，"睿作圣"是说思虑得深远最后就能够达到无所不通。

由此可见，古代先哲始初对"思"概念本身的理解就已经有着十分丰富的内容：其一，"思"是一种包括貌、言、视、听、思（狭义）在内的广义上的认识和精神活动，这与佛教所言"六根"即"眼、耳、鼻、舌、身、意"有些类似；其二，"思"作为人的认识活动，包括感觉和思维两个方面，其功用在于彻底认识对象，从而最终实现通达事理；其三，单纯就狭义之"思"即思维本身而言，它是"五事"里面最重要也是层次最高的一件事。

孔子继承和发挥了《尚书·洪范》中关于思之"五事"的思想，将其发展为"九思"。《论语·季氏第十六》中说："君子有九思：视思明，听思聪，色思温，貌思恭，言思忠，事思敬，疑思问，忿思难，见得思义。"这里讲的"九思"，即视思、听思、色思、貌思、言思、事思、疑思、忿思、见思，丰富了《尚书·洪范》中的"五事"，有助于我们进一步思考和探究"思"的具体含义。而且，每个思有什么要求，后面都有一个字来说明和阐释。大致说来，视思的要求在于清晰，听思的要求在于灵敏，色思的要求在于温和，貌思的要求在于谦恭，言思的要求在于诚实，事思的要求在于谨敬，疑思的要求在于诘问，忿思的要求在于顾及其消极后果，（《论语注疏》："'忿思难'者，谓人以非礼忤己，己必忿怒。心虽忿怒，不可轻易，当思其后得无患难乎？"朱熹《四书集注》："思难，则忿必惩。"）见思的要求在于得到思的真义。这是讲思的九种类型及其各自特点。值得注意的是，这"九思"都是围绕"君子"来讲的，涉及人的言行、态度、情感等。

古人除了讲"思"，还讲到"悟"。这涉及"悟"与"思"的关系问题。《尚书·顾命》中已见"悟"字。成王云："今天降疾殆，弗兴弗悟。"疏曰："今天降疾于我身，其危殆矣。不能更起，不能觉悟。"在这里，"悟"与"思"完全是同一的。陆世仪也曾经讲到"悟"与"思"的关系，但是他讲的"思"是狭义的思，不是广义的"思"。他认为思和悟的关系是："悟处皆出于思，不思无由得悟，思处皆缘于学，不学则无可思。"（《陆桴亭思辨录辑要》卷三，《格致类》）意思是说，悟以思为前提，而思又以学为前提。思要有思想材料，要学习和掌握思维赖以进行的思想材料，如果没有这个材料，不学习这个材料，当然就不可能思。但是思的目的是获得贯通，达到悟的境界。所以陆世仪又说："学者所以求悟也，悟者思而得通也。"在这里，"悟"被作为"思"的结果和直接目的。

如果从较为广泛的意义上来理解"思"，实际上"悟"也可以看作"思"的一种类型，就是说，它是一种特殊的"思"，即悟之思。"思"包括"悟"，或者说以"悟"为最高境界和主要特征，是中国传统哲学的突出特质，这一点本文在下面还会加以说明。

二、思之主体

古代哲学家们认为"思"是人的本质规定，是人区别于动物的一个重要标志。这实际上涉及"思"和人、"思"和主体的关系。王夫之在《读四书大全说》卷十中提出："思为人道……人之所以异于禽兽者，唯斯而已。"也就是说，人和动物、禽兽的区别在于思，人能够思。

"思"既然体现人的本质，人作为思的主体在思的过程中自然有其决定作用。在古代哲学家们看来，人作为认识主体在思中的作用主要是通过"心"来实现的。古代哲学家们往往将思归结为心的功能。管子提出，"心也者，智之舍也"（《管子·心术下》），明确将心说成是智慧蕴藏之所。荀子说："心者形之君也，而神明之主也。"（《荀子·解蔽》）孟子也认为："心之官则思。思则得之，不思则不得也。"（《孟子·告子上》）

在强调人在思中的作用方面，荀子提出一个重要概念，即"心择"。"择"就是选择。所谓"心择"，是强调人在思的过程中的能动作用的最突出表现——选择性。荀子在《正名》篇中说："性之好恶喜怒哀乐，谓之情；情然而心为之择，谓之虑；心虑而能为之动，谓之伪。"这里讲的"伪"，即"为"，是作为的意思。荀子在《性恶》篇里还讲道："圣人积思虑，习伪故，以生礼义而起法度。"就是说，社会的礼仪、制度的形成和制定，实际上都要经过周密的思虑、思考，因而也都经过《正名》篇中所说的"心择"。这样，荀子通过"心择"这一概念，就把主体在认识、在思的过程中的能动作用表述出来了。

在孟子那里，仁、义、礼、智根于心，心既主宰理性又主宰德性，所以孟子既讲到"是非之心"，又讲到"不忍人之心"、"恻隐之心"、"羞恶之心"和"辞让之心"（《孟子·公孙丑上》）。宋明理学提出，心统摄"性"和"情"两者。张载说："心统性情者也。"（《性理大全》引）朱熹进一步发挥说："性是体，情是用，性情皆出于心，故心能统之。"（《朱子语类》卷九十八）

王阳明论及了"道心"与"人心"的区别，是值得重视的。他认为，心原本为一，但是，因为人为因素的掺杂，就分裂为二了，于是就有了道心与人心的差异："心一也，未杂于人谓之道心，杂以人伪谓之人心。人心之得其正者即道心，道心失其正者即人心，初非有二心也。"（《传习录》上）所以，要务是从人心返归道心，其方法是"须用致知格物之功胜私复理"（《传习录》上）。

对心的认知有一个难题，即能"思"之心与五脏之心是什么关系？朱熹在此方面区分了"操舍存亡之心"或"虚灵之心"与"五脏之心"，认为后者是作为实物而存在的，而前者却是无实物、无形象的："如肺肝五脏之心，却是实有一物。若今学者所论操舍存亡之心，则自是神明不测。""虚灵自是心之本体，……若心之虚灵，何尝有物？"（《朱子语类》卷五）但是，朱熹并未明确说明和回答，"五脏之心"是否是"操舍存亡之心"或"虚灵之心"的物质承担者和载体。

三、思之对象

中国古代哲学思维的对象从总体上可以说是一种广义的自然，而且进一步说是要追寻这个广义自然的最终的本体、本原、始源。所谓广义的自然是说它是包括人及其社会在内的，这和我们现在对自然的狭隘的理解和用法不一样。我们现在对自然往往多数的时候都是从狭义上去理解和界定的，即仅仅是指我们身外的周围的自然界，而不包括我们自己及其社会关系。这实际上已经把人及其社会同自然界分离、割裂开来。了解我们现代人的自然观同古代人的自然观这一差异很重要，否则就会造成对古人思想的误读。

在中国古代哲学中，对广义自然的终极本体的表达有以下几个重要的概念：道、无、太一、无极、太极、气、理、心。

成中英曾从本体论的角度对中国古代哲学进行了研究，并致力于构建一种本体论诠释学。他以"本体"概念为中心，着重考察了"道""太极""气""理"四个概念，并注意到这四个概念的各自地位及其相互之间的关系。他认为，"本体"是中国哲学中的中心概念，是包含一切事物及其发生的宇宙系统。本体体现为一种宇宙系统，更体现在事物发生转化的整体过程之中。"道"是本体的动的写照，而"太极"则为本体的根源含义。就其质料言，本体是"气"；就其秩序言，本体则是"理"。这些中国词汇都有内在的关联而相互解说，形成一个有机的意义理解系统（《从真理与方法到本体与诠释》）。

成中英的这一概括未讲到"太一"、"无极"和"无"，也没有说到"心"（如"天心"说）。如果据此补充、完善成中英的概括，或许可以这样说："道"是对本体的一种动态的描述，"无极"和"无"是对本体的一种状态的描述，"气"是对本体的一种质料的描述，"理"是对本体的一种秩序、规则的描述，"一"是对本体的一种数量的描述，"心"是对本体的一种主体或主观的描述。

关于这些重要的概念，中国古代哲学均有详细的探讨和解说，每一概念都有其一套理论系统，这里暂不一一赘述。

对于"道"等在人自身的具体体现，中国古代哲学家们则提出和探讨了"人道""德""性""心""良知"等概念。总体来说，是集中围绕心性问题而展开的。

四、思与福祸

古代哲学家们很少讲到"价"或"值"的概念，但却十分重视吉凶、利害、福祸等。甚至可以说，"福""祸"就是古代哲学家们关注的最重要的人生观和价值观。现代哲学中强调的所谓认识论与价值观、真与善的统一，在中国古代哲学中在很大程度上是通过"思"与"福"的关系形式表现出来的。

在《尚书·洪范》中，已有对福祸的系统论述，即"五福""六极"说。所谓"五福"是："一曰寿，二曰富，三曰康宁，四曰攸好德，五曰考终命。""寿"是长寿，"富"是富贵，"康宁"是无疾病，"攸好德"是性好美德，"考终命"是善终而不横夭。所谓"六极"是："一曰凶短折，二曰疾，三曰忧，四曰贫，五曰恶，六曰弱。""凶短折"是遇凶祸而横夭性命（传以"寿"为百二十年；"短"者半之，为"未六十"；"折"又半，为"未三十"），"疾"是疾病，"忧"是忧愁，"贫"是贫困，"恶"是丑陋，"弱"是弱势。

值得注意的是，在古代哲学家那里，在思之"五事"与"五福"、"六极"之间存在着内在的因果性联系。郑玄曾依据《书传》对此进行了系统的论述和阐释。

关于"五事"与"五福"之间的关联，郑玄说："思睿则致寿，听聪则致富，视明则致康宁，言从则致攸好德，貌恭则致考终命。"意思是说，长寿是思虑通达的结果，富贵是善于听闻的结果，康宁是视清目明的结果，修持美德是从谏如流的结果，生命善终是态度谦恭的结果。

关于"五事"与"六极"之间的关联，郑玄说："凶短折，思不睿之罚。疾，视不明之罚。忧，言不从之罚。贫，听不聪之罚。恶，貌不恭之罚。弱，皇不极之罚。"意思是说，遇凶祸而横夭性命是不能思虑通微的结果，常抱疾病是不能视清目明的结果，常怀忧虑是不能从谏如流的结果，贫匮于财是不善听闻的结果，相貌丑陋是不能态度谦恭的结果，处于弱势是不能大中至正的结果。

总之，"五事"与"五福"、"六极"即思与福祸之间存在一定的因果联系，思可以致福，也可以致祸，关键取决于思维之事做得如何，即所谓"养以致福""败以致祸"。这种因果关联，如前所述，也就是当代哲学所谓的认识论与价值观的关联。

这里涉及对道家有关"思"与道德相互关系论述的理解和评价问题。有些人认为道家否定思，将思与道德相对立，其根据是《老子》十九章中所讲的"绝伪弃虑，民复孝慈"（据郭店楚简本）。这个意思好像是说只有排除和否定思虑，然后民众才能够复归于善的本性。另外，《庄子·知北游》中也说到"无思无虑始知道"，即只有做到摒除思虑，才能够真正了解和进入"道"的境界。因为道家有这样一些论述，故有些学者认为道家注重道德而否定思的价值。但是，实际上，老子和庄子否定的"思"只是特定意义上的"思"，即违逆自然、违逆道之思。

五、思之基本问题

关于中国古代哲学的基本问题是什么，这和它所研究的对象是相关的。因为对象是要研究广义自然界的最终极的本原，而最终极的本原的表述，从量上讲，为"太一"，即终极的、最高的一，这里面就产生了"一"和万物的关系，所以"一"和"多"实际上是中国古代哲学的基本问题。在古代哲学中，一和多的问题通过各种关系表现出来：无极太极和万物的关系、道与万物的关系、理与万物的关系等。一和多的关系，质言之，则是普遍与特殊、共性与个性的关系。

关于一和多的关系的论述，老子提出的"得一"的概念、名家提出的"白马非马"的命题以及宋明理学提出的"理一分殊"的理念都具有较为典型的意义。

老子对道与万物的关系进行了全面的论述。他一方面论及道生成万物，即"道生一，一生二，二生三，三生万物"（《道德经》第四十二章），一方面又指出万物都分有、享有和含有道，如果将道称为"一"，那么，万物因这个"一"而获得生命、生机和活力："昔之得一者，天得一以清，地得一以宁，神得一以灵，谷得一以盈，万物得一以生，侯王得一以为天下贞。"（《道德经》第三十九章）

名家公孙龙子讲的"白马非马"实际上讲的也是一与多的关系，其中内含的是普遍和特殊的关系。就一和多的关系而言，马的概念是一；白马、黄马、黑马等各种具体的马，是多。就普遍和特殊的关系而言，马具有普遍性，白马等具体的马具有特殊性。公孙龙子论证说："马者所以命形也，白者所以命色也。命色者非命形也，故曰白马非马。"（《公孙龙子·白马论》）意思是说，马是指形体的名称，白是指颜色的名称，指颜色的名称不是指形体的名称，所以不能说白马是马。其合理之处是，白色和形体的概念是不相同的，而白马因为白色而具有了特殊性，其内涵是马这个一般概念所不能全部包括在内的。

宋明理学强调"理一分殊"。这个概念最初是由程颐在答其弟子杨时的一封信中提出来的，主要涉及对张载《西铭》的评价。但如果追溯理一分殊思想的渊源，在以往思想史上还是可以找到一些相关论述的。比如《庄子·则阳》中就讲"万物殊理，道不私"。当然，比较直接的理论来源是张载的《西铭》。张载在《西铭》中提出："天地之塞，吾其体；天地之帅，吾其性。民吾同胞，物吾与也。"他是从"理"讲，理是充塞于天地万物之间的，是统领天地万物的。那么具体的人和事物呢？每个个人和万事万物都是理赋予的，理赋予它，它才能成为特定的人或物；反过来说，每个个人和万事万物都分有这一个理。这里包含着这样一个中心意思：理是一个理，但它分化到民众、万物，为民众、万物所分有。所以，程颐强调，张载的《西铭》"明理一而分殊也"，认为张载已经阐明了"理一分殊"的道理。与此相联系，程颐又批评墨子只讲统一而不讲差异，因为墨子讲兼爱无等，这在程颐看来就是只知统一，不知分殊。他说："《西铭》明理一而分殊，墨氏则二本而无分。……分殊之蔽，私胜而失仁；无分之罪，兼爱而无义。分立而推理一，以止私胜之流，仁之方也。无别而迷兼爱，至于无父之极，义之贼也。"（《河南程氏文集》卷九）程颐自己对于"理一分殊"有很多论述。例如，《河南程氏遗书》卷十九讲："凡眼前无非是物，物物皆有理。"《河南程氏遗书》卷十八讲：

"天下物皆可以理照，有物必有则，一物须有一理。"这里就有一个矛盾：如果一个物就有一个理，那么有没有统一的理呢？程颐又讲："万物皆是一个天理"，"理则天下只是一个理，故推至四海而准"。程颐在《易经》的研究过程中也阐述过这样的思想。他在《易序》中说："散之在理，则有万殊；统之在道，则无二致。"这是程颐的一些论述。这些论述就把一般与特殊的关系讲得比较深入。用我们现在的话说就是：一般蕴含在一个个具体的特殊的事物之中，而一个个具体的特殊的事物都包含一般。一般不在特殊事物之外，而是在它之中的。

朱熹对"理一分殊"发挥得更多、更具体。比如说，朱熹从社会本体论的角度来讲"理一分殊"，说："盖以乾为父，以坤为母，有生之类，无物不然，所谓理一也。而人物之生，血脉之属，各亲其亲，各子其子，则其分亦安得而不殊哉！"意思是说，为什么人有父子关系、母子关系，有各种各样的人际关系，这就是理一分殊的结果了。朱熹又说："一统而万殊，则虽天下一家，中国一人，而不流于兼爱之弊；万殊而一贯，则虽亲疏异情，贵贱异等，而不梏于为我之私。"这里，朱熹既讲分、讲殊，反对墨子的兼爱、绝对的利他主义；同时又讲合、讲统一，反对为我之私、绝对的利己主义。这样，就把分与合的关系用"一统而万殊""万殊而一贯"这两句话讲清楚了。

朱熹也从广义自然本体论的角度讲理一分殊。他说："理一分殊，合天地万物而言，只是一个理；及在人，则又各自有一个理。"（《朱子语类》卷一）他又讲："万物各具一理，万理同出一源。"（《朱子语类》卷十八）强调人和物都是一个天理。

朱熹还从体用关系的角度去讲理一分殊。这也是一种本体论的表述。他说："至诚无息者，道之体也，万殊之所以一本也；万物各得其所者，道之用也，一本之所以万殊也。"（《论语集注·里仁》）他又说："一者一本；殊者万殊……且理一，体也；分殊，用也。"（《宋元学案》卷十八）

朱熹还援引佛教关于一和多的理论来论述理一分殊。他主要援引禅宗的观点。禅宗有一首《永嘉证道歌》，其中讲："一性圆通一切性，一法遍含一切法，一月普现一切水，一切水月一月摄。"朱熹用之说明理一分殊（见《朱子语类》卷十八）。另外，佛教华严宗讲"一即多，多即一"。朱熹研究华严宗十年，显然亦受到其影响。

罗钦顺对理一分殊也有所发挥，他主要从本、末的关系讲。《明儒学案·师说》中说："由本而知末，万象纷纭而不乱；自末而归本，一真湛寂而无余。"

普遍与特殊的关系体现在自然界与人的关系上，在古代思想家那里，或表述为"道"与"德"的关系，如老子云"含德之厚者，比于赤子"（《道德经》第五十五章），孔子云"天生德于予"（《述而》），"明明德"（《大学》）；或表述为"天道"与"性"的关系，如子贡云"夫子之言性与天道，不可得而闻也"，《中庸》云"天命之谓性，率性之谓道"；或表述为"天道"与"人道"的关系，如老子云"天之道，利而不害；圣人之道，为而不争"（《道德经》第八十一章），《郭店楚简·语丛一》云"易，所以会天道、人道"，孟子云"诚者，天之道也；思诚者，人之道也"（《离娄上》）；等等。

总之，中国古代哲学的基本问题就形式看是"一"与"多"的问题，就实质看是"普遍"与"特殊"的关系问题。就此而论，毛泽东的《矛盾论》可以说是对古代本体论基本问题的一个极好的总结和概括。

六、思之方法

可以将中国古代哲学特别是儒、道、释三家的主要的思维方法分别概括为格物、玄览和了悟。曹雪芹在《红楼梦》第二回中讲过一句话：

"格物致知，悟道参玄。"这实际上概括了中国古代哲学特别是儒、道、释三家的主要的思维方法。

（一）格致

历代儒家都把"格物"作为一种根本方法。民国时曾把哲学翻译为"格学"或"格致学"。

孔子《大学》首倡"格物致知"[①]，对后世影响颇大，可以说开创了哲学思维的一种根本模式。古有"学莫大乎格物"之说。历代学者特别是儒家学者对此均有阐释和发挥，蔚然大观、自成系统。这里，仅介绍其要者。

二程认为：格，即至也。格物，即"穷至物理"（事物之理）（《二程集》）。南宋朱熹也强调穷尽事物之理，认为：格，即尽也。格物，即"穷尽事物之理"（《朱子语类》），或"即物而穷其理"（《四书章句集注》）。朱熹又说："只说格物，则只就那形而下之器上便寻那形而上之道。"（《朱子全书》卷四十六）司马光释格为"扞"，为"御"，把格物理解为扞御外物（《司马文公全集·致知在格物论》）。王阳明认为："格者，正也；正其不正以归于正之谓也，正其不正去恶之谓也。"（《大学问》）"格物……是去其心之不正，以全其本体之正。"（《传习录》）他又认为："为善去恶是格物。"（《传习录》）他还提出，"鄙人所谓致知格物者，致吾心之良知于事事物物也"，"致吾心之良知也，致知也；事事物物皆得其理者，格物也"（《年谱》）。王阳明强调"正心""为善去恶"，因此把格物与正心联系起来。王艮认为："格物，知本也。"（《王心斋先生遗集》卷一）黄绾认为，格，法也。"有典有则之为格物"（《明道编》）。刘宗周认为：格物即"慎独"（《刘子全书》卷十三）。王畿认为："良知是天

---

① 对于《大学》的作者，学界有各种不同意见，本文取程颢说。

然之则；物是伦理感应之实事。……伦理感应实事上，循其天则之自然，则物得其理矣。是之谓格物。"(《王龙溪全集》卷六《格物问答原旨》)黄宗羲认为："格，絜度也。格物者即造道也。"(《明儒学案》)王夫之认为："博取之象数，远征之古今，以求近于理，所谓格物也。虚以生其明，思以穷其隐，所谓致知也。"(《尚书引义·说命中二》)清代阮元认为：格物，即"至止于事物之谓也"(《研经室全集》)。颜元认为：格物，即"手格其物"或"犯手实做其事"(《四书正误·大学》)。

以上诸家解释，举其要者，有三种意见具有代表性：第一种是认识论的解释，以二程、朱熹、王夫之等为代表。如二程和朱熹的"即物穷理"说。第二种是伦理学的解释，以王阳明、刘宗周、王畿等为代表。如王阳明的"为善去恶"说和"致良知"于事物说。第三种是实践论的解释，以颜元等为代表。如颜元的"手格其物"("犯手实做其事")说。

这些注说，可能王阳明等从伦理学角度的阐释更为合理。其实，所谓"格"，"标准也"；引申义为"度也，量也"。所谓"格物"，通俗地说，就是用既有的某种伦理、道德或价值尺度去衡量、测度对象。类似我们今天所说，用"先验范畴"(康德)或"逻辑之格"(列宁)对对象进行加工、整理和把握。但是，这并非如程朱所谓格身外之物，或穷事物之理，而应是格心中之物，穷心中之理。所以，不应是"即物穷理"，而应是"即心穷理"；而所"格"之"物"，应是贪欲等不合理的欲望。这样，格物在一定意义上也就是"明明德"，或宋明理学所说的"存天理，去人欲"，即持存天理，摒除违反天理的人欲。

具体怎么格物？古代思想家们众说纷纭。程颐认为："须是今日格一件，明日又格一件，积习既多，然后脱然自有贯通处。"(《二程集》)这是讲由量到质的积累。吕坤认为："物有四格，有一事之格，有全体之格，有倏忽之格，有积渐之格。……格物有境：有梦境，有意境，有眼境，有身境。……格物须到身境，方是彻上彻下之道，极精极透之学。"

（《去伪斋集》卷四《答孙立亭论格物第四书》）这是讲类型和境界。陆世仪认为："有一事一物之格致，有彻首彻尾之格致。……一事一物之格知，即随事精察工夫，彻首彻尾之格知，即一贯工夫。""格物之法，必由近以及远，由粗以及精，由身心以及家国天下，由日用饮食以至天地万物，渐造渐进，乃至豁然。夫然后天人物我，内外本末，幽明死生，鬼神昼夜，皆可一以贯之而无疑。"（《陆桴亭思辨录辑要》卷三《格致类》）这也是讲由量到质的积累过程。王夫之认为，"大抵格物之功，心官与耳目均用，学问为主，而思辨辅之，所思所辨者皆其所学问之事。致知之功，则唯心心官，思辨为主，而学问辅之，所学问者乃以决其思辨之疑"（《读四书大全说·大学·圣经》卷一）。这是讲理性认知的方法。

应该说，格物不仅是理性认知的方法，而且首先是道德修养的功夫。王阳明强调"致良知"，即发挥良知的作用。他认为良知是人们固有的，不假外求，所以要通过良知的作用，"去其心之不正"，或去其"私意障碍"，达到"胜私复理"（《传习录》上）。

（二）玄览

在思的方式方面，老子提出的主要概念是"玄览"，即《道德经》第十章所云："涤除玄览，能无疵乎？"（新出土的马王堆的帛书写成"玄鉴"，当与"览"通假）所谓"玄览"，人们对其解释各有不同。实际上，它是指从最超验的层次即从"道"的高度来对对象进行审视、观察和体悟。"玄览"是达到"玄同"境界的一种思维方式、一种认识方法。"玄同"描述的是一种人与"道"合一的状态，因此，也可以把"玄览"看成认识的一种最高境界。魏晋玄学主要讲"玄"，有一种说法是"参玄"，后来佛教也借用道家的这种说法讲"参"。所以曹雪芹在《红楼梦》中的概括还是比较准确的，儒家讲"格物"，道家讲"参玄"。"参"的含义很复杂，它在古代的基本含义就是"三"（叁）。"三"作为奇数与偶数之和，就是强调对立面的统一，实际上就是黑格尔讲的正反合的合题，经过肯定、否定，达到否定之否定。"三"从这个意义上才引申出反复思考和参与其中，实际上讲的是怎么样去认识对象、与"道"合而为一。中国古代还有个类似的概念叫"参验"，如庄子在《天下篇》里面就提出"以参为验"。《楚辞》里面也有"参验"这个词，叫"参验考实"（《楚辞》九章）。总之，"玄览"的前提条件是达到"玄同"，即将我们提升到"道"的层次。为此，老子提出一些原则和方法。例如，老子强调"至虚守静"（《老子》十六章："至虚极，守静笃"），要求把身心调节到极为虚静的状态，以便达到与"道"的统一。此外，老子也讲"日损"和"绝弃"："为学日益，为道日损。损之又损，以至于无为"（《老子》四十八章）；"绝智弃辩""绝巧弃利""绝伪弃虑"（《老子》十九章，据郭店楚简本）。老子还提出"专气致柔"："营魄抱一，能无离乎？专气致柔，能婴儿乎？"（《老子》十章）

庄子对"玄览"作了一些发挥。例如，与"玄览"这一语词相类似，庄子提出了"天照"和"以明"的概念。关于"天照"，《齐物论》中说："物无非彼，物无非是。自彼则不见，自是则见之。故曰彼出于是，是亦因彼，彼是方生之说也。虽然，方生方死，方死方生；方可方不可，方不可方可。因是因非，因非因是。是以圣人不由，而照之于天，亦因是也。"意思是讲是与非等都是相对的，而标准就是"照之于天"。这里所谓的"天"即天道。关于"以明"，庄子说："欲是其所非而非其所是，则莫若以明。""彼是莫得其偶，谓之道枢。枢始得其环中，以应无穷。是亦一无穷，非一亦无穷，故曰莫若以明。"所谓"以明"，庄子的解释是："为是不用而寓诸庸，此之谓以明。"王先谦解释说："莫若以明者，言莫若以本然之明照之。"（《庄子集释》）关于"明"，老子就已讲过一些。《老子》十六章："知常曰明。"五十二章："见小曰明。"此外，老子还讲过"袭明"（《老子》二十七章）、"微明"（《老子》三十六章）。庄子的

"以明"，也是对老子思想的一种发挥。

为了真正做到"玄览"或"天照"、"以明"，首先必须达到得道的境界。由于道是独一无二的，庄子将得道的境界称为"见独"。基于这一目标，庄子提出"坐忘"。所谓坐忘，是说通过"堕肢体""黜聪明""忘礼乐""忘仁义"，达到"同于大道"（《大宗师》）。郭象注说："夫坐忘者，奚所不忘哉？既忘其迹（指仁义礼乐），又忘其所以迹者（指心志和形体），内不觉其一身，外不识有天地，然后旷然与变化为而无不通也。"与"坐忘"相联系，庄子以祭祀之斋戒相喻，提出"心斋"，要求从破除主观障碍入手，达到心气合一、心道合一。他在《人间世》中说："惟道集虚。虚者，心斋也。"郭象注曰："虚其心则至道集于怀也。"意思是说"心斋"的实质是虚心。"心斋"的一个重要方法是将意念集中于呼吸："无听之以耳而听之以心，无听之以心而听之以气。"（《人间世》）在《大宗师》中，庄子具体描述了通过"坐忘"达致"见独"即得道的过程，即通过"外天下""外物""外生"（成玄英曰："外，遗忘也"）三个阶段，进入"朝彻"（宣颖云："朝彻，如平旦之清明"）的状态，从而达到"见独"（王先谦云："见一而已"）。也就是说，通过忘掉天下、忘掉万物、忘掉生死，最后达到一种清明、一种顿悟的境界。按照庄子的描述，若能够做到"见独"，然后就能够"无古今"，"入于不死不生"（《庄子·大宗师》）。

（三）了悟

佛教的思维方式非常值得研究，也难以概括。佛法广义地说有两层意思：第一，佛教的教理教义。第二，修炼、认知的方法，觉悟、了悟的方法。但这两者是难以区分的，正像世界观同时也是方法论。《金刚经》中说，佛法既是法，又不是法；既应取法，又不应取法："不应取法，不应取非法。""知我说法，如筏喻者。法尚应舍，何况非法？""如来所说法皆不可取，不可说，非法，非非法。所以者何？一切圣贤皆以无为法，而有差别。""若人言如来有所说法，即为谤佛，不能解我所说，故……说法者无法可说，是名说法。""所言一切法者，即非一切法，是故名一切法。"这几段话是释迦牟尼本人关于所谓佛法理论的一个总纲。

有关佛法的具体修炼原则和方法很难解说。"解悟"和"证悟"无疑是其中两种最为根本的方法，而这两种方法又各有其各种不同的形式。所谓"解悟"，是指主要通过心智对佛经义理的思考而达到觉悟的境界。按照《大乘经》的要求，对于佛经的义理应做到"信解行证"。所谓"证悟"则是指主要通过身心的修炼。当然，这两者不是截然分开的，而是相互交织、彼此统一和相辅相成的。铃木大拙曾力图概括修行的一些具体形式：言语的，非言语的，行为的，非行为的，等等。这里仅列举若干原则。

其一，无住。"无住"即心不滞留于外物之中。《金刚经》的主旨就是"应无所住，而生其心"，传说惠能听此言而悟道。"无住"的根据是："凡所有相，皆为虚妄。"如果一定要说"生心"，就应生"无所住心"。无住应彻底贯穿于日常生活，表现在吃喝住穿方方面面。据《景德传灯录》卷六记载："问：和尚修道，还用功否？师曰：用功。曰：如何用功？师曰：饥来吃饭，困来即眠。曰：一切人总如是，同师用功否？师曰：不同。曰：何故不同？师曰：他吃饭时不肯吃饭，百种须索；睡时不肯睡，千般计较。"一玄禅师也说："道流佛法，无用功处。只是平常无事，屙屎送尿，着衣吃饭，困来即眠。"（《古尊宿语录》卷四）那么，和尚与常人何异？二者的区别是：和尚"终日吃饭，未曾咬着一粒米；终日着衣，未曾挂着一缕丝"（《古尊宿语录》卷三、卷十六）。

其二，绝思。绝思是说以无为法，不要人为地、刻意地思想。据《景德传灯录·法融》中记载，禅宗四祖道信说："一切烦恼业障，本来空寂；一切因果皆如梦幻；无三界可出，无菩提可求；人与非人，性相平等；大道虚旷，绝思绝虑……汝但任心自在，莫作观行，亦莫澄心，莫起贪嗔，莫怀愁虑，荡荡无碍，任意纵横，不作诸善，不作诸恶，行住坐卧，触目遇缘，总是佛之妙用。"道信的意思是，修行的前提是摒除任何人为的、带功利目的的考虑。这和道家强调"绝伪弃虑"（据郭店竹简本）、"无思无虑"是一致的。

惠能把无思、绝思叫"直心"："一行三昧者，于一切处，行、住、坐、卧，常行一直心是也。《净名经》云：直心是道场，直心是净土。"（《坛经》）

其三，相因。所谓相因，是指通过一个极端扬弃另一个极端，从而做到扬弃两个极端，执守中道。惠能临终言："若有人问汝义，问有将无对，问无将有对，问凡以圣对，问圣以凡对。二道相因，生中道义。"（《坛经》）通过一个极端扬弃另一个极端，冯友兰称其为负的方法、反的方法、烘云托月的方法。用维特根斯坦的说法，是通过可言说的东西说出不可言说的东西。他在《逻辑哲学论》中提出，哲学"应对可思想的东西与不可思想的东西画出一条界线。它应从可思想的东西中画出不可思想的东西的界线。这样就能通过清楚地展示可说的来意指那些不可说的东西"。

其四，逆常。逆常即采用逆向、逆反、逆常规的思维方式。这其实也是一种相因法则。《景德传灯录》卷十四记载了希迁禅师与弟子的一段对话：有僧问希迁："如何是解脱？"希迁反问："谁缚汝？"另有僧问希迁："如何是净土？"希迁反问："谁垢汝？"又有僧问希迁："如何是涅槃？"希迁又反问："谁将生死于汝？"这体现了一种逆向、逆反思维。

赵州禅师曰："法无定法，万法归一。"有人追问赵州禅师："一归何处？"赵州禅师曰："我在青州制一布衫，重七斤。"初看上去这一回答与提问风马牛不相及，但实际上他通过这种风马牛不相及的回答，不仅解构了提问的问题，而且解构了问题中蕴含的思维方式，把思考问题的思路转向了另外的方向。

其五，语默。语默即摒弃语言中介，直接诉诸本心。傅大士云："语默皆佛示。"（《五灯会元》卷三）释迦在灵山大会云："吾有正法眼藏，涅槃妙心，实相无相，微妙法门，不立文字，教外别传，咐嘱摩诃迦叶。"（《五灯会元》卷一）摒弃言说，"不立文字"，即傅大士所言的"语默"。

其六，莫惑。莫惑是指坚持正见，摒除一切异见和相关的束缚。《古尊宿语录》卷四中记载，一玄禅师曰："你如欲得如法见解，但莫授人惑。向里向外，逢着便杀。逢佛杀佛，逢祖杀祖，……始得解脱。"一玄禅师的话似乎颇有些对佛祖大不敬的味道，但实际上，他的意思是说，要真正获得佛法，必须摆脱各种教条、偶像的束缚。

七、思之特点

中国古代"思"之特点不等同于中国古代整个哲学的特点，但两者又密不可分。这里，尝试对中国古代"思"之特点作出几点概括。

（一）反求诸己，尽性至命

中国古代之思的首要特点，关注和追求的重点首先并非人对外在自然、外在世界的认知乃至作用，而是对人自身心性的求索；并非向外寻找人与自然或存在者与存在相统一的路径，而是从人自身内部来探究和实现人与自然、人与"道"的统一。它重视人自身的"内圣"，重视内在的反省和心性的澄明，这样，就使它能够提供一种人通向所谓"道"或"存在"的内在的路径和模式。

古代思想家们重视"内圣"、重视内在的反省和心性的澄明，无论是在老子的"常德不离，复归于婴儿"和"归根曰静，静曰复命"，孔子的

"大学之道在明明德"，孟子的"尽心、知性、知天"，《中庸》的"天命之谓性，率性之谓道"，还是在惠能的"识心见性"、宋明理学的"穷理、尽性、至命"、阳明心学的"尽性至命"等中都得到了鲜明的体现。这是一种道德之学、心性之学、性命之学。因而，它也是一种安身立命之学。其中的要害和关键，正如王阳明"龙场悟道"所见："圣人之道，吾性自尽，向之求理于事物者误也。"（《王阳明全集》卷下，第1228页）

古代思想家们将对心性的认知与对"天命"的把握联系起来，看作同一的过程。所谓天命，是指自然或"道"赋予人的一种不可回避和违逆的规定性或趋向，孟子将其解释为非人力所为和非人力所致的一种客观的决定力量："莫之为而为者，天也。莫知致而致者，命也。"（《孟子·万章上》）在古代思想家们看来，人在天命面前并不是也不应是任其所是、毫无作为的。人可以通过养性修身、反求诸己，做到与天命的合一，从而掌握自己的命运。如孟子在《尽心》中所言："尽其心者，知其性也。知其性，则知天矣。"这样，人在天命面前，就有根据抱有一种积极的、乐观向上的态度或精神："不怨天，不尤人，下学而上达，知我者其天乎？"（《论语·宪问》）

（二）以德为本，重德笃行

在中国古人眼里，德为根本，德高于思，行大于知。钱穆在《中国思想通俗讲话》里面有一段话讲到这个意思，他说："我们可以说，在中国思想里，重德行，更胜于重思想与理论。换言之，在中国人心里，似乎认为德行在人生中之意义与价值，更胜过于其思想与理论。"他还说："我们又可以说，中国人的重德观念，颇近于西方人之宗教精神。而中国人的重行观念，则颇近于西方人之科学精神。"关于行大于知，《尚书》中就已提出："知之非艰，行之惟艰。"意思是说知之并不是很难，但行动是难的，要求人们去重视行。孔子讲："知之者不如好之者，好之者不如乐之者。""知"是讲真、讲知识、讲认知。"好"实际上讲善、讲道德、讲践履。"乐"是讲美、讲审美。这句话的意思也是把践德笃行看得高于思考、认知。朱熹也明确地说"行为重"(《朱子语类》)。王阳明更是如此，他强调"知行合一"，主张"知是行的主意，行是知的功夫；知是行之始，行是知之成"(《传习录》上)。近代孙中山强调"知难行易"，初看上去好像是反古人之道，但其实他的真实意思仍是鼓励人们去践行。

(三)格致参悟，诉诸悟性

林语堂说："中国哲学是融理性和直觉一身的，是超越理性的。"我们平时所说的"三思而行"其实不是孔子的原意。据《论语》所载，季文子主张"三思而后行"，孔子听说后则说两思就够了："再，斯可矣。"(《论语·公冶长》)实际上孔子说的意思是：不要太理性化了。所以，林语堂称中国古代哲学"超越理性"在一定意义上是有道理的，但将其思维方式称为"直觉"似不准确，或许应把它称为"悟性"。对此，作者曾在《论悟性》一文中作了专门的阐释和发挥，这里不再赘述。

(四)"意博一举"，"统宗会元"

在此借用王弼的"意博一举""统宗会元"是想说明：中国古代哲学的思维是一种大一统的、宏观的思维。西方的哲学就是哲学，哲学之外还有宗教。但是，在中国的传统哲学中——

第一，宗教和哲学是融为一体的，没有严格的宗教的界限和哲学的界限。在我国古代，宗教不具有像在西方那样的地位。这里面当然有各种原因。一个原因可能就是中国古代哲学对人的心性的研究太彻底了，达到了"穷理、尽性、至天"和"乐天知命"的高度。这就使哲学实际上已经延伸和拓展到所谓宗教的领域，在一定程度上涵盖和包容了宗教。从这个意义上来说，实际上就把哲学和宗教一体化了。换言之，中国古代宗教色彩所以不是那么浓，一个原因就是中国古人把道德宗教化了。所以，在中国古代就如钱穆所说，注重道德就像西方注重宗教一样，宗教和哲学是融为一体的。

第二，宇宙论和人生论也是融为一体的。"天人合一"在思维方式上就没有什么严格的宇宙论、人生论之分。宇宙论同时也是人生论。反过来讲，人生论同时也是宇宙论。比如说，讲"道""气"等，都如此。庄子讲人禀赋气就生，没有气就灭，最后一句话强调的就是"通一气而已"。也就是说，人生、宇宙完全是被作为一体看待的，而不是局限于仅是人生或仅是宇宙。所以，讲人道同时就是讲天道；反之亦然。因为人道就是天道的体现，天道就是人道的根源。就是说，没有明确的宇宙论和人生论的界限。当然，所谓人生论与人的关系最直接，所以讲宇宙论最后要落实到人生论。

第三，也没有本体论、认识论、价值论的界限。本体论、认识论、价值论的划分，是西方现代哲学的基本结构和框架，难以运用到中国古代哲学上去。可以用这种框架去对中国古代哲学进行某种解读，但是难以避免将其肢解和碎片化。中国古代哲学作为一种思维方式，它是一种广义的、大一统的思维。如果说它是一种哲学的话，它是一种大哲学；如果说它是一种哲学观的话，它是一种大哲学观，而不是西方的那种狭义的、狭隘的哲学观。

（五）惟重实用，不究虚理

这是借用陈寅恪的话来概括的。陈寅恪讲过："中国古人，素擅长政治及实践伦理学。与罗马人最相似。其言道德，惟重实用，不究虚理，其长处短处均在此。长处即修齐治平之旨；短处即实事利害之得失，观察过明，而乏精深远大之思。"（《吴宓与陈寅恪》）意思是说，中国古代哲学不去追问那些空虚不实的道理，而是重视实际的功用。陈寅恪是单纯就道德而言的，但用它来指谓中国古代的整个思维方式也是比较符合实际的。

　　李泽厚用"实用理性"来概括中国哲学的特点，也可以说是中国哲学之思的特点。笔者认为，把中国哲学的特点或思维的特点概括成一种"理性"未必合适，因为中国哲学本来也不讲理性，但"实用"还是可以说的。可以说它是一种实用的态度或者实用的精神。中国思想或文化的一个传统就是经世致用、求真务实。这一点可以说一直延续到现在。

　　（本文原载《领导干部国学课二十五讲》，中央党校出版社 2011 年版；修订版载《哲学与中国》2016 年春季号）

第三讲　亚里士多德：本体之学的最高智慧

亚里士多德在西方哲学史上有很重要的地位。亚里士多德的哲学地位主要体现在他的《形而上学》这本书上。在亚里士多德之前，古希腊的哲学思想已经有了一定的发展，哲学著述也已经存在一些了，但是它们还缺乏对哲学自身的系统思考。《形而上学》是有意识地、自觉地对哲学自身进行系统反思的一本著作，这应该说是非常明显的。

此外，亚里士多德对哲学不仅作了反思，而且还对这种反思的结果赋予了一种逻辑体系的形式，或者说一种概念体系的形式。这和以前的著作不一样。比如说，柏拉图也有著作，但是他的著作是一种文学性的形式，是一种对话式的形式，而不是逻辑概念体系的形式。真正用逻辑概念体系的形式来表述哲学思想还是从亚里士多德开始的。所以，有些研究者认为，亚里士多德的《形而上学》是第一本纯理论形态的或者说纯逻辑形式的哲学专著，是第一本哲学教科书或哲学百科全书。笔者认为，也可以说它是西方第一本元哲学的体系式著述。所以，它对哲学学科应该说是具有奠基意义的，也就是说，奠定了整个西方哲学学科发展的基础。

因此，对亚里士多德《形而上学》的研究应该说是很重要的。特别是该书中蕴含的哲学观，很值得我们深入研究和挖掘。

一、关于哲学的含义

亚里士多德在《形而上学》一书中对哲学概念作了很多界定，这些界定源自各种不同的角度，应该说都是很经典的。这里面涉及的问题很多，比如说哲学的对象、哲学的本性、哲学的目的以及哲学的地位等。

（一）哲学的对象

亚里士多德对哲学有一个总的理解，认为哲学是最高的智慧。从哲学的对象来说，亚里士多德在《形而上学》这本书里明确地把"智慧"作为哲学的专门研究对象，对于什么是智慧、智慧主要研究什么问题也作了一些分析，然后从这里面概括出他对哲学的概念的界定。

什么是智慧？亚里士多德认为，"智慧就是有关某些原理与原因的知识"（《形而上学》第三卷）。他把"智慧"明确界定为"知识"。哪些知识呢？关于原理与原因的知识。关于知识他又作了一些阐述，比如他说："知识与理解的追索，在最可知事物中，所可获得的也必最多；原理与原因是最可知的；明白了原理与原因，其他一切由此可得明白。"[①] 意思是说，知识有很多，但是最重要的是原理和原因的知识。你知道了原理和原因的知识，那么其他的知识应该都容易理解了。从这个意义来说，他认为，如果说哲学是一门学术的话，那就是研究原理与原因的学术。按照亚里士多德这一认识，我们可以推导出这样的结论：既然哲学是关于原理和原因的知识，那么，这个知识里面含有的原理和原因的层次越高、越抽象，它也就越具有智慧。这是他的一个理解。

第二个理解就是他又讲到"善"，并把善作为"知识"的最重要的内容。他把"善"区分为"本善"和"至善"。所谓"本善"，是指那个具

---

① 亚里士多德：《形而上学》，吴寿彭译，商务印书馆 1959 年版，第 4 页。

体事物的善；所谓"至善"，是指具体事物之"善"里面含有的那个最普遍的、最高的善。亚里士多德认为，"善"不管是作为"本善"还是作为"至善"，都是一种原因，而且是终极原因和终极目的。他说："这终极目的，个别而论就是一事物的'本善'，一般而论就是全宇宙的'至善'。"他认为知识是关于原理和原因的知识，然后又讲"善"是一种原因，所以，在亚里士多德看来，"善"当然包括在"知识"里面，而且，它是知识里面的一个最高的层次。换句话说，亚里士多德讲的"知识"里面是包括道德和伦理的。

这是亚里士多德关于哲学的对象的一些论述。总的意思是，哲学是智慧而且是最高的智慧。但是这个智慧是指什么呢？是指知识。是指哪些知识呢？是指原理和原因的知识，而这个原理和原因的知识里面最高的那个层次就是关于"善"的知识。

亚里士多德认为："凡能得知每一事物所必至的终极者，这些学术必然优于那些次级学术。"[1]哲学是研究"事物所必至的终极者"或事物的终极原因和终极目的的，所以，在亚里士多德看来，哲学就是最高级的学术，是优于那些次级学术的学术。这样，他就把哲学提升到了诸种科学之上。

总而言之，亚里士多德把"善"作为知识的一个最高的层次，作为智慧的表征和哲学的最高对象。

（二）哲学的本性

关于哲学的本性，亚里士多德作了一个明确的定义，他把哲学叫作"唯一的自由学术"。换句话说，亚里士多德认为哲学的本性是自由的，是超功利的。既然是自由的，就是从本体论意义来讲哲学本性的，从存

---

[1]　亚里士多德：《形而上学》，吴寿彭译，商务印书馆1959年版，第4—5页。

在论的意义来讲哲学本性的。在《形而上学》中他说：哲学家"探索哲理只是为脱出愚蠢，显然，他们为求知而从事学术，并无任何实用的目的"。不为任何其他利益，"只因人本自由，为自己的生存而生存"①。他还讲了一些例子，作了一些解释。比如他说，为什么说哲学本身是自由的呢？这一点可以从这个情况里面得到证明：从事哲学这一类学科研究的时候，必须等到人们生活的必需品都得到基本满足之后。就是说，有闲暇了，没有生活方面的任何担忧了，人们才有可能去研究这种学科、这种学术。从这一点就可以看出哲学本身没有什么功利性的特征，完全是一种为了人本身的自由、为了人本身的生存而存在的学科。这个概括讲得很好。亚里士多德说哲学只为摆脱愚蠢，这实际上就是从反面讲哲学是关于智慧或爱智的学说，从反面讲哲学的本性。哲学实际上所起的最大的功用就是使人摆脱愚蠢。

亚里士多德还认为，哲学的本性除了自由之外还是神圣的。为什么说哲学的本性是神圣的？这是因为在他看来，哲学讨论的对象是神圣的，由此，"任何讨论神圣事物的学术也必是神圣的"。为什么说哲学讨论的对象是神圣的呢？他是把那个"神"包括在哲学对象之内了。他认为这个"神"就是万物的原因，也可以说是世间、世俗间第一原理。所谓第一原理，就是说"神"是终极的原因，是万事万物最终的原因，它是决定一切的。因为神是万物的原因，是世间第一原理，是由它决定万事万物的，而哲学的对象是包括神的，所以哲学本身讨论的对象、研究的对象就是神圣的，从而研究神圣事物对象的这个学科必然也就是神圣的。因为亚里士多德把神列入哲学对象，而且作为哲学的最高对象，所以他认为这个对象就规定了哲学本身是一种神圣的学科。

这个表述——说"神"是万物的原因，是世间的第一原理，和刚才那

---

① 亚里士多德：《形而上学》，吴寿彭译，商务印书馆 1959 年版，第 5 页。

个表述——说知识的最高层次是"至善"，实际上是从不同的角度说的同一个意思。因为"至善"的体现就是神，唯有神是真正至善的，其他的事物都称不上至善。所以在这个地方，亚里士多德实际上又把神学和伦理统一起来了，统一到一个对象身上去了，就是说，神既是道德的最高表征和化身，又是神学的最高偶像。两者是合一的。但是不管怎么样它都是哲学的对象，或者说是在哲学之内的。由此观之，西方古代哲学是和我们中国古代哲学类似的，那个时候知识还没有分化，是一种广义的知识，不是我们今天理解的那种狭义的知识。这种广义的知识既包括道德，也包括神学或者宗教在里面。而且这种知识是把道德和宗教作为更高层次的，看作比那种有关普通对象的一般认知的知识更高的。

总而言之，从以上论述中可以看出在古希腊的哲学家们眼中，实际上善是包含在真之中的，它寄寓于真，作为真的一个高级层次。因而，真和善是一体化的。

（三）哲学的目的

关于哲学的目的，亚里士多德也有一些论述。他的总的思想，是强调"哲学是关于真理的知识"[①]。为什么说哲学是关于真理的知识？这是因为亚里士多德认为知识的目的特别是理论知识的目的就在于获取真理。亚里士多德把知识分成两种类型：一类属于学术性、理论性的，抽象的，叫作理论知识；另一类是那种运用类型的，叫作实用知识。他认为哲学应该是理论知识，而不是实用知识。哲学作为理论知识，它的目的就是获取真理。他很明确地说："理论知识的目的在于真理，实用知识的目的则在其功用。"这个区分是很重要的，它是康德后来把哲学区分为理论哲学和实践哲学的理论来源。亚里士多德强调哲学是关于真理的知识这一

---

① 亚里士多德：《形而上学》，吴寿彭译，商务印书馆 1959 年版，第 33 页。

命题，可以说实际上是对哲学的目的——作为理论知识的直接目的作了一个规定。

（四）哲学的地位

在亚里士多德看来，哲学是一种理论的学术——他甚至称其为"神学"，具有至高的学科地位。对这个思想的具体论述，主要体现在他对学术的分类上。

亚里士多德有关哲学学科体系的划分是这样的：他认为整个知识里边包含两种，一种属于"学术"，另一种属于"非学术"。学术又划分为三种学术：第一种是"理论学术"，第二种是"实用学术"（这和刚才讲到的有关理论知识和实用知识的划分大致是一致的），第三种是"制造学术"。所谓制造学术是指那些具体的工艺、技术。理论学术就涉及哲学了，它包括三个门类的内容：首先，层次最高的、最抽象的是神学，也叫作第一哲学。第二个层次是数学和物学。物学就是物理学，物理学和数学也叫作第二哲学。当时的物学主要是指力学。数学里边又包括几何、算术甚至还包括光学、声学、天文学等。在亚里士多德看来，第一哲学和第二哲学的区分在于：从对象上，神学的对象或者说第一哲学的对象是研究既独立又不动变的事物；而第二哲学则是研究仅独立或仅动变的事物。比如说物学，他认为研究的事物是可独立的，但是却是动变的；而数学研究的事物是不动变的，但是却是可不独立的。换句话说，不管物学还是数学，它们在独立和动变两个特性中只具有其中之一——或者它是独立的，但是它变化；或者它是不变的，但是它不独立。唯有神学的研究对象同时具备这两个特性，研究的事物既是独立的，又是不动变的。所以，实际上在亚里士多德眼中真正的哲学研究对象就是他所说的神学、第一哲学的东西，它应该是既独立而又不动变的。从这里面可以看出，实际上亚里士多德是把理论学术的最高层次——他所称之为神学的或者说第一哲学的东西作为真正哲学的内容，作为智慧的主要内容，这个在他的整个的学术体系划分中是居于最高地位的。

从这个学术的分类里面可以看出，亚里士多德把哲学放在最高的地位，即学术的最高层次，把它和神学作为同一个名词，或看作一回事。

这是第一个问题，亚里士多德怎样看待哲学的含义。

二、关于哲学的主题

在《形而上学》第三卷中亚里士多德明确讲道：就哲学的主题而言，哲学就是对本体的研究，所以可以说哲学就是关于本体的学术，哲学就是"本体之学"①。关于本体，亚里士多德有很多讨论。比如说他提出了13个关于本体的问题，直接的或者间接相关的，涉及对本体的哲学理解。

（一）本体的定义

既然讲到本体，那么首先必须界定什么是本体。在亚里士多德看来，本体主要有两个含义②。

第一个含义是指本体属于最底层，而且不需要其他的事物来说明的这样一个对象。这包括两点：第一，它是属于最底层的，不是表层的；第二，它不需要由其他的事物对它进行说明，它自己对自己就可以说明。意思就是说本体是最终的、终极的原因，因而它有时也被称为极因。亚里士多德对本体的含义有一些论证，讲了本体的几种表现。

第一种表现，本体应该是指由单纯物体所组成的事物，也包括单纯物体组成的事物的各个部分。

① 亚里士多德：《形而上学》，吴寿彭译，商务印书馆 1959 年版，第 37、41 页。
② 亚里士多德：《形而上学》，吴寿彭译，商务印书馆 1959 年版，第 95、127 页。

第二种表现，本体是指使事物所由能成为实是、实际是、实际所是的东西。意思是说，它是事物的一个本质的规定，它能够使这个事物成为这个事物而不是其他事物。

第三种表现，本体是指事物中存在的这样一些部分，由于这些部分的存在，这个事物才能构成独立的个体。换句话说，也就是使事物能够独立存在的东西。

他还讲到第四种表现，就是"是什么"或"是何"，即关于事物是什么或者关于事物的定义的公式。

这样，从以上四个方面的本体的表现中亚里士多德概括出本体的两个基本含义：第一个含义是说，它是事物的最底层，不需要由其他的事物来说明；第二个含义是说，它是可以分离而独立的。亚里士多德讲到各个可以分别而独立的形状或者"形式"。这个"形式"语词是从柏拉图那儿沿用来的，是相对于"质料"而言的。

由于本体具备这两个含义，亚里士多德认为本体可以有这样四个标准，或者说叫作四个应用的对象。

第一个标准是"怎是"。也就是说，当你要询问或追问"怎是"的时候，这就涉及本体。关于"怎是"，亚里士多德作了一些解释。他说"怎是"是指一事物所以称为该事物的由己本性。由己本性通俗地说就是事物自己的、自身的本质规定。这样说来，"怎是"的公式实际上就是定义——"定义是怎是的公式，而怎是之属于本体，或是唯一的或是主要地与基本地和单纯地属之于本体。"① 换句话说，"怎是"就是讲本质。但是亚里士多德没有用本质这个概念，他用的是本体这个概念，他说"怎是"是属于本体，而且是唯一地、主要地、基本地、单纯地属于本体。他又讲事物的"怎是"就是"形式"。他说："形式的命意，我指每一事物的怎

---

① 亚里士多德：《形而上学》，吴寿彭译，商务印书馆 1959 年版，第 133 页。

是与其原始本体。"① 关于"原始本体",他说可以称为一种没有物质的本体,而"怎是"可以说就是这样一种没有物质的本体:"当我举出没有物质的本体,我意指'怎是'。"② 可见,"怎是"、"形式"和"原始本体"在他那里是一个东西。

第二个标准是普遍。如果我们追问普遍性、一般性,那么这肯定要涉及本体。关于普遍,亚里士多德也作了一些解释。但这个解释是和亚里士多德本人把普遍作为本体标准的观点相矛盾的。比如,他对普遍作了这样的解释,他说:"没有一个普遍质性可称为本体"③,原因就是每一事物的本体的要义是在于它的个别性,而普遍性只能指示如此,却不能指示这一个或者是指示那一个。这里,亚里士多德强调普遍性不是本体的特征,个别性才是本体的特征,就和他把普遍作为本体标准的观点发生了矛盾和冲突。所以,亚里士多德的思想在这里就暴露出了自身的矛盾性。关于这个矛盾性,我们将在下面详加叙述。

第三个标准涉及种属。种属现译为"科属",可能译成"种属"更确切一点。种属的概念是一个一般的概念,所以说到种属必然要涉及本体。亚里士多德认为,"种属"中"最后的差异就该是事物的本体与其定义","假如逐级进求差异中的差异,达到了最后一级差异——就是形式与本体"④。也就是说,如果追溯"种属"里面的层次的话,那么,种属的最高一级和本体就是等同或同一的。

第四个标准涉及底层。如果我们要追问底层,什么是最底层的,这肯定要涉及本体。什么是底层?亚里士多德解释说,"所谓底层就是指事物的终极状态的最里层或最外层","底层是指这样的事物,其他一切事

---

① 亚里士多德:《形而上学》,吴寿彭译,商务印书馆1959年版,第136—137页。
② 亚里士多德:《形而上学》,吴寿彭译,商务印书馆1959年版,第136—137页。
③ 亚里士多德:《形而上学》,吴寿彭译,商务印书馆1959年版,第152页。
④ 亚里士多德:《形而上学》,吴寿彭译,商务印书馆1959年版,第150页。

物皆为之云谓"①。就是说，其他事物都不过是底层的说明和注解。可以用其他的事物去说明、诠释和指谓底层，而不能反过来用底层这个概念去说明、诠释和指谓其他的事物。这个意思，其实也就是说底层是终极的原因或终极者。亚里士多德还认为："作为事物的原始底层，这就被认为是最真切的本体。"②这就直接说出来了，作为底层就是本体，而且底层是最真切的本体。讲到底层是本体的时候，亚里士多德提出一个重要的思想，他说理念不包含在底层里面。既然理念不包含在底层里，所以理念就不能是主体。这个就是针对和批判柏拉图了。

总之，亚里士多德认为，当我们追问是什么，或者说是何，或者追问普遍，追问种属，追问底层的时候，实际上都是追问本体的问题。

（二）本体的特点

亚里士多德也讲了一些本体的特点，但是他没有作出很明确的概括。我们不妨对亚里士多德的论述作几点概括，或许可以看出他讲的本体的一些特点。

1. 始源性

亚里士多德认为，事物之称为第一者，是包含这样一些含义的：第一，从定义开始；第二，从认识的次序开始；第三，从时间开始。他说本体都是从这三者开始的，所以本体实际上是一种"原始之事"。"原始之事"，是什么之事？他讲的三点，实际上一方面讲了本体在发生论的意义上是在先的，在历史的意义上是在先的，在存在的意义上是在先的；另一方面讲了本体在逻辑的意义上是在先的。他说从时间开始本体是在先的，这个实际上是从发生论的意义上、从历史的意义上说的。同时他又讲到从定义、从认识的次序上本体也是在先的，这个意思实际上就是

---

① 亚里士多德:《形而上学》，吴寿彭译，商务印书馆 1959 年版，第 91、127 页。
② 亚里士多德:《形而上学》，吴寿彭译，商务印书馆 1959 年版，第 127 页。

讲逻辑在先。所以，亚里士多德认为本体的第一个特点就是不管在逻辑上还是在历史上都是在先的，它是最原始的、最根源的东西[①]。

2. 独立性

所谓独立性，就是说本体是能够独立存在的。前文对本体的定义里就讲到本体是可以分离而独立的。在文中亚里士多德也直接讲到"本体主要地是具有独立性与个别性"[②]。他认为，除了本体以外，其他各范畴均不能独立存在。也就是说，只有本体才具有独立性，其他范畴是没有这个特性的。这是本体的第二个特性。

3. 个别性

亚里士多德认为本体"主要地是具有独立性与个别性"，不仅讲到本体的独立性，还讲到本体的个别性。他对本体的个别性给予了特别的重视和强调。他认为，每一事物的本体，其第一义就在它的个别性[③]，他还说："一般说来，凡是共通性的均非本体。"[④] 这就明确地否定了共性是本体。与此同时，他还明确申明，"按照我们的主张，本体是'一'，并是'这个'"[⑤]。"这个"就是特定的、个别的意思。

他的这个思想实际上主要是针对柏拉图的。因为柏拉图强调本体是普遍，是普遍的理念。柏拉图在强调理念的普遍性、本体的普遍性时，犯了一个错误，就是他把普遍看成是脱离个别而存在的，把理念说成是脱离个别事物而存在的一种普遍，所以实际上他把本体与个别事物二元化了。这样柏拉图就没能真正解决普遍和特殊、共性和个性、一般和个别的关系问题。亚里士多德为了反对柏拉图，和柏拉图相对立，强调存在的本体是个体，是特殊性，是个别，而不是普遍。这是有其合理性的。

----

① 亚里士多德：《形而上学》，吴寿彭译，商务印书馆 1959 年版，第 125—126、171 页。

② 亚里士多德：《形而上学》，吴寿彭译，商务印书馆 1959 年版，第 128 页。

③ 亚里士多德：《形而上学》，吴寿彭译，商务印书馆 1959 年版，第 151 页。

④ 亚里士多德：《形而上学》，吴寿彭译，商务印书馆 1959 年版，第 157 页。

⑤ 亚里士多德：《形而上学》，吴寿彭译，商务印书馆 1959 年版，第 149 页。

当然，他在这里也未能真正解决一般和个别的关系问题，也陷入了这一矛盾，这一点我们在后面再来分析。

4.原动性

原动性是说本体是最终的动力，因而也是自身以自身为动力，它是自己实现自己的，而不是由别的事物来决定它实现它自己的。这一点亚里士多德没有专门的论述，但是有些论述讲到这个意思。他认为，本体首先就是独立自存的，可以分离而独立存在，这样它的发展的动力就只能在于它本身，而不会在于其他的外物。

5.现实性

亚里士多德说："本体或形式就是实现。"[1] 他讲所谓实现，强调现实性，是相对于那个潜在性或潜能来讲的。在他看来，实现在本体上是先于潜能的。也就是说，现实性是优于可能性、潜在性的。本体不仅仅表现为一种潜能，它可以实现出来，这正是本体的本质力量的表现。所以，亚里士多德强调本体是具有现实性、实存性的。这是本体的很重要的一个特点。

（三）本体的类型

亚里士多德对本体做了三种划分，或者说，将其划分为三对类型。

第一种，是从可能性和现实性这个角度来划分的。他把本体划分为潜在本体和现实本体[2]。他更强调、更注重的还是本体是现实的本体，就是说，本体可以作为一种潜在的力量将自身实现出来。

第二种，是从质料和形式的角度来划分的。他把本体划分为质料本体和形式本体，然后把质料本体和形式本体的统一叫作个别本体或综合

---

① 亚里士多德：《形而上学》，吴寿彭译，商务印书馆 1959 年版，第 183 页。

② 亚里士多德：《形而上学》，吴寿彭译，商务印书馆 1959 年版，第 161 页。

本体①。在质料本体和形式本体里面，实际上亚里士多德更重视的还是形式本体。因为形式是质料的本质规定。但是亚里士多德不仅强调形式本体，同时还强调质料本体和形式本体的统一，也就是作为两者统一的综合本体。

第三种划分，是从认识的角度作出的。从认识的角度划分，他把本体划分为可感觉本体和超感觉本体。他又把超感觉的本体叫作不动变本体，就是不运动、不变化的本体②。实际上他认为，真正的哲学对象研究的是超感觉本体、不动变本体，而不是那个简单的可感觉本体或可动变本体。也就是说，他更强调的是那个不动变本体或者说超感觉本体，他认为这个是更重要的。因为可感觉本体是可以运动、变化的，既然是可以运动、变化的，那它就是可以灭亡的——用亚里士多德的说法，属于那种可以灭坏的本体。

（四）本体和一些概念的关系

从本体和一些概念的关系的论述里面可以看出亚里士多德对本体的基本看法，这里面有很丰富的内容。

1. 本体和本原的关系

在古希腊哲学中最开始提出的是本原的概念。但是这个本原的概念和本体的概念，在那个时候实际上是等同的概念，只不过说的角度不一样。本原是从发生论的角度来讲的。它追问什么是最先起源或最先存在的，最先起源或最先存在的具有规定性的东西就把它叫作本原。本体的概念是从本质的角度去讲的，从事物的本质、事物的本性的角度就把它概括为本体。在《形而上学》这本书中，亚里士多德尽管多数情况下用的是本体，但是在有些情况下也用了本原，也专门讲了本原这个概念。

---

① 亚里士多德：《形而上学》，吴寿彭译，商务印书馆 1959 年版，第 164—165、240 页。
② 亚里士多德：《形而上学》，吴寿彭译，商务印书馆 1959 年版，第 237 页。

那么什么是本原？亚里士多德赋予本原这样几层含义：第一，是指事物之所从发始——发生的开始，实际上就是说事物的开端。第二，是事物之所从开头，这实际上讲的也是事物的开端。第三，是事物内在的基本部分。第四，是事物最初的生成和所从动变的来源——运动的来源，意思是说运动的最初动因。第五，是事物动变的缘由，实际上讲的也是事物运动的原因、根源。第六，是事物所由明示的初义，就是事物显示的最初的蕴含 ①。

亚里士多德对本原的含义作了这样六种界定。这六点实际上可以归结为四点：第一个是讲事物的开端；第二个是讲事物的构成的基本部分；第三个是讲事物运动变化的根源；第四个是讲事物的本性，事物的原初规定性。从这四层意思来看，本原这个概念和本体这个概念在亚里士多德那里实际上是同一的，也可以说讲的是一个概念，只不过强调的角度不同。

2.本体和原因的关系

亚里士多德在《形而上学》里面把原因也作为一个重要的概念来讲。他提出了四种原因——"四因"。亚里士多德的"四因说"是很有名的。第一个是本体因，本体因简略地说也可以把它概括为"本因"；第二个叫作材料因，也可以把它概括为"物因"；第三个就是运动因或者说动力因，简单地说可以叫作"动因"；第四个就是目的因，亚里士多德也认为是终极的原因、极因。所以，简要地说，亚里士多德提出了原因的四种类型：本因、物因、动因、极因。

对于"四因"，他作了这样的解释：所谓"本因"，是指事物的形式或模型；所谓"物因"，是指事物所由形成的原料；所谓"动因"，就是变化所由以开始者，实际上就是变化的根源；所谓"极因"——终极原

---

① 亚里士多德:《形而上学》，吴寿彭译，商务印书馆 1959 年版，第 83 页。

因，是指事物之所以成为事物的目的。

不难看出，所谓"四因说"实际上与亚里士多德对本体所下的定义是基本相同的。比如说他讲的"本因"，实际上就是讲那个形式本体；"物因"实际上是讲那个质料本体；"极因"就是指神，是讲本体的最高对象；"动因"——终极的动因实际上也是指神。所以原因的概念在亚里士多德那里实际上也是和本体相关的、基本同义的概念。

3. 本体和存在的关系

亚里士多德在涉及存在的概念时讲到一些重要的思想。比如他说，哲学就是研究存在之所以为存在。这个意思就是说，哲学是研究存在的规定。存在的规定是什么呢？就是存在的本性了。这实际上已经把海德格尔哲学的那个核心思想预先讲出来了。海德格尔要追寻的存在，就是存在的本质规定。作为存在的本质规定是什么？就在存在本身之中。亚里士多德讲哲学研究存在之所以为存在，这个存在实际上就是本体概念的不同的说法、不同的表述，实际上讲的就是本体。

亚里士多德还讲到第一原因应当求之于存在之所以为存在。不是要研究原因吗？那第一原因是什么呢？应当求之于存在之所以为存在。

另外，他还特别提到，哲学的任务就是考察存在之所以为存在以及作为存在所应有的诸性质[①]。也就是说，哲学的任务是什么？就是考察作为世界的根源的存在为什么能够成为存在，还有存在具有哪些特性或性质。应该说，这是对哲学的对象、本质和任务的最重要的规定。

从亚里士多德对存在概念的这样一种规定里面可以看出，存在和本体的概念在亚里士多德那里实际上也是同一的，他讲的存在的概念也就是本体的概念。

----

① 亚里士多德：《形而上学》，吴寿彭译，商务印书馆 1959 年版，第 61 页。译文有修订。

4. 本体和"一"的关系

亚里士多德使用了很多"一"的概念，有时候就被翻译为"元一"。这个"元一"有点像中国古代的"太一"，似乎也可以把它译成"太一"。对"一"和"元一"亚里士多德提出一些说法。比如他在解释本原的时候，说本原就是一事物的所由成，是一事物的本性。是一个事物的本性，那么当然也就是"一"。他还解释本原"也是一事物的元素、思想、意旨、怎是和极因"①。所谓极因，在数量上当然也是"一"。另外，"元一"是什么呢？他解释说，"元一"就相同于延续、相同于底层、相同于科属（种属）、相同于定义②。这个解释，是与他讲的本体的那几个特点——可以适用于底层、可以适用于种属、可以适用于定义等是一致的，所以这个元一和本体是一样的，也是同一的概念。

5. 本体和实体的关系

亚里士多德把实体的概念也作为本体的概念来讲。但是对实体的概念他讲得不是很多。实体的概念在古代是作为自然的概念来运用的，是作为广义的自然来运用的。亚里士多德在讲到本体的概念时讲到 32 个范畴，但是 32 个范畴里面他反倒没有把这个实体单独作为一个范畴来讲。这 32 个范畴里面讲到本原、讲到原因、讲到元一、讲到关系、讲到种属，但是反而没有讲到这个实体。

总的说来，亚里士多德对本体和一些范畴的关系的论述，反映和体现了他对本体的理解。这些范畴实际上都是作为本体的一些同一的概念来使用的。

---

① 亚里士多德：《形而上学》，吴寿彭译，商务印书馆 1959 年版，第 84 页。

② 亚里士多德：《形而上学》，吴寿彭译，商务印书馆 1959 年版，第 90—93 页。

三、关于哲学的基本问题

亚里士多德讲到哲学的一些基本的矛盾，这些基本矛盾实际上我们也可以称为基本问题。他讲得比较多的有一和多的矛盾、普遍和特殊的矛盾、质料和形式的矛盾以及潜能和现实的矛盾等。关于一和多的矛盾，他说有普遍的"一"，也有特殊的"一"，实际上这就涉及普遍和特殊的矛盾或关系。他把多叫作"众多"，所以书里有时候把这个多翻译成"众"。在这些关系里，一和多的关系与普遍和特殊的关系互为表里，在一定意义上是同一的。这样，亚里士多德讲得最多的矛盾和关系恐怕就是这样三对：一是一和多或者一和众，二是质料和形式，三是潜能和现实。但是质料和形式、潜能和现实的矛盾应该说不是太基本，我们在这里主要还是研究亚里士多德怎样去具体探讨一和多的矛盾和关系。

在笔者看来，本体论的最基本的矛盾就是普遍和特殊的矛盾。而普遍和特殊的矛盾如果从量上来规定实际上就是一和多，一就是普遍，表现为普遍；多就是特殊，表现为一个个具体的事物的集合。所以从量上来说，可以把普遍和特殊的矛盾归结为一和多的矛盾。亚里士多德也比较重视与强调一和多、普遍和特殊的矛盾，他要解决他以前的哲学没有解决的这个最主要的哲学课题。

这个最主要的课题实际上是直接针对柏拉图哲学提出的，就是解决理念和现实事物的关系问题。理念和现实事物的关系问题，也是普遍和特殊的关系问题。理念是普遍的；具体的现实事物是特殊的，具体的现实世界也是特殊的，因为它是由一个个具体的事物构成的。由于柏拉图把理念和现实世界分离开来，认为理念是独立自存的，是脱离现实世界而存在的，实际上就主张了有脱离特殊的普通。而亚里士多德力图往普遍里面注入一些个别的内容，或者说注入一些特殊的内容，努力把这个抽象的普遍变成一种带有体现个别性特点的普遍，这样就可以把普遍和特殊的矛盾消解了。他是试图这样做的。这是亚里士多德之所以强调和重视这个问题的背景。

在亚里士多德之前的古希腊哲学家已经对普遍这个原始的统一性探讨了很多。寻找原始的统一性实际上就是要找到一个最高的普遍，找到那个"一"、那个"元一"到底是什么。可以说，不管是毕达哥拉斯的"数"，还是赫拉克利特的"火"，或者是德谟克利特的"原子"，都是一种最高的普遍、"元一"。在柏拉图以前，包括柏拉图在内，可以说最主要的问题就是没有把一和多统一起来，没有把普遍和特殊统一起来。亚里士多德就是想把它们统一起来。他对一和多作了一些研究，已经接近了把一和多作为本体论的最基本的矛盾这样一种看法。例如，他说："一切对成可以简化为'实是与非是'和'一与众'。"就是说，一切矛盾都可以简化为是和不是，一和多。他又说，"实是和本体为对成所组合"，而"所有这些以及其他诸对成明显地都可以简化为'一与众'"[①]。换句话说，亚里士多德认为所有以前古希腊哲学家举出的那些成对的范畴或概念——奇和偶、冷和热、有限和无限、友与仇等，都可以简化为"一与多"。所以他说："一切事物或即对成或为对成所组合（所有的事物或者它是成对的矛盾或者是由成对的矛盾所组合），而'一与众'（就是一与多）实为一切对成之起点。"[②] 这句话很重要：所有事物都由成对的矛盾所组成，而一和多是所有矛盾的起点。这个思想表明，亚里士多德实际上已经接近了认识到一和多或普遍和特殊的矛盾是本体论的基本矛盾。

第二个重要的思想，亚里士多德对"一"作了一些解释。他把"一"划分成三种类型：第一种类型，是从事物的属性来划分，用他的话说——"是由于属性而成为一"。第二种类型，是从事物的本性来划分，从本性

① 亚里士多德：《形而上学》，吴寿彭译，商务印书馆 1959 年版，第 60 页。
② 亚里士多德：《形而上学》，吴寿彭译，商务印书馆 1959 年版，第 60 页。

来划分就是按本质来划分。第三种类型，是从事物的数量来划分。

对于第二种从本性或从本质上划分，亚里士多德认为又可以从三种角度来划分。第一个是从延续性，从事物的过程、延续性来看它是一；第二个是从底层，从事物的层次性即从最底层可以把事物划分为一；第三个是从种属，从种属可以把事物划分为一。这实际上又回到他那个四个标准和那个"四因"了。亚里士多德就是这样从不同的角度，层层叠叠地去论述同一个问题。

亚里士多德对"一"还讲了一个思想，他说"一"含有四种类型，只要它具备其中一种类型就可以把它叫作"一"。哪四种类型呢？第一种是延续的事物，所谓延续的事物说的是事物的过程性，就事物的整个过程而言可以说它就是"一"。第二种是整体，整体也是一。第三种是个别。最后一种是普遍。随后，亚里士多德又讲到了关于一的性质。他认为，首先，一有不可分性，具有整体性的特点；其次，一是计量的尺度，是各类事物的基本量度；最后，一有特殊性，任何一个一都是"殊一"。亚里士多德讲到这个特殊的一时强调它不是普遍的。

亚里士多德也讲到多，多是相对于一而言的。多的特性有以下几点：第一，多具有非连续性，它不是连续的；第二，多是可以区分的，它有很多的定义。亚里士多德还论述了一和多的关系。他认为，一和多存在内在的联系，可以相互注释，既可以用一来说明多，又可以用多来解释一。他还指出，如果从视觉上来说，多在定义上先于一。从整个文章上看，亚里士多德既讲了普遍的一即"元一"，也讲了特殊的一即"殊一"。无数个殊一相对于元一就是多。亚里士多德把元一与神结合起来，认为元一就是神。

以上对亚里士多德的以本体论为核心的哲学观进行了概述。下面提出几点结论性的意见。

第一，值得肯定的是，亚里士多德在一定意义上扬弃了柏拉图的理念说，扬弃了柏拉图的哲学。亚里士多德对哲学对象的研究是直接针对柏拉图哲学的，柏拉图认为有脱离具体事物的理念，而亚里士多德则特别强调殊一就是本体，本体是具体事物的本质规定，它不能游离于具体事物之外而脱离具体事物。亚里士多德坚持每一事物的特殊本体与每一特殊的事物是不可分的。但是，亚里士多德又没有完全克服柏拉图哲学。按照亚里士多德的说法，每一个事物都有一个特殊的本体，而在无数的特殊本体之上还有一个共同的特殊本体即神。因此，亚里士多德并未在哲学上彻底解决一般与特殊的关系，他把普遍和特殊的矛盾最终移入宗教领域和神学领域。亚里士多德认为，最高的哲学对象是不动变的、独立自存的神，神是最高的统一本体，这在实际上就等于承认或假定事物的最高普遍性可以脱离特殊事物而存在，是在特殊性之外的。因此，实际上他又并没有真正扬弃柏拉图哲学，只不过是把柏拉图的理念还原成了神。就像水果同香蕉、梨子、苹果是不可分的，我们找不到独立的水果概念一样，最高普遍性、神同存在的特殊事物也是不可分的。如果神是独立存在物，那么神在实际上就只是一个特殊的个体，体现特殊性而不是普遍性。这样，亚里士多德虽然在形式上把普遍性抬得那么高，可在实际上却把这个普遍性贬低为了个别性、特殊性。上帝也就因而成了特殊的个体，而不是普遍物。从这个意义上说，亚里士多德实际上取消了最高普遍性。

第二，亚里士多德虽然区分了"感觉"在先与"定义"在先即存在在先与逻辑在先两者，但未能清晰界定和阐明存在在先与逻辑在先的关系。他在讲到"超感觉的本体"与"可感觉的本体"或"一"与"多"谁在先的问题时，认为从视觉来说在定义上"多"在先。但是，应该说，"多"在先只是在认识论即认识的顺序上才是成立的，而"在定义上"即逻辑上"一"则先于"多"。

第三，亚里士多德的哲学观和宗教观是融为一体的。他对哲学作了广义的理解，他的哲学包含宗教。反过来说，他对宗教也作了广义的理解，他的宗教包括哲学。这反映了古代人类知识发展的一般状况，即作为一个混沌的整体出现。

第四讲　康德：理性的最高箴言和立法者

康德的哲学观体现在他的《逻辑学讲义》《纯粹理性批判》等著作和整个哲学体系中。康德的哲学观在近代哲学发展史上占有很重要的地位。它基于理性主义的立场对哲学的本质进行了较为全面的阐述。后来，黑格尔虽然也基于理性主义的立场对哲学概念进行了独特的发挥，但他主要还是以康德的哲学观为出发点。在《逻辑学讲义》中，康德较为全面地反思了近代哲学，径直对哲学概念作出了自己的界定。

一、《逻辑学讲义》：哲学是理性的知识和目的的科学

康德对哲学的本质的看法体现在两个互相联系的命题中。这两个命题一个是从"学院概念"的角度提出的，另一个则是从"世界概念"的角度提出的。这两个角度，大致相当于"理论理性"和"实践理性"的角度。不言而喻，不应将其理解为两种哲学或哲学的两个组成部分，而只应将其视为哲学的两种根本性质以及与此相适应的两种观察视角。

（一）"学院概念"："哲学是来自单纯概念的理性知识"[①]

康德认为，对于哲学概念可以从"学院概念"和"世界概念"两个方面来考察。就学院概念来说，哲学有两个方面的含义：一方面，哲学是理性知识的充分准备；另一方面，哲学是理性知识的系统联系，或者说，是理性知识在全体理念中的联结。哲学不仅自身在最精确的知性中具有系统联系，而且，赋予其他一切科学以系统的统一。这样，从学院概念的角度，康德就把哲学归结为来自概念的理性知识体系。

康德把知识作了两种区分。一种区分是从知识的客观起源的角度把知识分为理性知识和经验知识，理性知识是相对于经验知识而言的；另一种是从知识的主观起源的角度把知识区分为理性知识和历史知识。他认为，历史知识不同于理性知识，二者的区别是，理性知识来自原理，历史知识来自事实。理性知识来自原理，从这个意义上来说，哲学是理性知识，是"来自概念的理性知识体系"[②]。所以，理性知识是既相对于经验知识也相对于历史知识而言的。理性知识和历史知识也有重叠和交叉。某种知识可以客观上是理性知识，主观上是历史知识。例如，一部理性作品，对于作者来说是理性的产物，但对于读者来说他关于这部理性作品的知识就仅仅是历史的。

康德认为，哲学不仅是知识，还是一种"纯概念的理性知识"[③]，是一种概念和逻辑体系形式的知识。或者说，哲学属于纯概念的理性知识。所谓纯概念的理性知识是相对于构造概念的理性知识而言的。康德把理性知识区分为两种：纯概念的理性知识和构造概念的理性知识。纯概念的理性知识属于论证的知识，只有哲学是纯概念的知识；构造概念的理性知识则属于直观的知识，例如数学。

---

① 康德：《逻辑学讲义》，许景行译，杨一之校，商务印书馆1991年版，第13页。
② 康德：《逻辑学讲义》，许景行译，杨一之校，商务印书馆1991年版，第14页。
③ 康德：《逻辑学讲义》，许景行译，杨一之校，商务印书馆1991年版，第13页。

把哲学定义为"来自纯概念的理性知识"，这是康德从"学院概念"的角度作出的，所谓"学院概念"，有一点"理论哲学"的味道。

（二）"世界概念"："哲学是关于人类理性最后目的的科学"[①]

康德指出的哲学是来自纯概念的理性知识，实际上是从"学院哲学"即理论哲学的角度给哲学下的定义。康德不仅从理性的角度、理论哲学的角度给哲学下定义，他还从"世界哲学"即实践哲学的角度给哲学下定义。从这一角度来定义哲学，康德认为，哲学还是关于人类理性的最后目的的科学。他指出，哲学本身具有内在价值，这是一种绝对价值。因而哲学能赋予其他一切知识以价值，它是所有知识的价值的立法者。据此，他把哲学叫作"理性使用的最高箴言的科学"[②]。同时他认为："在这种条件下，哲学家不是理性的艺术家，而是立法者。"[③]这里康德指出的哲学为理性立法，就是为理性确立和规定价值，通过为理性确立和规定价值来为理性立法，因为哲学能赋予包括理性知识在内的一切知识以价值。所以，康德又把哲学称为"关于人类理性最终目的的一切知识和理性使用的科学"[④]。

在哲学作为理性的立法者这个意义上，康德认为哲学含有的四个问题是我们必须加以研究的。第一，我能知道什么？这是形而上学应该回答的问题。第二，我应当做什么？这是伦理学应该回答的问题。第三，我可以期待什么？这是宗教应该回答的问题。同时康德认为，前三个问题可以归结为第四个问题，即人是什么？这是哲学人类学应该回答的问题。为了回答这四个问题，哲学家必须做三件事情：第一是要研究人类

---

① 康德：《逻辑学讲义》，许景行译，杨一之校，商务印书馆1991年版，第14页。
② 康德：《逻辑学讲义》，许景行译，杨一之校，商务印书馆1991年版，第15页。
③ 康德：《逻辑学讲义》，许景行译，杨一之校，商务印书馆1991年版，第14页。
④ 康德：《逻辑学讲义》，许景行译，杨一之校，商务印书馆1991年版，第15页。

知识的泉源、根源；第二是要研究一切知识的使用范围，不管是可能的使用范围，还是有用的使用范围；第三是要确定理性的界限，这是最必要的，是哲学首先要做的，也是最困难的。康德又指出，要做这三件事，哲学家需要具备两个主观条件：首先要进行才能和技巧的教育；其次要善于通过各种手段来达成自己的目的。

（三）哲学是理性知识和知识价值、知识性和目的性的统一

康德既强调了哲学是来自纯概念的理性知识，又指明哲学是理性知识的价值尺度和目的，是理性知识的最高箴言和立法者，这样，他就将知识和知识价值、知识性和目的性统一起来。康德从两个方面论证了这种统一性。第一个论证，他认为，哲学家如果没有知识，他肯定不能成为哲学家，但仅有知识没有技巧的合目的性，没有知识和合目的性的统一，也不能成为哲学家①。哲学家的研究就是要做到知识性和目的性的统一。从哲学的角度说，哲学不仅是理性的知识，同时又是理性的目的。在二者之间康德更强调的是合目的性。他认为，只有实践的哲学家才是真正的哲学家。哲学是一本［个？］完美智慧的理念，哲学能指出人类理性的最后目的是什么，哲学的这个功能比它提供的实际理性知识的功能更重要。

第二个论证是从科学和智慧的关系角度作出的。这实际上是把哲学自身之内的哲学知识和哲学价值的关系扩展到哲学之外，即扩展到科学与哲学的关系上。康德认为，科学和智慧是相互联系的概念。一方面，科学依赖于智慧，要不然科学就没有它的内在价值，科学只有作为智慧的工具才具有真正的价值；另一方面，智慧也依赖于科学，因为智慧只凭自身无法实现自己，没有科学的智慧是空洞的，它不过是一种我们永

---

① 康德：《逻辑学讲义》，许景行译，杨一之校，商务印书馆1991年版，第16页。

远也达不到的完美的幻影。也就是说，科学知识和哲学智慧是相互依赖的，科学知识赋予哲学智慧以内容，而哲学智慧则赋予科学知识以价值，为科学知识立法。因此，哲学能满足人们对智慧的热爱和追求，也能提升科学并唤起人们对科学的兴趣，"哲学是使我们知道如何得到这种内在满足的唯一科学"[①]。

二、纯粹理性批判：哲学是"纯粹理性的思辨科学"

康德哲学的起点是休谟的一个具有开创性的论证，即理性决不可能先验地并假借概念来思维因果关系这样一种必然性的联结。他把休谟的论证喻为给形而上学带来的能够引发光明的第一粒火种。但是，与此同时，康德坚决拒绝了休谟所宣布的不可能有形而上学这样的东西的结论。他努力使自己深入理性的性质之中，倾心致力于厘清理性及其使用的限度和界限，力求建立一种关于"纯粹理性的思辨科学"[②]，即他所谓的"能够作为科学出现的未来形而上学"。

可以将康德所从事的全部纯粹理性批判所得出的最后结论概括为：理性仅适用于可能经验的对象中的通过经验才能够被认识的东西。康德自己将其表述为："理性通过自己的一切先验原则所告诉我们的仅限于经验的对象，而在这些对象里，仅限于在经验里能够被认识的东西。"[③]"它只告诉我们有关它自己在可能经验以内的完全的、指向最高目的的使

---

①　康德：《逻辑学讲义》，许景行译，杨一之校，商务印书馆1991年版，第17页。

②　康德：《任何一种能够作为科学出现的未来形而上学导论》，庞景仁译，商务印书馆1978年版，第168页。

③　康德：《任何一种能够作为科学出现的未来形而上学导论》，庞景仁译，商务印书馆1978年版，第154页。

用。"① 此外，康德特别声明和进行专门阐释，理性的使用包括理性使用的界线（Grenze）本身，亦即经验的客观界线本身，这一界线就是世界与"最高存在者"（hoechstes Wesen）的关系。为了说明这一界线，康德对"界线"与"限度"（Schranke）这两个词进行了区分。他强调，界线不同于限度。在界线中包含肯定的东西，而限度只包含否定。而符合界线规定的东西应是既属于经验的领域，又属于思维的本质的领域。据此，理性使用的界线就应是世界与最高存在者的关系②。在康德看来，明晰和确定这样一条界线的意义在于，一方面，理性就能够明白它永远不能按照自在之物的本来的样子认识自在之物，不致超越我们在世界内部所能认识的范围，以及避免把感性世界的属性强加到最高存在者上去；另一方面，理性也能够尽可能地扩展认识可能经验的领域。借助于明晰和确定理性使用的这条界线，康德实现了关于理性使用原则的某种折中：将休谟的"不要教条主义式地把理性使用推到一切可能经验领域之外去"的原则同"我们的理性不要把可能经验的领域视为对它自身的限制"的原则结合起来。这是对休谟所攻击的教条主义与休谟所提出的怀疑论之间的一种折中，而这种折中被康德称为"是一个能够按照原则精确规定出来的办法"③。

事实上，康德所说的世界同"最高存在者"的关系已经不只是理性使用的界线。与其说它是一条界线，毋宁说它是一个庞大的认识对象和领域。正是通过确定这条所谓的界线，康德实质性地扩展了理性使用的范围，使其将感性世界与感性世界的"最高存在者"连接起来。

---

① 康德：《任何一种能够作为科学出现的未来形而上学导论》，庞景仁译，商务印书馆1978年版，第154页。

② 参阅康德：《任何一种能够作为科学出现的未来形而上学导论》，庞景仁译，商务印书馆1978年版，第148页。

③ 康德：《任何一种能够作为科学出现的未来形而上学导论》，庞景仁译，商务印书馆1978年版，第152页。

　　尽管这条理性使用的界线本身甚为关键和重要，但康德并未能就其进一步展开深入的论述。至于所谓"最高存在者"或所谓"自在之物"（Ding an sich)，康德在肯定其客观存在的同时，对其采取了悬置的态度。与《纯粹理性批判》相比，在《任何一种能够作为科学出现的未来形而上学导论》中康德在一定意义上进一步明确肯定了自在之物的某种存在。他指出，事实上，既然我们有理由把感官对象仅仅看作表象，那么我们也就由此而承认了作为这些现象的基础的自在之物。但是，康德反复重申并要求人们坚定恪守的是他自己所开创和确立的这一原则：关于这些纯粹理智存在体，我们不但丝毫不知道而且也不可能知道什么确定的东西，因为我们的纯粹理智概念和我们的纯直观一样，只涉及可能的经验对象，也就是说，仅仅涉及感性存在体；一旦超出这个范围，这些概念就不再有任何意义了。

　　康德虽然比较彻底地否定了在思辨领域特别是在纯粹理性的运用方面认识和把握自在之物的可能性，但是却肯定了在道德的实践领域悬设自在之物的合理性和必要性。他强调，他的形而上学判断的天然趋向就是"在思辨的领域之外给道德观念提供了地盘"[1]。这样，通过《实践理性批判》的承续，康德就实现了他所自诩的"理性在形而上学方面的思辨使用"与"理性在道德方面的实践的使用"的统一。

三、哲学体系建构：哲学是真、善、美的统一

　　康德哲学观在其哲学体系中的表现可以看成康德对哲学的内在结构的看法，他对自己的哲学体系的构建是按照他对哲学内在结构的理解进

---

[1]　康德：《任何一种能够作为科学出现的未来形而上学导论》，庞景仁译，商务印书馆 1978 年版，第 157 页。

行的。康德最主要的著作，除了三大"批判"，还有《实用人类学》，都体现了他对哲学内在结构的理解：《纯粹理性批判》考察了人的认识能力；《实践理性批判》考察了人的欲望能力；《判断力批判》考察了作为认识能力和欲望能力之间的情感能力，康德把它叫作感觉、愉快、不愉快的能力。换句话说，他的三大"批判"就是对人的三种精神能力和心灵能力的考察，这实际上是一个真、善、美三位一体的框架。最后《实用人类学》是对这三本书的归结，回答了"人是什么"这一哲学根本主题。

《纯粹理性批判》的主要内容是对纯粹理性本身的研究。其中康德分析了以下内容：（1）对纯粹理性概念的研究；（2）关于纯粹理性的推论；（3）探寻纯粹理性的理想，提出了一种理想的模式，还考察了与此相关的纯粹理性的训练、规则、构建和历史。《实践理性批判》最核心的内容包括两部分：（1）对实践理性的分析，主要分析了实践理性的要素；（2）分析了实践理性的辩证性质和内在矛盾。《判断力批判》最核心的内容是研究审美的判断力和目的论的判断力。在审美的判断力中主要研究的是美和崇高的概念；在目的论的判断力中研究了要素、矛盾和方法。而《实用人类学》一书分析了两个方面的内容：一方面讨论了实用人类学的研究和讲授方法，主要是认识能力和情感方面的。另一方面研究了人类学的特性。首先研究了个体的特性，其次是性别的特性，再次是民族的特性，然后是种族的特性，最后是类的特性。这是康德的哲学体系的大体构成。下面分析康德三大"批判"的关系。

康德著名的《纯粹理性批判》《实践理性批判》《判断力批判》主要是考察人的心灵的三种能力：认识能力、欲望能力和情感能力。《纯粹理性批判》考察的是人的认识能力，康德认为人的知性能力在人的认识活动中起主要作用。知性通过自然的概念来为自然立法，这表现了人的心灵的认识特点。为什么康德强调自然的概念呢？康德强调自然的概念意在强调客体，强调客观性。因为人在认识的时候要使主观同客观相符，所以，就把客观性的概念、对象的概念和自然的概念突出出来。研究实践理性和人的欲望能力应考察人的哪个认识层次呢？康德认为，这要通过人的理性层面，主要是通过自由的概念来研究。自由是一个体现主体性的概念，而强调实践就意味着强调人的自由意志，强调人的主观能动性。康德认为，研究人的情感能力，在这一层面是判断力在起作用，需要通过美和崇高的概念来进行研究。判断力是联结自然的感性领域与自由的超感性领域的中介，它通过提供"目的"概念使从自然的必然性过渡到自由成为可能。这样，康德将哲学划分为三个层次或类型：纯粹理性批判研究人的认识能力，属于理论哲学；实践理性批判研究人的欲望能力，属于实践哲学；而判断力批判研究人的情感能力，康德认为它介于理论哲学和实践哲学之间，是一个过渡的部分，是中介。实际上，这一部分既是理论哲学，也是实践哲学，可以称为"理论－实践"哲学。这就是康德所理解的哲学的划分，即理论哲学、实践哲学和"理论－实践"哲学①。这三个门类的划分在理论基础上可以归结为知、情、意三者的结合，还可以看成是对真、善、美的划分。

四、余论

综上所述，我们尝试对康德的哲学观作出几点粗浅的评论。

康德所开创的、相对以往形而上学传统而言的"科学"和"未来"的形而上学，由于其着重点是对作为认识工具的理性自身能力的批判考察，因此，实际上是一种认识论意义上的形而上学，而非存在论意义上或本体论意义上的形而上学。这与整个近代西方哲学发展的重心是一致

---

① 现今在德国的大学里，划分哲学的授课门类仍沿袭康德的这一划分方法。对于哲学解释学这样不好划分门类的学科，则划归到中介哲学即"理论－实践哲学"门类。

的。可见，康德哲学与其他有重大影响的哲学一样，是时代的产物，顺应了时代认识重心迁移的客观要求和需要。如果说这是康德所实现的一种"哥白尼式"的革命，那么其实质无疑在于，用认识论的形而上学驱逐和取代了传统的本体论或存在论的形而上学。这一革命的效应可能是双重的：在彰显和提升认识论意义上的形而上学的同时，也遮蔽甚至摈除了本体论或存在论意义上的形而上学。

应该充分肯定，康德对理性及其使用的限度进行了非常清晰和彻底的批判考察，这无疑是他的一项十分重大的功绩。同时，从今天的历史视域特别是从外在于西方哲学的视域来看，也显露出其某种特定的局限性，即康德所言的作为其批判考察对象的"理性"，实质上是在近代西方理论自然科学基础上形成和发展起来的科学理性，是起源于对经验事实的反思，其主要工具为概念、判断和推理的逻辑理性。这种科学理性或逻辑理性包容不了，至少在很大程度上包容不了中国乃至东方传统文化和哲学中的"悟性"，因此也难以被推崇和尊奉为人类最高的、最具有普适性的认识工具和手段，难以被推崇和尊奉为康德所云的"最高理性"。此外，就后天而言，人的理性能力与人的所谓感性和知性能力一样，实际上也是人类社会实践的产物，其潜能处在不断地认识和开发的过程中。

康德把美作为联结真和善的桥梁和纽带，把判断力作为认知能力和欲望能力的中间环节，揭示了美在真和善之间的中介地位。但判断力如何能够把认知能力和欲望能力结合起来，美如何能够把真和善结合起来？这不仅是一个理论的问题，而且更是一个实践的问题。正像马克思所说的那样，人的实践活动是按照美的规律来建造的。

康德从人的认知能力、欲望能力和情感能力以及所具有的人类学诸特征等方面来回答"人是什么"这一具有总括性和结论性的问题。《实用人类学》一书的内容在很大程度上可以归结为一种实证性的研究。例如，对于"人的个性是什么"这样重要的问题，就选取天性、气质、思想方法、观相术等要素来加以说明。然而，应予涉及的一个十分重大和关键的问题却是：人作为世界的一个组成部分是如何与所谓的世界"最高存在者"关联的？正如康德虽然将世界与其所谓最高存在者的关系作为理性能力的界限包括到理性使用的范围之内但却只作为预设的对象一样，事实上他也规避了人作为世界的一个组成部分与世界的最高存在者的关系。

在以往的哲学史中，存有对康德哲学之性质的种种不同的判定。较为普遍的共识是将其定性为唯心主义、不可知论和二元论。其实，这些判断本身或许一方面已经表明康德哲学的复杂性和判断语词本身的有限性；另一方面也说明对康德哲学所作的这些评判均只适用于评判对象的某个方面的特征，因而只具有各自的片面合理性，而未必完全适用于评判对象的总体。

附录 ①

纯粹理性的功用及其限度

康德对哲学的理解在其《纯粹理性批判》中得到了集中的甚至是最重要的体现。在康德看来，理性是人类认知的最高能力，也是哲学的最重要的工具，而纯粹理性的运用则是理性能力的最高体现和极限。若据此而论，对纯粹理性的考察，不仅是哲学思维的前提，也应是哲学本身的重要内容，是哲学的题中应有之义。在此意义上，在康德那里，哲学就成了关于考察和阐明纯粹理性能力的科学。

---

① 在本讲座中，没有具体专门分析康德的《纯粹理性批判》一书，故将笔者后来撰写的这份阅读《纯粹理性批判》的笔记附记于此，供读者参阅。

（一）关于纯粹理性的功用及其界限

对于纯粹理性的功用及其界限的考察，是康德研究的中心和重点。康德自认为，他在此方面研究的虽然是方法，而不是科学体系本身，但是却已经在内在结构方面描画了形而上学的整体轮廓。

在此方面，康德要回答的问题是，知性特别是理性脱离一切经验能够认识什么？认识多少？或者，一般而论，人类知识能否扩展到经验的范围之外？对此，康德的回答是："理性的一切思辨的知识只要有可能，都是限制在仅仅经验的对象之上。"①康德还告诫人们，永远也不要冒险凭借思辨理性去超越经验的界限："理性张开它的双翼，以便单凭思辨的力量来超出感官世界之上，是徒然的。"②康德的这一回答看似简单，但是其论证却颇为复杂和烦琐。

康德将人类的认识能力区分为感性、知性、理性三个层次。感性是基础，理性则处于顶层："我们的一切知识都开始于感觉（Sinne），由此进展到知性（Verstand），而终止于理性（Vernunft），在理性之上我们再没有更高的能力来加工直观材料并将其置于思维的最高统一性之下。"③

感性是感受表象的能力，其先天（a priori）认识框架是空间和时间。空间是外感官的形式，而时间则是内感官的形式，两者均不是从外部经验中抽引出来的经验性概念。

知性是通过表象来认识对象的能力，即凭借概念对感性直观对象进行思维的能力，或者说，是借助于规则使诸现象获得统一的能力。先天

---

① Immanuel Kant, *Kritik der reinen Vernunft,* in *Immanuel Kants Werke Band III*, Herausgegeben von Ar. Albert Goerland,Verlag Dr.H.A.Gerstenberg · Hildesheim,1973; Nachdruck der Ausgabe Berlin, 1933, S.23.

② Immanuel Kant, *Kritik der reinen Vernunft,* in *Immanuel Kants Werke Band III*, Herausgegeben von Ar. Albert Goerland,Verlag Dr.H.A.Gerstenberg · Hildesheim,1973; Nachdruck der Ausgabe Berlin, 1933, S.409.

③ Immanuel Kant, *Kritik der reinen Vernunft,* in *Immanuel Kants Werke Band III*, Herausgegeben von Ar. Albert Goerland,Verlag Dr.H.A.Gerstenberg · Hildesheim,1973; Nachdruck der Ausgabe Berlin, 1933, S.247–248.

的知性形式是范畴。知性的规则的科学即逻辑。知性的具体作用表现为判断。在判断中知性的逻辑功能包含量、质、关系、样式四个方面，以及全体性、多数性、单一性、实在性、否定性、限制性、实体与偶性、原因与结果、主动与受动、可能性与不可能性、存在（Dasein）与非存在（Nichtsein）、必然性与偶然性十二个范畴。由于知性只能从经验中来，只是作经验的运用，所以，知性运用的限度就表现在：单纯从事经验的运用，仅与现象相关。康德再三重申："知性永远也不能对它的一切先天原理、一切概念作先验的运用，只能作经验的运用"[①]；"单纯从事于自己的经验性运用的知性做不到给自己规定自己运用的界限"[②]，因为它的界限在根本上是由感官和经验的对象决定的。正是基于知性的有限性和界限，康德断定，"本体（noumena）不是知性所特有的理智对象，也不能通过任何范畴来认识本体，而只能以某种未知某物的形式来思维它。"[③]

理性是提供先天知识之诸原则的能力。如果说，知性是借助于规则使诸现象统一的能力，理性则是使知性规则统一于原则之下的能力。它是人类认识的最高能力。理性的逻辑功用是为知性的有条件的知识找到无条件者，借此来完成知性的统一，从而对经验进行最广泛的综合。所以理性并不是直接针对经验的对象，而只是针对知性，为的是通过概念赋予杂多的知性知识以先天的统一性。理性从本性上说要求认识终极的、无条件的东西。但是，由于纯粹理性最高原则中产生的原理是超验的，就规定了其应用的绝对界限：不可能有任何与其相适应的经验的运用，不可能超出经验的运用之外。据此，康德断言，"理性的一切思辨的知识

① Immanuel Kant, *Kritik der reinen Vernunft,* in *Immanuel Kants Werke Band III,* Herausgegeben von Ar. Albert Goerland,Verlag Dr.H.A.Gerstenberg · Hildesheim,1973; Nachdruck der Ausgabe Berlin, 1933, S.214.

② Immanuel Kant, *Kritik der reinen Vernunft,* in *Immanuel Kants Werke Band III,* Herausgegeben von Ar. Albert Goerland,Verlag Dr.H.A.Gerstenberg · Hildesheim,1973; Nachdruck der Ausgabe Berlin, 1933, S.213.

③ Immanuel Kant, *Kritik der reinen Vernunft,* in *Immanuel Kants Werke Band III,* Herausgegeben von Ar. Albert Goerland,Verlag Dr.H.A.Gerstenberg · Hildesheim,1973; Nachdruck der Ausgabe Berlin, 1933, S.222.

只要有可能，都是限制在仅仅经验的对象之上"，"永远也不要冒险凭借思辨理性去超越经验的界限"①。由此出发，康德对以往的形而上学进行了裁决，否定了思辨理性在超感官领域中的一切进展。

康德虽然彻底否认了思辨理性在超感官领域的运用及其迄今既有的一切进展，但同时却又认为，这并不意味着思辨理性对超出经验范围的形而上学的对象、对自在之物乃至最高存在者的思考是完全无用和没有价值或意义的。他认为，虽然企图认识最高存在者这一本体没有任何意义，但可以对其思考，而且甚至必须预设"最高存在者"的存在。关于预设最高存在者存在的合理性和必要性，体现在他对最高存在者的理解和论述中。

（二）关于作为形而上学最高认识对象的"最高存在者"

康德认为，人类理性的本性诱使人们去追寻所谓世界的至高无上者，即形而上学的最高对象。康德将理性所追寻的因而也是哲学所追寻的形而上学的最高对象称为"最高存在者"（ens summum, oberstes Wesen），同时也称为"原始存在者"（ens originarium, ein Urwesen）、"诸存在者的存在者"（ens entium）、"最高原因"（hoechste Ursach）、"最高创造者"（der hoechste Urheber）、"绝对统一性"（absolute Totalitaet）、"绝对必然性"（absolute Notwendigkeit），等等。其具体内涵分别表现在：就其自身之上无任何东西而言，称为"最高存在者"；就其将一切实在性包含在自身之中而言，称为"原始存在者"；就一切事物作为有条件者均从属于它之下而言，则称为"诸存在者的存在者"。如此等等。总之，它是包容和规定所有实存者的一种"大全"（das All）理念。

---

① Immanuel Kant, *Kritik der reinen Vernunft, in Immanuel Kants Werke Band III,* Herausgegeben von Ar. Albert Goerland, Verlag Dr.H.A.Gerstenberg · Hildesheim, 1973; Nachdruck der Ausgabe Berlin, 1933, S.23, 22.

对于这样一种认知对象，康德通过其全部考察得出的结论是：由于纯粹理性的运用只限于经验的范围，因此，所谓最高存在者已经完全超越于纯粹理性的认知能力之外，"最高存在者对于理性的纯思的运用来说是一个单纯的，然而又是完美无缺的理想，是一个终结人类知识并使之圆满完成的概念"[①]。同时，康德又认为，这并不意味着对最高存在者的思考毫无意义，我们可以对其完全弃之不顾；相反，必须预设这样一个最高存在者，这为理性的本质和内在机制所决定，只要我们不将其由调节性（rugulativ）原则变成构成性（konstitutiv）原则，也不将其实体化（hypostatisch）。这样，基于将其作为非构成性原则以及非实体物的前提，康德认为必须预设这样一个最高存在者，以便作为系统统一性为理性的全部运用提供一种可能性基础，以及作为道德完善的最高标准，赋予实践法则以应有的效果和力度。也就是说，在康德看来，预设最高存在者的必要性和合理性具体表现在两个方面：其一，在认知领域，"可以从根本上并暗中用作知性扩展的和前后一致运用的法规"，"使知性概念除最大的扩展之外获得最大的统一性"，或者说，作为系统统一性的理念，整合和促进经验性知识，从而成为"理性借以尽其所能地把系统统一性扩展到一切经验上去的模板（Schema）"[②]。其二，在实践或道德领域，"能够使从自然概念到实践概念的过渡成为可能，并使道德理念本身获得支持以及与理性的思辨知识的关联"[③]，赋予在理性的理念中的完全正当的义务在应用于我们自身时以实在性和动机。当然，康德没有忘记申明，这种

[①] Immanuel Kant, *Kritik der reinen Vernunft*, in *Immanuel Kants Werke Band III*, Herausgegeben von Ar. Albert Goerland,Verlag Dr.H.A.Gerstenberg · Hildesheim,1973; Nachdruck der Ausgabe Berlin, 1933, S.440.

[②] Immanuel Kant, *Kritik der reinen Vernunft*, in *Immanuel Kants Werke Band III*, Herausgegeben von Ar. Albert Goerland,Verlag Dr.H.A.Gerstenberg · Hildesheim,1973; Nachdruck der Ausgabe Berlin, 1933, S.265–266, 441, 464.

[③] Immanuel Kant, *Kritik der reinen Vernunft*, in *Immanuel Kants Werke Band III*, Herausgegeben von Ar. Albert Goerland,Verlag Dr.H.A.Gerstenberg · Hildesheim,1973; Nachdruck der Ausgabe Berlin, 1933, S.265–266.

预设不具有客观实在性，仅仅是一种信念而已，不配享有科学和理性洞见的名义 ①。

从中可见，在康德那里，对于最高存在者的预设，体现了纯粹理性的最高功用和限度。与此同时，康德也试图在其实践知识中发现某种依据，以便借此来规定最高存在者这个超验的最高理性概念，并以某种合乎形而上学愿望的方式，借助于在实践的意图上才可能的先天知识，来超越一切可能的经验知识的界限。如他所言，最高存在者虽然绝对不是认识的对象，但是却可以作为思考的对象，特别是实践的对象。这意味着，最高存在者虽然不能构成或至少不能完全构成认识论的对象，但是却可以成为伦理学的对象。然而，这是如何成为可能的呢？这两者之间有何关联呢？在《纯粹理性批判》第二版序言的一个注释中，康德给出了某种提示。他说，赋予概念以客观有效性或实在可能性，仅有逻辑上的证明是不行的，也不一定从理论知识中来寻找来源，而必须到实践知识中去寻找来源 ②。这或许意味着，康德承认，最高存在者的客观实在性存在于实践知识中，也表明在康德那里实践知识高于理论知识 ③。

那么，概括起来，最高存在者到底是否存在？是否是实体？我们到底能否对它进行思考？关于最高存在者到底是否存在，康德给予了肯定的回答，但是这只是在理论预设而非实存的意义上："假如我们要问：第一，是否有某种与世界不同而有把世界秩序及其按照普遍法则关联的根

---

① Immanuel Kant, *Kritik der reinen Vernunft,* in *Immanuel Kants Werke Band III,* Herausgegeben von Ar. Albert Goerland,Verlag Dr.H.A.Gerstenberg · Hildesheim,1973; Nachdruck der Ausgabe Berlin, 1933, S.337.

② Immanuel Kant, *Kritik der reinen Vernunft,* in *Immanuel Kants Werke Band III,* Herausgegeben von Ar. Albert Goerland,Verlag Dr.H.A.Gerstenberg · Hildesheim,1973; Nachdruck der Ausgabe Berlin, 1933, sehe:S23,Anmerkung 1.

③ 在《道德形而上学基础》中，康德认为，要解释纯粹理性怎样会成为实践理性，这是人类理性做不到的事情，因此一切试图解释的努力都是徒劳的。

据都包含在内的东西，那么回答就是：无可置疑。"①关于最高存在者是否是实体，康德断然给予了否定，因为这已经超出了纯粹理性的能力的限度："假如要问：是否这个存在者是实体，具有最大的实在性，是必然的，等等，那么回答是：这个问题完全没有意义。"②关于我们能否思考最高存在者，康德也给予了肯定的回答，但其前提条件是，只限于将其作为理念中的对象："如果问题是：我们是否至少可以按照经验对象的类比来思考这个与世界不同的存在者？回答是：当然，但只是将其作为理念中的而非实在中的对象。"③

　　基于最高存在者是理性的预设和产物，康德在"先验辩证论附录"中将最高存在者规定为精神物而非物质物④，即仿佛是独立的本原和创造性的"独立的理性"："由于这个理念只是基于我的理性，我将能够把这个存在者设想为独立的理性（selbstaendige Vernunft）。"⑤

（三）关于灵魂、自由、上帝

　　与最高存在者的阐释相关联，康德具体地考察了纯粹理性的三种理念：灵魂、自由、上帝。康德指出，"形而上学在其研究的本来目标中只

① Immanuel Kant, *Kritik der reinen Vernunft*, in *Immanuel Kants Werke Band III*, Herausgegeben von Ar. Albert Goerland,Verlag Dr.H.A.Gerstenberg·Hildesheim,1973; Nachdruck der Ausgabe Berlin, 1933, S.472.

② Immanuel Kant, *Kritik der reinen Vernunft*, in *Immanuel Kants Werke Band III*, Herausgegeben von Ar. Albert Goerland,Verlag Dr.H.A.Gerstenberg·Hildesheim,1973; Nachdruck der Ausgabe Berlin, 1933, S.472.

③ Immanuel Kant, *Kritik der reinen Vernunft*, in *Immanuel Kants Werke Band III*, Herausgegeben von Ar. Albert Goerland,Verlag Dr.H.A.Gerstenberg·Hildesheim,1973; Nachdruck der Ausgabe Berlin, 1933, S.472–473.

④ 康德明确否定物质可以作为最高存在者的理念："物质终归不适于作为一切派生原则的某种必然存在者的理念，因为它的任何实在的属性作为派生出来的东西只是有条件的必然的，所以本身是可以被取消的。但是这样一来，物质的整个存在就会被取消掉了。" Immanuel Kant, *Kritik der reinen Vernunft*, in *Immanuel Kants Werke Band III*, Herausgegeben von Ar. Albert Goerland,Verlag Dr.H.A. Gerstenberg·Hildesheim,1973; Nachdruck der Ausgabe Berlin, 1933, S.425.

⑤ Immanuel Kant, *Kritik der reinen Vernunft*, in *Immanuel Kants Werke Band III*, Herausgegeben von Ar. Albert Goerland,Verlag Dr.H.A.Gerstenberg·Hildesheim,1973; Nachdruck der Ausgabe Berlin, 1933, S.462.

有三个理念：上帝、自由和不朽……它需要这些理念不是为了自然科学，而是为了超越自然。对这些理念的认识……都仅仅依赖于思辨的理性能力而别无依赖。"①这样，在康德所描述的先验理念的体系中，包括先验心理学、先验世界学和先验神学，纯粹理性为这三个领域提供先验的理念。就上帝、自由和灵魂不朽这三个研究目标而言，以往的形而上学皆因运用纯粹理性的谬误推理而陷入了幻相，即将心灵当作精神实体，将世界当作给定的整体，以及将上帝当作绝对的实在。但是，实际上，在康德看来，这三个对象的理念意欲表达的只不过是理性要求按照系统统一的原则来看待世界的联结。关于灵魂，理性所关注的只不过是在解释灵魂现象时的系统统一性的原则，实际上我们不论以何种方式都不可能对我们的灵魂的那种所谓独立实存的可能性的性状有所认识。关于自由，它涉及的是充当应如何处理自然诸条件序列的规则，但是在这里自然诸条件不再能够被设立在现象的序列中，而只能设立在现象的序列之外。就自由与自然必然性的关系而论，康德倾向于将两者视为一种平行不悖的关系："由于在自由中可能存在着与完全另外一类条件的关系，即不同于在自然必然性中的那类条件，后者的法则不能影响前者，因而两者能够相互独立和互不干扰地发生。"②关于上帝，康德列举了思辨理性证明上帝存在的三种方式，即本体论证明、宇宙论证明和自然神学证明。在康德看来，自然神学证明和宇宙论证明归根到底是建立在本体论证明基础之上的，而本体论证明不过是一种同义反复，因为当人们思考上帝存在与否时已经带入了该对象实存的概念。康德认为，实际上将最高存在者的理念实体化就成为上帝，也就是说，所谓上帝不过是最高存在者的理念

①　Immanuel Kant, *Kritik der reinen Vernunft,* in *Immanuel Kants Werke Band III,* Herausgegeben von Ar. Albert Goerland,Verlag Dr.H.A.Gerstenberg · Hildesheim,1973; Nachdruck der Ausgabe Berlin, 1933, S.271,Anmerkung1.

②　Immanuel Kant, *Kritik der reinen Vernunft,* in *Immanuel Kants Werke Band III,* Herausgegeben von Ar. Albert Goerland,Verlag Dr.H.A.Gerstenberg · Hildesheim,1973; Nachdruck der Ausgabe Berlin, 1933, S.389.

的实体化。此外，康德也论及世界或自然界的整体。关于世界或自然界的整体，康德也认为不能将理性运用到超出经验对象的边界，否则就会陷入纯粹理性的二律背反，而要消除这种二律背反，则必须避免将绝对整体性的理念应用到现象之上。

总之，在康德看来，以往形而上学对灵魂、自由、上帝三者乃至最高存在者的认知，均对纯粹理性及其理念做了错误的运用，僭越了经验所规定的边界。具体说来，体现为两大错误：一是把最高存在者的理念不是仅仅作调节性的运用，而是作构成性的运用；二是将合目的性的系统统一性原则实体化（hypostatisch）。这种错误的运用体现了理性的迷乱（Vernunft verwirren）。

（四）几点评论

康德认为，他的批判留给后人的主要遗产就是：永远不要冒险凭借思辨理性去超越经验的界限，同时借此排除理性在实践运用方面的障碍，从而使纯粹理性获得完全必要的实践运用。这或许可以视为康德全部纯粹理性批判理论的结论。对于康德的纯粹理性批判理论，或许可以作出下述几点评论：

1. 基于最高存在者是人类理性的产物和预设，康德将最高存在者规定为精神物即一种"独立的理性"，同时否认其是物质物。这一规定表明，康德对最高存在者的认识囿于物质与精神二分的认识论框架。然而，这一框架是不适用于作为物质现象与精神现象两者统一的最高存在者的。康德将最高存在者规定为"独立的理性"，无疑为黑格尔哲学的"绝对精神"奠定了重要的基础。

2. 康德回避甚至否定最高存在者的客观实存性，但是却肯定预设这一理念的合理性和必要性，认为需要其为知性的运用和扩展提供统一性的基础以及为道德的完善提供基础。然而，没有实存性的、单纯的精神性的理念无法构成真正的形而上学本体论。这样一来，形而上学认识论和形而上学道德论的构建也就失去了根基，从而成为一种无根的形而上学认识论和形而上学道德论。

3.尽管康德一方面认为把对象划分为现象和本体、把世界区分为感性世界和知性世界在积极的意义上是完全不能容许的，但是他仍然坚持本体不是知性所特有的理智对象，并据此进一步认为必须严格区分两类对象，即现象与自在之物。两者的区别在于：现象遵从因果律和自然法则，是感性的表象方式，而自在之物则不遵从自然律，是知性的表达方式，虽可思维，但不可认识。这样，在实际上康德已经将感性与知性、现象与本体割裂开来了。

4.康德将上帝理解为最高存在者之理念的实体化，同时又认为必须预设最高存在者的理念以便为道德的完善提供必要的基础和目标。在《纯粹理性范围内的宗教》中他还明确提出可以把宗教归结为道德。从中可见，康德所提出的"贬低知识，以便为信仰留出地盘"这一命题的底蕴，应是贬低知识以便为实践理性或美德理念留出地盘。

5.康德认为，他的纯粹理性批判理论由于对纯粹理性认识限度的揭示而彻底否定和根除了以往唯物论、宿命论、无神论、唯心论、怀疑论、独断论等在形而上学问题上的迷信和狂妄，而人们则往往把康德哲学称为不可知论和二元论。实际上，康德将理性的限度归结为知性的限度，又将知性的限度归结到感性经验的有限性和范围，从而极端强调感性经验的客观实在性和可靠性，强调认识对于感性经验的根本依赖。就此而言，毋宁说康德在本质上是一位经验论者。

6.康德认为感性经验认识止于现象或表象，根本无法企及本质、本体，更不要说最高存在者。这说明，他考察的只是一般的、普通的感性。他没有看到，人的感性也是一种历史的产物，是存在开发和扩展的潜力的。他也没有考察所谓神秘的直觉、预感、冥想和"天启"，等等，没有注意到存在"本质的直观"或超常的内感官经验。当然，恐怕也不了解中国传统哲学中的"悟性"。与此不同，海德格尔却清晰地看到，预感、直观、信仰等可以达到科学认知所无法达到的所谓终极者和存在者之整体："'形而上学'或'形而上学的'这些表达的流行的用法已经表明，它涉及的是某种最终的事物，关涉的是超出一切之外的事物，涉及的是存在者之整体，而且去往彼处的路是晦暗的。科学认知达不到那里，而预感、直观、信仰——一些无法以合理的方式得到明确确证，又无法展示给他人的表态方式（Stellungnahmen）——能达到。"①

---

① 海德格尔:《德国观念论与当前的哲学困境》，庄振华、李华译，赵卫国校，西北大学出版社2016年版，第29页。

第五讲　黑格尔：理念的发挥

黑格尔哲学是近代西方哲学发展的一座巅峰，也是近代以来哲学研究所不断回溯的一个重要的思想源泉。而黑格尔的哲学观则集中体现了黑格尔哲学的精华。著名黑格尔研究专家、德国哲学家迪特·亨利希（Dieter Henrich）曾用一句很经典的话来表述黑格尔哲学观的地位："黑格尔的哲学概念是当代理论的史前史。"① 当代哲学发展的现状表明，重新释读黑格尔的哲学观，不仅为进一步研究和消化黑格尔哲学本身乃至整个近代哲学遗产所必需，而且也为重新审视和思考当代某些重大哲学问题所必需。

一、哲学与思想

黑格尔把"精神"视为近代哲学的主导原则，并自觉地将其作为自己哲学研究的中心。在黑格尔看来，精神表示心灵的较深刻的意义，它具有感觉和直观、想象、意志等形式，而它的"最高的内在性"则是"思维"（Denken），因为正是"思维使灵魂（禽兽也是赋有灵魂的）首先成

---

① 迪特·亨利希：《黑格尔逻辑学中的否定形式》，载中国社会科学院哲学研究所西方哲学史研究室编《国外黑格尔哲学新论》，中国社会科学出版社 1982 年版，第 44 页。

为精神"①。同时，黑格尔又认为，思维的产物是思想。在此意义上，思想是精神的内在的核心。因此，黑格尔就把哲学的直接对象具体地理解和界定为思想，认为"只有当思想本身被认作基础、绝对、一切其他事物的根本时，才算得有了哲学"②。而唯有思想不去追寻别的东西而只是以它自己为思考对象时，即当它寻求并发现它自身时，那才是它的最优秀的活动③。就此而论，可以说，哲学是关于思想的思想。

然而，黑格尔这里所说的作为哲学对象的思想，并不是指那种"平常的意识状态的思想"，即掺杂在情绪、直观和表象中或含有感性材料的思想，而是剔除了情绪、直观和表象的形式，不再含有任何感性材料的"纯思"（das reine Denken）。所以，黑格尔严格将纯思与平常意识状态的思想加以区别，申明哲学是"把单纯不杂的思想本身，作为思考的对象"，它"紧紧抓住纯思，并运行于纯思之中"④。这样，在黑格尔那里，所谓哲学以思想为对象，其意是指哲学以纯思即不含任何感性材料、单纯不杂的思想为对象。就此而论，哲学是关于纯思的思想。

纯思当然也有自己的表现形式。这样的表现形式在黑格尔看来就是概念（Begriff）。概念是思想的进一步的规定。"因为对于一个概念，除了思维那个概念的本身外，更没有别的可以思维。"⑤

黑格尔认为，以思想为对象，即对纯思进行思想，这集中体现了哲学的本性和哲学的特有的认识方式——"反思"（die Reflexion）。不过，正如纯思与平常意识状态的思想不同，哲学的反思也不同于普通意义或一般思想的反思。这是由于，哲学的反思是以纯思为对象，而普通意义或一般思想的反思则是以平常意识状态的思想即表现和包含在情绪、直

---

① 黑格尔：《小逻辑》，贺麟译，商务印书馆 1980 年版，第 13 页。
② 黑格尔：《哲学史讲演录》第 1 卷，贺麟、王太庆译，商务印书馆 1959 年版，第 89 页。
③ 黑格尔：《哲学史讲演录》第 1 卷，贺麟、王太庆译，商务印书馆 1959 年版，第 10 页。
④ 黑格尔：《小逻辑》，贺麟译，商务印书馆 1980 年版，第 41 页。
⑤ 黑格尔：《小逻辑》，贺麟译，商务印书馆 1980 年版，第 41 页。

观和表象中的思想为对象①。

黑格尔不仅区分了纯思与平常意识状态的思想，而且还区分了必然的思想与偶然的思想。他认为前者在本质上就是自在自为的、永恒的，至于后者则只能称为"意见"。而哲学的对象当然只能是前者，即真的、必然性的思想。由此，黑格尔又把"纯思"聚焦到"思辨思维"，即不仅是超验的而且是辩证的整体性的思维："凡是志在……达到真正必然性的知识的反思，就是思辨的思维，亦即真正的哲学思维。"②这样，黑格尔就把作为哲学对象的"思想"即纯思看成与"合理性""真理"同一的。所以，在黑格尔那里，说哲学是关于纯思的思想，也就等于说，哲学是关于"理性的知识"，或关于"真理之必然性的科学"。从这一理解来看，哲学的直接目的并不在于他处，而就在于认识那不变的、永恒的、自在自为的思想，即真理。与此相联系，黑格尔还认为，认识真理是人的精神本性最深刻的要求，因此哲学堪称"人类所具有的最高的光明，对人的本质的自觉"③。

在黑格尔看来，思想的进一步规定就是纯思或概念，而思想的全体就是理念（die Idee）。如果说，真理是具体的，是全体的，那么，理念就是真理，而且，唯有理念才是真理。这样说来，哲学以思想、以真理为对象，也就是以理念为对象。理念就其本质而言，是具体的、自我发展的，是不同规定的统一，是一个有机的系统或整体。因而，哲学作为对理念发展的认识，就是对"理念的全体及其一切部分的发挥"。由于理念本质上是具体的，就体现在具体事物的发展之中，所以，如果就具体事物而言，也可以这样说，即哲学是对具体事物发展的认识，"是认识事

---

① 黑格尔：《小逻辑》，贺麟译，商务印书馆1980年版，第39页。
② 黑格尔：《小逻辑》，贺麟译，商务印书馆1980年版，第48页。
③ 黑格尔：《哲学史讲演录》第1卷，贺麟、王太庆译，商务印书馆1959年版，第12、18、13、33页。

物具体发展的科学"①。把哲学认识的任务规定为"理念的全体及其一切部分"，集中体现了"黑格尔试图在一种宏大的哲学思想体系内对自然与历史、自然与社会做最后的综合"。正是借此，黑格尔将"希腊关于通过存在的理性（Logos）进行思辨的主张——发展到了顶点"②。

黑格尔还进一步从思想这一对象出发来讨论哲学在各个文化形态中的地位或哲学与每一具体时代的关系。哲学以思想为对象，具体到每一时代，也就是以每一时代的必然性思想即时代精神为对象。这种时代精神贯穿在各种特定的民族精神中，贯穿在所有文化部门中，表现出它是精神整个形态的概念，是整个客观环境的自觉和精神本质。就此而言，黑格尔认为，哲学在各个文化形态中的地位就体现在，哲学是时代精神的整体和本质的反映，"是时代精神的实质的思维"③。黑格尔认为，由此也可以推论出，哲学与它的时代是不可分的。哲学不可能超出自己的时代，正如没有人能够超出他的皮肤。

如果说，哲学的对象是思想，是合乎理性的东西，是真理，科学亦复如是，那么，哲学与科学是什么关系？二者又有何不同？黑格尔按其抽象性或超验性的不同，把它们视为一般与个别的关系。他认为，科学与哲学同样以知识和思维为其要素，但科学的对象只是有限的对象和现象，科学知识只是关于有限事物的知识。哲学诚然研究有限事物，可是正如斯宾诺莎所理解的，这种有限事物是长存于神圣理念中的有限事物。

同时，黑格尔也认为，就其科学性的要求而言，以往的哲学还不完全具备科学的形式。因此，他主张和致力于哲学的科学化。他在《精神现象学》"序言"中坦言，他在该书中所持的目的，就是使哲学接近于科

---

① 黑格尔：《哲学史讲演录》第1卷，贺麟、王太庆译，商务印书馆1959年版，第25、32页。
② 伽达默尔：《科学时代的理性》，薛华等译，国际文化出版公司1988年版，第20页。
③ 黑格尔：《哲学史讲演录》第1卷，贺麟、王太庆译，商务印书馆1959年版，第57页。

学的形式，因为真理的真实形态就是其科学性①。这样，科学性在黑格尔那里就成为哲学的一个根本的规定或重要的规定。

何谓黑格尔所言的科学性？黑格尔反复强调的科学性，具体是指能够揭示概念的自我辩证运动及其逻辑的必然性，从而能够体现理念的有机整体。按照这一理解，黑格尔认为，具有理论体系是哲学科学性的一个重要标志，"哲学若没有体系，就不能成为科学"。因为"没有体系的哲学理论，只能表示个人主观特殊的心情，它的内容必定是带偶然性的"。而"真正名副其实的哲学体系，必定是最渊博、最丰富和最具体的哲学体系"②。

总的说来，黑格尔通过对精神这一近代主导原则的研究，使西方萌芽于古希腊的形而上学概念——理性（nous）中的思维传统达到极致，同时也使他自己成为"形而上学伟大传统的决定人物"③。但是其中隐含的黑格尔自己的决定性贡献，却未必是他对"历史理性"的探究——如伽达默尔所言④，而很可能是他通过把哲学的对象规定为思想（纯思），以及充分揭示哲学的反思本性和认识方式，最终确立起一种基本的和主要的哲学思维类型——反思思维。

反思成为真正哲学意义上的概念并被专门用来指谓推理的理智活动，是伴随近代哲学的发展而确立和明晰起来的。这种情况同哲学与各门具体科学的关系的历史发展直接相关。在古代，哲学是人类文化的母体和各类知识的总汇，是关于世界的直接思想，在很大程度上建立在感性经验的基础之上和依赖于感性直观。只是到了近代，各门具体科学从哲学中分化出来，并且各自独立地、分门别类地为哲学提供有关世界图景的

---

① 黑格尔：《精神现象学》上卷，贺麟译，商务印书馆1979年版，第3、4页。
② 黑格尔：《小逻辑》，贺麟译，商务印书馆1980年版，第56、55页。
③ 伽达默尔：《科学时代的理性》，薛华等译，国际文化出版公司1988年版，第29页。
④ 伽达默尔《科学时代的理性》，薛华等译，国际文化出版公司1988年版，第29—30页。

各方面的知识和思想，哲学才得以从"科学的科学"中摆脱出来，有条件和可能对各门具体科学提供的这些知识和思想及其对世界的关系进行反思。在洛克那里，反思已经被作为内省或内在知觉与感觉相并列。莱布尼茨进一步把反思规定为对内在于我们之物的关注。康德在其《纯粹理性批判》中首次对反思概念作出了较为明确的界定。他认为，反思可以被看作我们在其中借以发现达到概念之主观条件的一种心理状态，它是关于我们已获得的表象对认识来源即客观对象的关系的意识①。在《逻辑学讲义》中，康德从逻辑学角度把反思进一步解释为概念据以产生的知性的逻辑活动之一，它的作用是把不同的表象把握在一个意识中，因此，它构成概念的主观形式方面的逻辑起源②。在康德之后，沿着既有的致思前行，黑格尔在《小逻辑》等著作中赋予反思概念以更加丰富的内涵和规定。可以说，只是到了黑格尔那里，反思概念才达到和具有了真正成熟的形式。从而，反思思维也才真正成为理性主义的经典的思维方式。

然而，诚如马克思在年轻时就指出过的，"反思的形式，……表现着思想对存在的关系"③。就此而言，反思思维本质上是一种认识论的思维方式。如果说，黑格尔借助反思思维彻底完善了哲学认识论，那么，黑格尔哲学的优点在斯，局限亦在斯。如果对思维与存在的关系作进一步的追溯和考察，就必然牵涉到这一关系赖以建立的现实基础——人们的社会实践活动。马克思正是通过诉诸人们的社会实践活动，将黑格尔的反思思维推进到了实践思维。

值得注意的是，在当代哲学中，人们仍不难发现反思思维传统的根深蒂固的影响。关于"哲学就是认识论"的说法固然已难获得人们的认同，但是关于哲学就是反思的主张却依然得到肯定甚至大行其道。例如，

① 康德：《纯粹理性批判》，蓝公武译，商务印书馆1960年版，第223—224页。
② 康德：《逻辑学讲义》，许景行译，杨一之校，商务印书馆1991年版，第85—86页。
③ 《马克思恩格斯全集》第40卷，人民出版社1982年版，第203页。

冯友兰先生虽然批评了"哲学就是认识论"的观点，可是与此同时却肯定"哲学是人类精神的反思"①。其实，由于反思思维就是认识论的基本思维方式，所以，关于哲学就是反思的主张不过是哲学就是认识论的不同说法而已。甚至伽达默尔也曾囿于反思传统和过于看重认识而反复强调古希腊关于"认识你自己"的名言在现代仍然适用②。但是，他大概没有注意到，早在一个世纪前，青年黑格尔派代表之一施蒂纳就在其代表作《唯一者及其所有物》中以更切近现代人的眼光纠正了费尔巴哈的类似错误，明确申明："在我们时代的入口处铭刻着的已不再是那阿波罗的'认识你自己'，而是'实现你自己的价值'！"（Ueber der Pforteunserer Zeit stehtnichtjenesapollinische: "Erkenne Dich selbst", sondernein: "Verwerte Dich！"）③

二、哲学与"绝对"

在揭示哲学的对象和反思本性的基础上，黑格尔把思维与存在的关系作为哲学的起点和贯穿哲学史的根本线索，并从思维与存在的关系的棱镜去透视、理解和界定哲学。在评论安瑟伦有关上帝存在的本体论证明时，黑格尔赋予思维与存在的关系以哲学最基础问题的性质，提出"思维与存在的对立是哲学的起点，这个起点构成哲学的全部意义"。而且，在黑格尔看来，思维与存在关系的理想表达即思维与存在的统一不是别的，就是他所说的"绝对"④。因此，"绝对就是哲学研究的对象"⑤。

① 冯友兰：《中国哲学史新编》第一册，人民出版社 1982 年版，第 9 页。
② 伽达默尔：《科学时代的理性》，薛华等译，国际文化出版公司 1988 年版，第 46、132 页。
③ Max Stirner, *Der Einzige und sein Eigentum,* Stuttgart: Philipp Reclam jun, 1981, S. 353.
④ 黑格尔：《哲学史讲演录》第 3 卷，贺麟、王太庆译，商务印书馆 1959 年版，第 292 页。
⑤ 黑格尔：《小逻辑》，贺麟译，商务印书馆 1980 年版，第 10 页。

　　按照黑格尔的看法，思维与存在的关系问题在古代还没有显露出来。希腊的哲学思想是素朴的，因为它还没有注意到思维与存在的对立，这种对立还不是它考察的对象。总的说来，在希腊哲学那里，哲学思维、推理是以思维与存在的统一作为假定前提的。只是到了中世纪的经院哲学，在安瑟伦的有关上帝存在的本体论的证明中，思维与存在的对立才开始出现，并且开始寻求两者的结合。安瑟伦致力于信仰的理性化，以及通过理性认识上帝和教义，将哲学与神学结合起来，成为经院神学的奠基人。他把什么是上帝转换成上帝是否存在的问题，并提出：上帝作为融汇一切实在性于自身之内的本质的理念，也必然包含存在这一实在性在它之内。黑格尔认为，安瑟伦这一本体论证明，不仅说出了思维与存在是正相反对的原则，而且其真正的内容正是表达了思维与存在的统一。在以后的哲学发展史中，思维与存在相统一的原则就愈渐被思想所认识，并构成近代哲学的意义。当然，这种意义在黑格尔自己的哲学中得到了充分的、彻底的表达。黑格尔把思维与存在的统一界定为"绝对"，并以此奠定了他的全部哲学体系的前提和基础。

　　如我们所看到的，黑格尔对思维与存在关系的看法，对海涅、费尔巴哈特别是恩格斯产生了重大的影响。海涅在《论德国宗教和哲学的历史》中第一次把对思维与存在、观念与外界关系问题的解决同唯心主义和唯物主义的对立联系起来[1]。而费尔巴哈则在《宗教本质讲演录》中把思维对存在（"精神对感性"等）的关系称为"人类认识和哲学上最重要又最困难的问题"[2]。恩格斯承继黑格尔、海涅和费尔巴哈等人的相关论述，对这一问题作了更为彻底的概括。在《路德维希·费尔巴哈和德国古典哲学的终结》一文中，他明确地把思维与存在的关系问题命名为"全部哲学，特别是近代哲学的重大的基本问题"以及"全部哲学的最高

---

① 海涅：《论德国宗教和哲学的历史》，海安译，商务印书馆 1974 年版，第 57—58 页。
② 《费尔巴哈哲学著作选集》下卷，荣震华、李金山等译，商务印书馆 1984 年版，第 621—622 页。

问题"①。

黑格尔从思维与存在的关系的角度对哲学进行定义和描述，充分揭示了哲学的认识论功能和意义，在客观上适应了近代以来哲学发生的认识论转向这一趋势。

同时，同样明显的是，黑格尔在确立思维与存在的关系在哲学及其发展史中的地位的同时，也把思维与存在的关系的这种地位普适化了。应该看到，正如任何范畴都有其特定的适用范围和条件一样，思维与存在的关系，它们两者的对立和统一，只是在认识论的领域才是适用的；超出了认识论领域，就失去了其存在的合理性。实际上，就哲学所包摄的各主要领域来说，哲学各主要领域的基本问题各有不同：本体论的基本问题是一般与个别的关系，认识论的基本问题是思维与存在的关系，而生存论的基本问题则是主体与客体的关系。至于哪一领域的基本问题被凸显出来并能够对整个哲学学科产生普遍的甚至主导性的影响，这完全取决于哪一领域能够成为时代的认识和实践的重心。②就哲学发展的历史来看，每一历史阶段都有其认识的重心和居于主导地位的问题。而思维与存在的关系在整个哲学学科中占据重要地位并对整个哲学学科发生重大影响，是在近代哲学完成了由本体论向认识论的转向以后。也就是说，只是在近代，由于哲学研究的重心迁移到认识论领域，思维与存在的关系作为认识论的基本矛盾和范畴才居于整个哲学的中心，成为影响整个哲学的基本问题。而在整个古代，由于哲学研究的重心并不是认识论而是本体论，因此处于整个哲学中心的问题就不是思维与存在的关系，而是一般与个别的关系。到了当代，哲学研究的重心迁移到了生存论，居于哲学中心的问题则既不再是一般与个别的关系，也不再是思维与存在的关系，而是主体与客体的关系，是主体与客体的对立及其扬弃。

①　《马克思恩格斯选集》第 4 卷，人民出版社 1995 年版，第 223、224 页。
②　参阅侯才《哲学认识论问题不等于哲学基本问题辨析》，《社会科学战线》1998 年第 6 期。

质言之，沿袭黑格尔的思路，抽象地把思维与存在的关系视为整个哲学的基本问题，不啻把认识论模式变为一种普适性和永恒性的哲学模式。

三、哲学与宗教

黑格尔对哲学的内容的阐释，在很大程度上围绕哲学与宗教的关系展开。

黑格尔对哲学与宗教的关系给予极大的关注和重视，这可以归因于：其一，当时德国资产阶级社会问题主要以意识形态的形式出现，这赋予宗教问题以特殊的地位和意义。其二，黑格尔清醒地认识到，哲学与宗教的关系是一种牵涉到哲学本质的理解的实质性关系。其三，黑格尔自己的哲学就形成于神学探究的怀抱，这样，他的哲学研究就与宗教问题结下了不解之缘。

哲学与宗教具有复杂的关系。这有其历史方面的原因。宗教是人类文化的最初形态，其起源要先于哲学。黑格尔明确肯定这一点，指出："在文化发展的过程中，依时间的顺序，宗教的现象总是先行于哲学的出现。"[①]根据黑格尔的考察，在西方，哲学最初束缚和局限在希腊的异教信仰范围之内。直至它把握了后者的普遍内容，并将其翻译和改造成思想所能掌握的蕴意且予以概念的解释，它才从宗教中独立出来。黑格尔以亚历山大里亚的新柏拉图派对希腊民间神话的扬弃为例来说明这一具体历史过程。总的说来，在17世纪近代自然科学诞生并给予哲学的独立以有力的支点以前，哲学犹如牵着母亲裙带的孩童，一直跟在宗教后面蹒

---

① 黑格尔：《哲学史讲演录》第1卷，贺麟、王太庆译，商务印书馆1959年版，第62页。

跚而行。特别是在 11 世纪至 13 世纪，它彻底隶属于宗教教会的神权统治，由宗教之子沦为宗教之仆。这样，在历史中，哲学的进展不能不部分地依赖于宗教的进展。从而，在理论上，对哲学的理解也就与对宗教的理解密不可分。

黑格尔用内容与形式这对范畴来阐明哲学与宗教的关系。在他看来，哲学与宗教的内容是相同的。因为"哲学与宗教站在同一基础上，有一共同的对象：普遍的独立自存的理性"①。这样，必须确认，"理性的成分"是宗教的主要内容，而宗教是"合理性的"，"是理性自身启示的作品，是理性最高和最合理的作品"②。就此而论，哲学与宗教具有同一性。当哲学说明宗教时，它仅仅是说明自己；当它说明自己时，也就是说明宗教。甚至可以说，"宗教和哲学同归于一个东西；哲学本身事实上就是敬神，就是宗教"③。

如此一来，哲学与宗教的关系，在实质上可以归结为理性与上帝的关系。黑格尔关于哲学与宗教同一性论证的核心，恰是对上帝进行理性主义的改造，将上帝界说为"普遍的、绝对的、本质的精神"或"独立自存的理性"。这样一来，哲学与宗教两者的对象就变成了同一个"理性"，即"绝对精神"。这里，论证的结论已内含在论证的前提中：黑格尔首先对上帝进行了理念论的解释，把理性等同于上帝，或者说，用理性取代了上帝。基于此，哲学与宗教在内容上的同一自然也就不言而喻了。

黑格尔把上帝诠释为理性，强调宗教与哲学的对象的同一，其实质是把宗教哲学化，甚至认识论化。这一方面是把哲学扩张到超世俗领域；另一方面，也可以说是把宗教降抑到世俗领域。

按照黑格尔的理路，既然哲学与宗教在内容方面是同一的，哲学与

---

① 黑格尔：《哲学史讲演录》第 1 卷，贺麟、王太庆译，商务印书馆 1959 年版，第 64 页。
② 黑格尔：《哲学史讲演录》第 1 卷，贺麟、王太庆译，商务印书馆 1959 年版，第 63 页。
③ 黑格尔：《宗教哲学讲座·导论》，长河译，山东大学出版社 1988 年版，第 18 页。

宗教的区别就主要是形式方面的区别，人们就只能在形式方面对它们进行比较了。在黑格尔看来，哲学与宗教在形式方面的主要区别在于，"哲学通过思维意识的形式与它的对象相联系，宗教便不采取这种形式"[①]。宗教像艺术一样，是采取感觉、直观和表象的形式与它的对象相联系的。关于哲学与宗教两者各自的地位，黑格尔在其早期，例如在《耶稣传》和《德国唯心主义始初系统纲领》（1800）中，曾把哲学隶属于宗教。但后来，黑格尔则明确认为，理性形式高于感性形式，思维形式高于信仰形式。据此，至少就形式方面而言，就意识的抽象性程度而言，哲学高于宗教。所以，当有人反对把哲学置于宗教之上时，他对把哲学置于宗教之上的做法进行了坚决的辩护："人们指责哲学说，它把自己置于宗教之上，这实际上是不正确的，因为它只有这一种而没有任何其他的内容，但却以思维的形式去表现这种内容；因此，哲学只是把自己置于信仰的形式之上，它们的内容则是相同的。"[②] 在《精神哲学》中，黑格尔也毫不隐讳地直言：哲学"这门科学是艺术与宗教的统一"[③]。这意味着，哲学是艺术和宗教的合题。

　　从哲学与宗教内容的同一性以及哲学形式高于宗教形式的命题中，势必得出的逻辑结论是：宗教是可以而且应该被哲学所取代的。在《哲学史讲演录》中黑格尔断言，被宗教所表象为意识的对象的东西，不论是想象的作品，或是历史的存在，哲学均能够加以思维、加以把握[④]。在《小逻辑》中黑格尔明确主张："对于宗教的对象，对于真理的一般，哲学必须证明从哲学自身出发，即有能力加以认识。"[⑤] 这样，黑格尔虽然没有

---

① 黑格尔：《哲学史讲演录》第1卷，贺麟、王太庆译，商务印书馆1959年版，第64页。

② 转引自古留加《黑格尔的宗教哲学》，载《国外黑格尔哲学新论》，中国社会科学出版社1982年版，第389页。

③ 黑格尔：《精神哲学——哲学全书·第三部分》，杨祖陶译，人民出版社2006年版，第383页。

④ 黑格尔：《哲学史讲演录》第1卷，贺麟、王太庆译，商务印书馆1959年版，第75页。

⑤ 黑格尔：《小逻辑》，贺麟译，商务印书馆1980年版，第41页。

径直宣告用哲学取代宗教，但在实际上已把这种取代论和盘托出了。黑格尔哲学观的政治倾向和革命性也正是在这里鲜明地显露出来：确立理性的地位，承认人的思维的优越性。

撇开黑格尔希冀用哲学取代宗教的政治意义不论，其认识论方面的合理意义在于，要求哲学汲取宗教的合理内容。但是，哲学果真能够取代宗教吗？

首先，一般而论，哲学与宗教不仅形式相异，而且对象和内容亦不同。"上帝"的底蕴在于，他不仅是世俗的统一性，而且还是超世俗的统一性。也就是说，是世俗与超世俗的共同统一性。而黑格尔所描述的所谓的"自在自为的理性"或"最高理念"，实际上，归根到底仍然是世俗的统一性。尽管黑格尔批判康德在知识与信仰之间划了界线，限制了理性的能力和哲学的范围，然而黑格尔自己所诉诸的理性依然是企及不了彼岸的理性。因此，即使就对象、内容而言，哲学也是取代不了宗教的。事实上，当黑格尔偶尔流露出"宗教的对象不是地上的、世间的，而是无限的"①，而"哲学的思维仅只是世间的智慧，人间的工作"②等这样的只言片语时，不啻自我宣布了这种取代论的悖论和破产。因为很明显，这里所涉及的已不再是单纯的形式的差异，而是研究对象和领域的差异。

其次，宗教的形式既然是特殊的，是异于哲学等其他各种社会意识形式的，因此也就具有其存在的根据和合理性，是哲学以及其他各种社会意识形式所不能代替的。应该承认，宗教把握世界的方式是不同于哲学把握世界的方式的。前者诉诸的是信仰，后者诉诸的则是理性。在理性与信仰之间并不存在同构性：信仰是无须理性论证和证明的，也是理性所不能论证和证明的。在这一点上，康德的立场显然仍是不可逾越的。黑格尔所推崇的安瑟伦将信仰理性化的努力，其实是对宗教本质的误判，

---

① 黑格尔:《哲学史讲演录》第 1 卷，贺麟、王太庆译，商务印书馆 1959 年版，第 62 页。

② 黑格尔:《哲学史讲演录》第 1 卷，贺麟、王太庆译，商务印书馆 1959 年版，第 66 页。

是宗教对哲学的僭越，其结果只能导致宗教自身的异化。

最后，宗教的哲学化同时也就意味着哲学的宗教化。因此，退而言之，即使哲学消融、取代了宗教，也只不过同时意味着宗教消融、取代了哲学。黑格尔自己已经为我们提供了这样的例证：当他把宗教的上帝诠释为哲学的理性即"绝对精神"时，他的以理性为核心的哲学就不啻一种宗教，即一种理念化、思辨化了的"理性"或"绝对精神"的宗教。我们看到，费尔巴哈也恰恰是这样批评黑格尔的。他宣布："思辨哲学的本质不是别的，只是理性化了的，实在化了的，现实化了的上帝的本质。思辨哲学是真实的，彻底的，理性的神学。"（《未来哲学原理》）[1] 而且，费尔巴哈清晰地意识到："以前的哲学不可能代替宗教；它是哲学，但不是宗教，在它里面没有宗教。如果哲学应当代替宗教，那末，哲学当成为哲学时，就应当成为宗教，它应当以相应的形式包括构成宗教的本质的东西，应当包括宗教的长处。"（《改造哲学的必要性》）[2] 令人遗憾的是，费尔巴哈尽管已有如此意识和主张，但在实际上却未能彻底扬弃和超越黑格尔，他仍然沿袭了黑格尔用哲学取代宗教的思路。所以，当他尝试把宗教哲学化时，也把自己的哲学宗教化了，其最终结果是，他也主张通过哲学建立一种所谓"新的宗教"，即"爱"的宗教。

看来，即使是最理性的哲学家有时也不免被功利所蒙蔽。正是在哲学与宗教的关系上，黑格尔犯了既是政治上也是理论上的实用主义错误：为了对抗和消解宗教，确立理性的至上地位，至少在客观上杜撰了可用哲学取代宗教的思辨神话。

黑格尔关于哲学可以取代宗教的观点影响颇大，甚至对马克思也产生了决定性的影响。在我国，冯友兰先生也曾力主这一观点。蔡元培先生则提出用美学取代宗教，这一说法与黑格尔的观点大同小异。由此可

---

[1] 《费尔巴哈哲学著作选集》上卷，荣震华、李金山等译，商务印书馆 1984 年版，第 123 页。
[2] 《费尔巴哈哲学著作选集》上卷，荣震华、李金山等译，商务印书馆 1984 年版，第 96 页。

见，仔细甄别哲学与宗教的同异，实为确立合理的哲学观和合理的宗教观的一个绝对必要的前提。

四、哲学与哲学史

与把思想作为哲学对象相适应，黑格尔把思想也作为哲学史的对象，只不过思想在这里具体表现为在经验形式内展开的由诸阶段、诸发展环节构成的理念。在黑格尔看来，哲学、逻辑学和哲学史诸学科的课题和任务，都是揭示理念的发展方式，只不过这种发展方式在这三门学科中表现各不相同。具体来说，哲学应揭示理念各种形态的推演和各种范畴在思想中的、被认识了的必然性。逻辑学应揭示理念向其特殊化形态——自然和精神的进展过程。哲学史则应揭示出现在经验形式之内的理念之不同阶段和不同发展环节[①]。

基于对哲学、逻辑学和哲学史诸学科相互关系的上述理解，黑格尔把在经验形式内展开的理念确定为哲学史的主体和最终目的。不仅如此，黑格尔还认为，这一最终目的在他自己的哲学中得到了实现。关于这种最终目的的设定及其在黑格尔自己的哲学中获得实现的说法，无疑带有形而上学的独断论色彩。恩格斯在《路德维希·费尔巴哈和德国古典哲学的终结》中认为，这导致了黑格尔哲学体系的封闭性对他的辩证方法的窒息。但是，黑格尔这样做无疑也有其历史的根据：其一，迄黑格尔为止，西方哲学史的发展在某种意义上确实在黑格尔哲学中达到了顶点；其二，黑格尔也确实在一定程度上完成和实现了哲学史上的一次哲学思想的大综合，即用概念的形式，按照哲学史本身发展的内在逻辑，将以

---

① 黑格尔：《哲学史讲演录》第 1 卷，贺麟、王太庆译，商务印书馆 1959 年版，第 34 页。

往的、既有的哲学史上各种哲学的主导原则、范畴编织成一个网络。或者说，将这个隐没在历史之中的范畴之网显现在逻辑的阳光之下。这在哲学史上，不仅是空前的，大概也是绝后的。

同样，基于对哲学、逻辑学和哲学史诸学科相互关系的理解，黑格尔把历史发展与逻辑发展的统一确立为哲学史理论的中心原则。他主张："历史上的那些哲学系统的次序，与理念里的那些概念规定的逻辑推演的次序是相同的。"① "在哲学历史上所表述的思维进展的过程，也同样是在哲学本身里所表述的思维进展的过程，不过在哲学本身里，它是摆脱了那历史的外在性或偶然性，而纯粹从思维的本质去发挥思维进展的逻辑过程罢了。"②

历史与逻辑的统一在黑格尔那里并不像初看上去那样简单。在黑格尔眼中，哲学史构成一般历史的内在逻辑。而哲学史又可区分为内在的历史与外在的历史。内在的历史是指构成哲学史内容的思想规定（理念）本身的自我发展。外在的历史则是指哲学史的非本质的外在形式方面。这样，历史与逻辑的统一，不仅是哲学史与一般历史的统一，而且还包括作为这种统一前提的哲学内在历史与哲学外在历史的统一。毋庸赘言，在黑格尔那里，历史与逻辑的统一或哲学史与一般历史的统一可以归结为理念与理念的外化形式之间的统一。在这里，理念处于基础和规定性的地位，是理念的逻辑决定历史而非相反。

同历史与逻辑相统一的原则相联系，并在某种意义上将其加以展开，黑格尔提出了哲学史研究的四条原则，即：（1）全部哲学史是一个有必然性的、有次序的进程。（2）每一哲学都曾是而且仍是必然的，都作为哲学整体中的环节保存在哲学中。任何哲学都不会完全被推翻，被推翻的只有该哲学原则的绝对化。（3）每一哲学原则在一定时间内都曾是主导原

①　黑格尔：《哲学史讲演录》第 1 卷，贺麟、王太庆译，商务印书馆 1959 年版，第 34 页。

②　黑格尔：《小逻辑》，贺麟译，商务印书馆 1980 年版，第 55 页。

则。（4）哲学史研究的不是业已过去的东西，而是现在活生生的东西①。

通过上述四条原则，黑格尔充分揭示出哲学史的内在统一性，这种统一性也是哲学理论内部各种要素、原则的统一性的具体体现。其中，尤其值得注意的是黑格尔对哲学之绝对真理性和永恒价值性的确认：任何真正的哲学原则都不会被推翻，能够被推翻的只是该哲学原则的绝对化。

黑格尔的著名的历史与逻辑的统一，由于建立在唯心主义哲学基础之上并导致一种彻底的逻辑决定论或"泛逻辑主义"，而受到了马克思的彻底批判。马克思和恩格斯坚定地认为，归根结底，包括逻辑在内的任何"从对人类历史发展的考察中抽象出来的最一般的结果的概括"，其本身如果"离开了现实的历史就没有任何价值。它们只能对整理历史资料提供某些方便"②。然而，这显然并不意味着马克思和恩格斯摒弃了黑格尔的历史与逻辑相统一的原则，而只意味着他们摒弃了黑格尔的历史与逻辑相统一原则的唯心主义基础，即将历史统一于逻辑颠倒为逻辑统一于历史。

五、哲学与实践

初看上去这好像是一个悖论：黑格尔把研究哲学史的目的说成是现实的，但同时却把哲学的功用说成是历史的。

黑格尔关于"密纳发的猫头鹰要等黄昏到来才能起飞"的名言，常常受到人们的误解。因为这一命题首先强调的是：哲学是事后才登场的。在黑格尔看来，哲学教导世界，即指导实践，即便可能，也不会在现实过程的初始发生。"关于教导世界应该怎样，……无论如何哲学总是来得

---

① 黑格尔：《哲学史讲演录》第1卷，贺麟、王太庆译，商务印书馆1959年版，第40—43页。

② 《马克思恩格斯文集》第1卷，人民出版社2009年版，第526页。

太迟。哲学作为有关世界的思想，要直到结束其形成过程并完成其自身之后，才会出现。概念所教导的也必然就是历史所显示的。这就是说，直到现实成熟了，理想的东西才会对实在的东西显示出来，并在把握了这同一个实在世界的实体以后，才把它建成为一个理智王国的形态。"由于哲学以逝去的历史过程为对象，它至少对已逝的历史过程是无助的和无意义的："当哲学把它的灰色绘成灰色的时候，这一生活形态就变老了。对灰色绘成灰色，不能使生活形态变得年青，而只能作为认识的对象。"①这样，哲学的功用表现为一种对已完成的历史事件过程的后继描述，而非对未完成现实的当下反映。在此意义上，哲学本质上是一种名副其实的"后思"（Das Nachdenken）。黑格尔甚至认为，哲学以过去的事物为对象，这正是哲学胜过其他事物的优越之处。按照这一理解，"哲学家是post festum［事后］才上场的"②。

黑格尔不仅认为，哲学是对现实过程的后继描述，而且还认为，哲学本身不必成为实践的。对他来说，哲学既然是人类精神和时代精神的本质思维，那么，哲学的历史任务首先就在于把握一个时代或民族的精神原则。这样一来，一个民族的政治生活和精神生活必然要受到哲学反思的审查，并只在有限的范围内才能被哲学提升为精神自身的知识，而这就已是把现实历史引向哲学自身，就已是现实世界的哲学化。就此而言，甚至可以说，哲学本身就已是实践的③。

从上述理解出发，黑格尔拒绝把现实问题、现实疑难作为哲学所直接加以处理和解决的对象。"当今现实世界谋求怎样的途径，采取什么方式，来摆脱这种分崩离析的状态，这是必须留给现实世界本身去解决的问题。处理这些问题并不是'哲学'所直接实践的事务，不是它的关注

---

① 黑格尔：《法哲学原理》，范扬、张企泰译，商务印书馆1961年版，第14页。
② 《马克思恩格斯全集》第2卷，人民出版社1965年版，第108页。
③ J. Hoffmeister 编辑：《G.W.F.黑格尔的哲学史导言》，汉堡，1966年版，第166、172、288页。

所在。"①

如此说来，哲学与当下实践、现实问题毫无干系吗？哲学不能对其所处时代发挥实际作用吗？

当然不是。其实，哲学对已逝事件和过程的后思以及哲学的事后登场，正是哲学对行将开始和刚发生的现实过程施加影响和发挥先导作用的必要前提和前奏。正因为哲学是"黄昏的猫头鹰"，是对以往事件和过程的后思和总结，哲学才能够成为"黎明的报晓雄鸡"，有资格对新发生的事件和过程发挥引领和导向作用。这不过是历史因果链条上承上启下的同一环节。

关于哲学理论与实践的关系也与此类似。哲学理论对实践发生影响，必须通过各门具体科学理论这一中介。哲学理论之所以不同于各门具体的科学理论，就在于它作为反思的成果，作为思想的思想，特别是纯思的思想，不能够代替各种具体的思想、各门具体的科学理论去直接解决具体的实践问题，而必须通过各种具体的思想、各门具体的科学理论去间接解决具体的实践问题。由此可见，黑格尔在这里所着力反对和摒除的，正是日常所习见的哲学工具化、技术化的倾向。

总之，黑格尔反复向我们提示的是这一辩证法：对于哲学理论来说，越是能够描述过去的，也就越是能够影响现在的；越是具有理论性和思辨的、抽象的，也就越是实践的、具体的。正是在这里，我们看到了黑格尔对哲学的超验本性的深刻洞察。这种洞察从根本上驳斥了各种哲学功利主义、实用主义和技术主义，同时也提示了按照哲学的本性来对待哲学的必要性。

---

① E. B. Speirs, J. B. Sanderson 编辑：《宗教哲学》第3卷，伦敦，第151页。

六、哲学与自由

黑格尔明确地把"自由"规定为精神的本性和历史的目的，从而规定为哲学的使命和目标。

自由的概念虽然在《旧约全书》和古希腊哲学（例如在苏格拉底和柏拉图那里）中就已经出现，而且在漫长的思想史中存在着众多的相关探讨和理论，但是，自由作为体现主体性的一个重要维度——价值维度的概念，其真正形成和发展则是到了近代社会以后。特别是在德国古典哲学中，对自由的哲学探讨达到了一个前所未有的高峰。这在黑格尔哲学中得到了充分的体现。

在《逻辑学》《精神现象学》《历史哲学》等著作中，黑格尔对自由进行了多层次的阐述。黑格尔在《哲学科学全书纲要》中宣称："通过把自由理解为所谓的灵魂的本质和实体，对于哲学认识的绝对根据就奠定了。"[①]在黑格尔看来，所谓自由的主体是"精神"，而精神的自由就在于，"精神""依靠自身而存在"[②]。具体说来，精神能够认识到外化的自我与自身的同一："内容就其存在的自由而言，即是自身外在化的自我或自我知识的直接统一。"[③]由此，自由就被界说为精神先将自己异化（在黑格尔那里，"异化"与"外化"是等同的概念），然后又扬弃异化而返回自身的运动或过程。"精神就是这种自己变成他物、或变成他自己的对象和扬弃这个他物的运动。""抽象的东西，无论属于感性存在的或属于单纯的思想的事物的，先将自己予以异化，然后从这个异化中返回自身。"[④]精神的这一运动过程，在黑格尔那里，是"实体"表明自己本质上就是"主体"

---

① 黑格尔:《哲学科学全书纲要》，薛华译，上海世纪出版集团 2002 年版，第 28 页。
② 黑格尔:《历史哲学》，王造时译，上海世纪出版集团 2001 年版，第 17 页。
③ 黑格尔:《精神现象学》下卷，贺麟译，商务印书馆 1979 年版，第 272 页。
④ 黑格尔:《精神现象学》上卷，贺麟译，商务印书馆 1979 年版，第 23 页。

的过程，是精神的具体存在与它的本质相统一的过程，也是黑格尔的全部《精神现象学》所要描述的内容。

但是，精神的这一切活动过程，由于在黑格尔那里是精神本体的自我活动过程，所以，它在本质上是一种精神的自我认识或自我意识。这样，精神的自由就体现为自我意识，自我意识就意味着精神的自由。自我意识之所以是自由的，是因为自我意识是能思维的。在思维中，自我意识不是存在于他物中，而是保持在自身中，并且客观对象也是为自我意识而存在的，与自我意识不可分离地统一。这样一来，自我意识的对象就是自在存在与自为存在的统一①。

在《历史哲学》中，黑格尔更加明晰地指出，自由是精神的唯一真理。所谓自由就是精神依靠自身而存在，即意识到自己的存在，就是自我意识。同时，按照黑格尔的理解，由于人类史作为自然史的一部分不过是精神的外化和外在形式，所以，黑格尔申明，所谓"世界历史无非是'自由'意识的进展"②，从而把自由宣布为人类历史的终极目标。他断言："'自由的观念'是'精神'的本性和历史的绝对的最后目的。"③

这样，在黑格尔那里，自由作为精神的本性和真理，是历史的目的，也是哲学的最高使命和终极目标。

马克思曾在《1844年经济学哲学手稿》中专门对黑格尔的自我意识自由的思想进行批评、改造和发挥。这突出地体现在：黑格尔认为，精神的本质是自由的，因为它依靠自身而存在，能够意识到自己的存在，因而既是自己本性的判断，同时又是一种通过外化自己回到自己、自己实现自己、自己成就自己的活动；而马克思则把黑格尔的精神改造为人，把黑格尔的精神性劳动改造为物质生产或物质性劳动，由此来进行说明

---

① 黑格尔：《精神现象学》上卷，贺麟译，商务印书馆1979年版，第133页。

② 黑格尔：《历史哲学》，王造时译，上海世纪出版集团2001年版，第19页。

③ 黑格尔：《历史哲学》，王造时译，上海世纪出版集团2001年版，第23页。

和论证：这种人的生命活动和生产生活是自由自觉的，而自由的生命活动恰恰是人的类特性（die freiebewussteTaetigkeitist der Gattungscharakter des Menschen）。此外，黑格尔把"外化"和异化等同起来，在黑格尔那里，精神的外化也就是精神的异化，精神的异化也就是精神的外化；而马克思则指出，并不是在任何条件下人的本质和能力的对象化和外化都是异化，而只是在人的本质和能力的一定发展阶段，特别是在资本主义条件下，人的本质的对象化和外化才变成了纯粹的异化。最后，黑格尔从个别自我意识之间为各自确立自我而引起的斗争和彼此承认的不平衡性，抽象地从逻辑中推演出社会现实中的主奴关系。黑格尔认为，精神在彼此区别的、各个独立存在的自我意识中存在，通过排斥一切对方而保持自我同一。这样就出现了个别自我意识与其他个别自我意识相对立的局面，从而在个别自我意识确证自身存在的斗争中形成了"独立的意识"和"依赖的意识"，形成了主人和奴隶的分野，形成了一种片面的和不平衡的承认；而马克思则是从人的本质和能力的发展状况，现实地引申出劳动异化及其结果和表现的私有财产，引申出工人与自己的产品同资本家与工人的产品之间的关系，引申出工人与资本家的对立。

特别值得注意和强调的是，黑格尔所描述的精神通过外化自己而回归自己这一过程的深刻之处在于，其中蕴含着对自由的现实性的青睐和强调："现实的自由并不是某种直接在精神里存在着的东西，而是通过某种精神的活动正在产生着的东西。"也就是说，在黑格尔看来，精神的本质是自由，这并不直接体现在精神自身中，而是体现为精神的自我实现过程是通过把与其自由本质不相适合的现实改变为与其自由本质相适合的现实的过程。正如他所宣布的："精神概念的全部发展只不过是展示精神从其一切与概念不相符合的定在形式里的自我解放；这样一种解放的实现是由于这些形式被改造成为一个与精神的概念完全适合的现实。"①

或许正因如此,黑格尔就有根据把自由理解为一种对于现存的"否定性"。

根据黑格尔在 1802—1803 年《伦理体系》和 1803—1804 年《耶拿讲演》中的表述,自由是一种真正的否定性。自由作为否定性,就表现在它扬弃现存事物,把否定的东西当作本质,从而否定规定性中的实在性,并规定否定本身。

并且,黑格尔还认为,"死亡"是一种纯否定性的形式,因而也是自由赖以表现的形式。所以,自由这种否定性的最高和真正的形式不是别的,就是死亡。死亡是自由的纯粹和绝对的表现。正是通过死亡,主体才表现为真正的自由和绝对超越一切限制。黑格尔这一见解,意味着人作为终有一死的存在物,只要还未进入死亡,就不会是纯粹和绝对自由的,不会具有纯粹和绝对自由的本质。因此,自由作为否定性是相对的。

然而,在黑格尔看来,自由作为否定性,其积极意义恰恰在于对给定物的扬弃,即在否定实存事物的同时,保存其扬弃的结果,维持其存在的同一性和连续性。而这,就是塑造和实现历史。正如科耶夫在阐述黑格尔关于自由是否定性这一思想时所发挥的:"自由仅仅作为历史才能出现,才可能是自由的。反过来说,仅仅在有自由,即进步或创造,甚至给定物被革命性否定的地方,才有历史。"②

于是,在黑格尔那里,历史正是以否定性的自由为前提,并借此实现其自身的不断超越。

在西方的黑格尔哲学诠释传统中,由于黑格尔对国家在实现个人自由过程中的作用的重视和强调,黑格尔的自由观往往受到各种形式的曲解和批评,甚至被认为倡导了一种凌驾于个人之上的"国家主义",因

---

① 黑格尔:《精神哲学——哲学全书·第三部分》,杨祖陶译,人民出版社 2006 年版,第 21 页。
② 科耶夫:《黑格尔导读》,姜志辉译,凤凰出版传媒集团、译林出版社 2005 年版,第 664 页。

而是彻头彻尾的保守主义①。其实，黑格尔不仅把个人置于核心地位，而且黑格尔所言的国家也是有其特定意蕴和条件的。黑格尔所言的作为自由之实现的国家，并不是任何随便一种国家，而只是指那种合乎理性的"真正的国家"："在一个真正按照理性来划分生活各部门的国家里，一切法律和措施都只是按照自由的本质的规定性来实现自由。"②这样，国家并不是个人自由的外在物和异己物，而恰恰是个人自由的现实和表现。由此，个人与共同体达到了一种高度的和解、融合和统一。或许正是在这里，黑格尔的自由观才充分向我们展示出其现代性。

---

① N. Bobbio, *Studi hegeliani*. Turin, 1981, S.189–190. 同时参阅洛苏尔多《黑格尔与现代人的自由》，丁三东等译，吉林出版集团有限责任公司 2008 年版，第 92—122 页。
② 黑格尔:《美学》第一卷，朱光潜译，商务印书馆 1979 年版，第 126 页。

第六讲　尼采：科学知识和文化的医生

尼采在 28—32 岁的时候，集中对哲学问题进行了系统的思考。他对哲学本身的系统反思在 1872—1876 年的笔记中体现得比较集中，思想也比较丰富。这些笔记蕴含了尼采晚期哲学思想的萌芽，因此它对尼采整个思想的理解也是有重要意义的。当然，这一时期他的哲学思想还处在探索中。此外，在 1870—1871 年完成的《悲剧的诞生》这本书中，尼采在讨论戏剧、悲剧的同时，也阐发了他关于哲学本身的基本思想。

一、直接理论来源

尼采对哲学的系统反思有两个重要的理论来源：一个是叔本华的哲学思想，另一个是康德的哲学思想。此外，德国的音乐家瓦格纳的美学对其也有影响。

众所周知，叔本华的名著《作为意志和表象的世界》开创了近代以降非理性的哲学传统。尼采在哲学方面承继了叔本华的思想。意志和表象是叔本华哲学的核心概念，它们主要来自古印度早期佛教传统。表象类似于佛教中的相，它指世间的一切有生有灭的具体事物；意志类似于佛教中的佛性，它是永恒的、不生不灭的。这种表述在西方哲学的发展史上是开拓性的和反传统的。叔本华强调意志实际上是返回古代的本体论的传统。尼采认为，叔本华哲学强调"存在"这一本体论概念。存在就是本体，叔本华把它作为意志。叔本华哲学有两个基本命题：一是世界是我的表象；二是世界是我的意志。后一个命题更为重要，实际上是强调世界是我的意志的客体化。

叔本华哲学的主要功绩表现在以下几个方面：首先，叔本华率先开创了反理性主义的现代传统，率先反对理性主义的独断统治。其次，他重新返回到古代本体论的思维传统。再次，他揭示了意志的本质和作用。最后，叔本华开创了意志论的方法论，他尝试把东方的思维方式有意识地引入西方的思维方式之中，并加以融合。

叔本华哲学也存在一些不足。他的哲学有三个方面的缺陷：第一，叔本华虽然对理性主义的统治作了批判，但这一批判是不彻底的，还存在理性独断统治的残余。这表现在，一方面，在他看来，理念是意志的客体化，而理念是意志的产物，意志比理念更根本、更高级；另一方面，他又把理念说成是只有通过"领悟"才能认识的对象（"领悟"这一概念与西方的"反思""思辨"不同，它从古印度哲学而来，类似于中国哲学中悟性的思维方式），把理念说成意志的化身，把理念和意志看成相并列的。因此，叔本华没有彻底扬弃理性的概念，表现了二元论的色彩，仍然为理性主义保留了一定的地盘。第二，叔本华虽然抬高了"直观"的作用，认为直观带有某种神秘的色彩，并与"领悟"相关，但总的说来，叔本华哲学没有超越康德哲学的感性、知性和理性的认识论框架。第三，他对东方哲学思维的特点没有完全地了解和真正地掌握，虽然试图融合东西方的思维方式，但是并没有完全成功。

尼采对以往哲学家的推崇以叔本华为最，尼采充分地肯定了叔本华的功绩。他认为，叔本华有以下几点值得肯定：第一，提出重新返回到存在，提出了存在、存在本身的价值问题。第二，把一切能够用来控制科学与反对科学的因素都汇聚在一起，因此具有反科学主义的精神。尼采继承、发挥了这种精神，也把用来控制科学的因素汇聚在一起。第三，对伦理学和艺术问题进行了深刻的研究。尼采在《哲学与真理》一书中集中讲到了叔本华哲学，肯定叔本华哲学有三个概念最具有影响力，即"意志"、"否定"以及"人类天才论"。其中特别提到了"它重新窥见了存在的核心"，把存在作为一个重要的研究概念[1]。

　　另外，康德的哲学对尼采影响也很大，尽管尼采没有像称赞叔本华那样赞美康德。康德认为哲学有两个方面的含义，一个是哲学是关于理性知识的科学，另一个是哲学是关于理性知识的目的、箴言和立法者。尼采吸收了康德的第二个方面的思想，即关于哲学是理性知识的立法者这样一个核心思想，并且大大发挥了这一思想。这与黑格尔的做法刚好相反，黑格尔发挥了康德的第一个方面的思想，强调哲学是关于理性知识的科学。尼采在《哲学与真理》一书中指出，"康德在《纯粹理性批判》第2版前言中说：'因此，我发现，必须否定知识，以便为信仰开辟地盘。形而上学的独断论乃是一种成见，认为无需理性的预先批判就可以取得形而上学的进展。一切敌视道德的、常常是非常武断的不信仰都来源于此。'妙极了！"[2]尼采认为，康德否定了传统形而上学清除知识和信仰的界限，感到了文化缺乏的压力，强调和呼吁为信仰开辟地盘。为此，尼采进一步诠释了康德要为信仰开辟地盘的含义。他认为，康德所说的信仰的地盘指的是艺术和伦理。当康德主张为信仰开辟地盘时，实际上是主张为艺术和伦理留下空间。

---

① 尼采：《哲学与真理》，田立年译，上海社会科学院出版社1993年版，第142页。
② 尼采：《哲学与真理》，田立年译，上海社会科学院出版社1993年版，第17页。

二、科学和知识的控制者

尼采在扬弃叔本华和康德哲学的基础上对哲学进行了自己的界定。他提出：

第一，从哲学与科学、知识的关系来说，哲学是科学、知识的控制者和立法者。这一看法表现了他对哲学的核心理解。尼采作出这一理解的背景是现时代对知识和科学发展的放任。尼采认为，这样的时代是放任的时代，对知识冲动而不加任何控制的时代。他指出，哲学的最高价值是控制知识的冲动和防止知识的全面放任。知识的冲动如果不加选择，盲目自流，就是下流的冲动。这一思想与康德讲哲学是理性的立法者的含义是相同的。尼采认为，哲学正是在意志无限制的知识冲动过程中，并且使知识服从整体的过程中显示出它的最高价值。尼采把这个知识的冲动比作性冲动，"不加选择的知识冲动，正如不分对象的性冲动——都是下流的标志"①。

第二，从哲学与文化的关系来说，哲学是文化的医生，文化的工具、医疗和立法者。将哲学对知识的作用进一步扩展，就涉及了文化。尼采认为，文化应该起到控制知识冲动的作用。如果说文化也能起到控制知识的作用，这就涉及哲学与文化的关系，哲学对文化起什么作用。尼采认为，哲学是文化的医生，哲学的重要作用是医治文化。他认为，文化已经患病，并且已经四分五裂，需要哲学对文化进行整合、诊治。尼采也讲到哲学为文化立法。他指出，哲学是文化的工具，这个工具不是一般性的工具，是对文化进行诊治和调节的工具。由此，尼采提出哲学的主要任务：（1）控制神话性，强化真理感，反对自由虚构。（2）控制知识冲动，强化神秘性和艺术性。（3）要消除教条，不仅包括宗教的教条、

---

① 尼采：《哲学与真理》，田立年译，上海社会科学院出版社 1993 年版，第 9 页。

道德的教条，也包括科学的教条。（4）要保持怀疑的冲动。（5）盲目的世俗化的毁灭①。

尼采认为，正是在这里，哲学对于文化显示出否定性的意义。它"不能创造任何文化；但是可以为它开路和消除限制，或者它可以弱化从而保存文化，或者它可以毁掉文化"②。哲学对于文化的意义永远是否定性的，从否定性方面起到建设性的作用。

第三，从哲学和宗教的关系来说，哲学拒绝宗教，是宗教的拒绝者。尼采的基本思想是拒绝宗教和反对宗教的。"何为哲学家？""哲学现在该做什么？"尼采认为，（1）哲学家要实现非神化，要祛魅，消除鬼怪，要反对宗教造成的混乱。（3）反对宗教造成的自然形象的混乱。（3）反对宗教的伦理混乱。③尼采认为宗教正在死亡："在我看来，一种宽宏而适宜的克制是唯一可取的态度：我因此尊敬宗教，虽然它正在死亡。……基督教的果实用不了多久就会摆在历史批评的面前等待解剖了。"④尼采指出，自己对宗教的信心微乎其微。在以后的著作中尼采更是对宗教予以明确的否认。他认为，在一定意义上宗教的死亡是哲学的某种新生："对于宗教的一种嘲讽态度的开始。哲学的新气象。"⑤

三、生存意志自我提升的形式

尼采认为，哲学是生存意志自我提升的意志形式或手段。在《哲学与真理》一书中，他表达了以下的思想。

---

① 尼采:《哲学与真理》，田立年译，上海社会科学院出版社 1993 年版，第 97—98 页。
② 尼采:《哲学与真理》，田立年译，上海社会科学院出版社 1993 年版，第 92 页。
③ 尼采:《哲学与真理》，田立年译，上海社会科学院出版社 1993 年版，第 90、94 等页。
④ 尼采:《哲学与真理》，田立年译，上海社会科学院出版社 1993 年版，第 128 页。
⑤ 尼采:《哲学与真理》，田立年译，上海社会科学院出版社 1993 年版，第 116 页。

明确提出回归生命，回到人的生存和生活世界。这一思想的提出也是针对尼采所处的时代。近代以来，文化领域里很重要的矛盾和斗争表现在生活冲动和知识冲动之间。这表现为关于渴望生活和渴望知识之间的矛盾和不平衡。尼采得出结论，在生活变得越来越充实和繁荣的同时，知识越来越不餍足和贪得无厌，并且驱使人去四处冒险，这样斗争日益加剧，统一越来越不可能，所谓生活与知识的分裂势在难免。在这里，尼采实际上是指科学和伦理、理性和价值、科学精神和人文精神之间的分裂，尼采更注重和强调的是生命和价值。

明确提出生存意志可以利用哲学达到更高形式的存在。"哲学的价值与其说来自知识王国，不如说来自生命世界。生存意志利用哲学以达到更高形式的存在。"[①]尼采的这一思想与冯友兰的思想颇为相似。冯友兰认为，哲学能够提升人生境界。尼采认为，哲学的价值更多地体现在生命世界里，哲学的价值与其说来自理性，不如说来自价值。在这方面，海德格尔继承了叔本华和尼采的思想。尼采认为叔本华真正发现了存在的核心，就是人的存在、生命的存在。20世纪流行的存在主义直接继承了叔本华和尼采的核心理念。

明确提出智慧的使命是使人能够坚定地面对一切命运的风暴。尼采认为，所谓智慧的使命就是哲学的使命。讲智慧比讲哲学听起来更亲切、更动听。智慧有三种表现：第一，智慧不按逻辑进行概括，以概念、判断、推理为主的纯粹理性思维不是智慧；第二，要重视智慧的结果对生活的影响；第三，个人赋予其灵魂以绝对的重要性。关于第三点，尼采没有展开。但在尼采晚期的札记里，他强调过灵魂不灭的思想，强调智慧和灵魂的不灭和轮回，个人赋予他的灵魂以绝对的重要性。"智慧最重要的特性是，它使人不必受'一时'的支配。因此，它不具有'新闻价

① 尼采:《哲学与真理》，田立年译，上海社会科学院出版社1993年版，第27页。

值'。使人能够以同样的坚定面对一切命运的狂风暴雨并在任何时候都不离开他乃是智慧的使命所在。"①

四、审美表达的手段

第一，尼采指出："世界观（又名哲学）的美和宏伟对它的价值来说是决定性的，也就是说，它是被当作艺术来评判的。它的形式可能会有所变化：那曾使歌德大感宽慰的严密数学公式（如斯宾诺莎式的）现在却只有作为一种审美表达手段才是正当的。"②尼采认为，哲学的形式可能会有所变化，而美对哲学的价值是具有决定性意义的，哲学是审美手段，它是应被当作艺术来看待的。

第二，在哲学与艺术、科学的关系上，"哲学是艺术还是科学？"尼采认为，"就目的和结果来说，它是艺术，但是它又与科学使用同一种手段——概念表述。哲学是艺术创造的一种形式"③。尼采的这一段话是相对于艺术和科学而言的：如果就手段和形式来说，哲学主要表明了它和科学的关系；如果就目的和结果来说，哲学则主要表明了它和艺术的关系。尼采着重强调，哲学是艺术而不是科学。尽管哲学与科学使用同一种手段，就是都用概念表述，但这是就形式而言，而在实质上、在内容上，哲学和艺术却是直接同一的，因为它们的目的和结果是相同的。哲学本身就是一种艺术，哲学是艺术创造的一种形式。另外，除了这种直接同一性，尼采认为，哲学与艺术还有间接同一性。这种间接同一性指的是

---

① 尼采：《哲学与真理》，田立年译，上海社会科学院出版社 1993 年版，第 136 页。
② 尼采：《哲学与真理》，田立年译，上海社会科学院出版社 1993 年版，第 27 页。
③ 尼采：《哲学与真理》，田立年译，上海社会科学院出版社 1993 年版，第 29 页。

"一切认识都是艺术的工具"①。哲学作为一种认识，可以说是艺术认识的工具。然而，尼采并未贬低哲学而抬高艺术。尼采认为，艺术是作为生存意志的对象，它的表达与哲学是一样的，艺术要认识也要通过哲学去认识。从这个意义上来说，一切认识都是哲学认识的工具和手段。尼采在这里强调艺术的目的是把艺术看作美的一种体现，实际上是强调美的至上性。

第三，尼采认为，只有艺术能够拯救我们。哲学虽然是知识的立法者和控制者，但是它不能完全直接去控制知识冲动，它必须通过艺术的手段去控制知识的冲动，通过"艺术冲动力量作为知识控制者"②。尼采把艺术的这种作用和能力叫作艺术冲动力。尼采主张哲学要通过艺术来实现对知识的控制，实际上是主张将哲学艺术化、审美化。只有这样，哲学才能真正实现对知识的控制，让艺术幻想使我们得以生活。

第四，尼采认为，知识冲动与生活冲动之间的矛盾即"德行反对'肉欲'的战斗本质上是一场美学战斗"③。这是对生活和知识矛盾的一种体认和表达。可以说，这句话的意旨把真和善统一起来了，回归到了美。尼采主张真和善的统一，认为只有通过艺术、只有回归到美，我们的生活世界才能得以拯救。在这里，尼采强调的是哲学的审美化。

五、哲学的理想状态

尼采认为，哲学的理想状态应该是叔本华、瓦格纳和早期希腊精神的结合。尼采认为，可以把叔本华看作哲学的化身，看成一种研究生存

---

① 尼采：《哲学与真理》，田立年译，上海社会科学院出版社1993年版，第188页。
② 尼采：《哲学与真理》，田立年译，上海社会科学院出版社1993年版，第189页。
③ 尼采：《哲学与真理》，田立年译，上海社会科学院出版社1993年版，第28页。

意志的化身。而瓦格纳哲学理论中的一些美学思想被尼采所肯定。尼采于1870—1871年完成的《悲剧的诞生》一书的前言的副标题是：致理查德·瓦格纳。尼采指出，瓦格纳美学思想的合理之处在于，他把艺术看作生命的最高使命和本来的形而上学活动。尼采认为，瓦格纳把哲学看作审美表达的手段，实际上就是强调生命。在前言中，尼采这样写道，我确信，有这样一位男子明白，艺术是生命的最高使命和生命本来的形而上学。我要在这里把这部著作奉献给这位男子，奉献给走在同一条道路上的先驱者。在这里，尼采把瓦格纳称为自己的先驱者。在这一时期，尼采还没有和瓦格纳的思想决裂。

虽然尼采对瓦格纳的这一思想很是推崇，但是，瓦格纳整个美学思想的现代性痕迹为尼采所拒斥。瓦格纳肯定现代文化的一些东西在尼采看来是应该予以否定的。现代文化所具有的刺激和麻醉人的神经、自欺欺人以及宗教解脱等特征，都体现在瓦格纳的浪漫主义戏剧中。尼采后来越来越意识到瓦格纳的浪漫主义是与自己的思想相矛盾的。周国平认为，尼采对瓦格纳的批判含有以下要点：（1）批判瓦格纳的内在匮乏，批判他的虚假性和恣意渲染激情，以及批判他偏爱刺激性的题材；（2）批判瓦格纳戏风上的夸大其词和造势上的虚张声势；（3）批判瓦格纳表现力体现一种沉重受难者的施虐意志，用自己受折磨的印象来表现对象；（4）批判瓦格纳的戏剧和音乐是无形式的东西，片面追求音色的华丽、音调的象征和暗示意义，使感官在音乐中占据了支配地位。从尼采对瓦格纳的浪漫主义美学的深刻批判中不难看出瓦格纳对于他的思想的影响。

尼采提到的早期希腊精神指的是在苏格拉底之前的希腊哲学。尼采明确把苏格拉底哲学作为界限，以此来划分早期希腊哲学和晚期希腊哲学。尼采甚至认为，晚期希腊哲学已经变质，没有了早期希腊哲学所具有的生命力。尼采特别批判苏格拉底哲学。他认为，苏格拉底哲学实现了一种转折和理性的暴政。这一批判具有一定的合理性。尼采认为，早期的希腊哲学的精神与晚期的相比，有以下几点不同：（1）哲学是艺术的姊妹。尼采指出："早期哲学是艺术的姊妹，它对于宇宙之谜的解答经常受到艺术的启迪，这点特别表现在音乐和造型艺术的精神。"①那时，哲学和艺术处在天然联盟的状态中，是一体的，并且哲学不断从艺术中汲取灵感。（2）哲学是从生活中间生长起来的，不是脱离生活的。换句话说，伦理和实践是相统一的。尼采指出："早期哲学不是生活的其他部分的否定，而是从它们中间生长起来的奇妙的花朵，并且说出了它们的秘密。"尼采强调哲学与生活的密切融合，认为这种结合真正表达了生活的秘密和本质。（3）哲学既不是极端个人主义的，也不是幸福论的，不是极端强调集体主义的。尼采说："早期哲学既不是个人主义的，也不是幸福论的，它没有可恶透顶的幸福要求。"尼采极为厌恶希腊哲学在苏格拉底之后强调对幸福的追求。（4）哲学以一种丰富和复杂得多的方式描述生活，不是很简单化和庸俗化的。尼采写道："早期哲学家比后来的哲学家更有智慧，他们以一种丰富和复杂得多的方式描述生活，不像苏格拉底分子只是简化事物和使它们庸俗化。"②

尼采心目中的理想的哲学形式是叔本华、瓦格纳和早期的希腊哲学精神的结合，这意味着尼采希冀将哲学、生活和艺术这三者融为一体。因此，可以说，哲学、生活和艺术的密不可分和有机统一是尼采的理想的哲学模式。这也鲜明地体现在他的这样一段话中："我的总任务：表明生活、哲学和艺术之间如何能有一种更深刻的和意气相投的关系，以使哲学不再是可有可无的，而哲学家的生活也不再是虚妄不实的。"③在尼采看来，只有将哲学、生活和艺术这三者有机统一起来，才能使哲学有它自身的存在价值和意义；而如果哲学家能做到这一点，那么，他的生活

---

① 尼采：《哲学与真理》，田立年译，上海社会科学院出版社 1993 年版，第 163 页。

② 尼采：《哲学与真理》，田立年译，上海社会科学院出版社 1993 年版，第 163 页。

③ 尼采：《哲学与真理》，田立年译，上海社会科学院出版社 1993 年版，第 164 页。

也才是有价值的生活。

六、理想的哲学家

首先，尼采认为，心目中理想的哲学家应该是以哲学、生活和艺术的关系为研究对象的哲学家，这种哲学家要概括成一个概念，就是"哲学－艺术家"。"如果我们打算创立一种宗教，我们就必须唤起人们对于我们在这片空缺中架起的神秘建构的信仰，而这又意味着这个建构必定来自一种非同寻常的需要。在《纯粹理性批判》之后，这几乎不大可能再发生了。另一方面，我们可以想象一种全新类型的哲学家－艺术家，他用具有美学价值的艺术作品填补空缺。"①尼采认为，希腊人对于神祇的方式富有创造性，他们的态度也令人尊敬。这样哲学家的作品就不单纯是哲学作品，而是一种具有美学价值的艺术作品。

其次，尼采提出了一个重要命题，他认为，哲学家应该救人者先救己。他说，哲学家"对我们时代的意义：毫无意义。为什么如此？因为他们不是他们自己的哲学家。我们必须对他们大喝一声：'救人者先救己'"②。尼采指出，研究哲学先要研究哲学家这个人，因为这个人是什么样的，他的体系也就是什么样的。要建构一种理想的哲学，让别人信奉的哲学，首先自己要成为令人信奉的人。

最后，尼采提出，哲学家何为？他在《哲学与真理》一书中讲到四点：（1）超越科学；（2）拒绝宗教；（3）崇拜智力，也就是理智的力量（不完全是理性，它也包括叔本华讲的对神秘对象的领悟）；（4）拟人化

---

① 尼采：《哲学与真理》，田立年译，上海社会科学院出版社 1993 年版，第 23 页。

② 尼采：《哲学与真理》，田立年译，上海社会科学院出版社 1993 年版，第 145 页。

的转移，实际上就是把认识的重点由科学知识转移到艺术和审美^①。

在书中后面的写作计划中尼采还提到最后的哲学家，以及与哲学相关的内容。他强调非逻辑的冲动，真诚和隐喻，控制文化和知识，生活在幻想中，等等。尼采之所以强调幻想，是因为幻想与艺术相关联。尼采还指出，要扫除学究气，把研究的对象看成一体。这包含了整体的观点，并要求破除教条。尼采还谈及了艺术的任务，认为教育是出路。尼采特别强调对悲剧的需要，他认为，哲学必须创造悲剧。

尤其值得注意的是，尼采用这样一句话表明了他对哲学家们的期待："哲学家应该做什么？处在这蜂拥而去的蚁群的中间，他必须强调存在问题，强调永恒的问题。哲学家应该认识我们需要的是什么，而艺术家则应该把它创造出来。正像每一位古希腊哲学家都表达一种需要并在这种需要所标示的虚空中建立他的体系一样，哲学家应该竭尽全力去体验普遍的痛苦，在这片空间中架起自己的王国。"^②

---

① 尼采:《哲学与真理》，田立年译，上海社会科学院出版社 1993 年版，第 90 页。
② 尼采:《哲学与真理》，田立年译，上海社会科学院出版社 1993 年版，第 13 页。

第七讲　马克思：描述人的实践活动和实际发展过程

　　马克思在其《博士论文》、《第 179 号"科伦日报"社论》、《〈黑格尔法哲学批判〉导言》、《1844 年经济学哲学手稿》、《关于费尔巴哈的提纲》以及他与恩格斯合撰的《德意志意识形态》等文中，对哲学多有论述，较为系统地表达了他的哲学观。

　　在撰写《博士论文》和编辑《莱茵报》期间，马克思基本上处在黑格尔哲学的影响之下，把"自我意识"作为哲学的根本对象，而把哲学视为关于"自我意识"的科学。尔后，伴随着其"新唯物主义"哲学世界观的确立，"自我意识"也就为人的对象性的活动即"实践"所代替。

一、人的自我意识的科学

　　在撰写《博士论文》和编辑《莱茵报》期间，马克思提出过一系列有关哲学的本质的理解和命题。

（一）哲学是人的"自我意识"的科学

　　这一命题是马克思在其《博士论文》中表达的。它明显带有黑格尔和鲍威尔（Bruno Bauer）唯心主义哲学的印记。《博士论文》撰写于 1839 年初至 1841 年 3 月，马克思通过《博士论文》的撰写参与了青年黑格尔派理论纲领——"自我意识"哲学的制定。《博士论文》的预定研究对象是古希腊哲学中的斯多葛派、伊壁鸠鲁派和怀疑主义（后因各种原因，马克思只集中研究了伊壁鸠鲁的自然哲学）。马克思之所以研究这三派哲学，是因为正如黑格尔指出的，这三派哲学本质上是"自我意识"的哲学，标志着"自我意识"概念在哲学史上发展的特定阶段。这三派哲学诉诸"自我意识"，在政治上，是针对当时罗马世界的专制制度及其所带来的苦难。而马克思诉诸"自我意识"，也有其政治上的动机，其锋芒所向，是反动的普鲁士封建专制政权①。和黑格尔一样，马克思通过思辨晦涩的言辞，来表达自己激进的革命要求。在此意义上，马克思的《博士论文》全然是政治化的，是一种政治哲学。

《博士论文》的主题是"自我意识"。黑格尔指出，自我意识原则的意义在于，它诉诸主体性，是建立在自我意识自求满足的要求基础上的，因此，它使主体特别是主体的自由和独立性成为关心的对象。②在论文中，马克思把自我意识宣布为"最高的神性"，并把上帝存在的证明解释为"对人的本质的自我意识存在的证明，对自我意识存在的逻辑说明"和"本体论的证明"。马克思还特别指出："当我们思索'存在'的时候，什么存在是直接的呢？自我意识。"③这意味着，哲学以"存在"为对象，就是以自我意识为对象，而且，自我意识是哲学的最高对象。

撇开哲学是有关人的自我意识的科学这一命题的特有的唯心主义色彩，这一命题的合理内核是：在一定意义上，哲学是关于人的本质的科学，是人自我意识的必要手段，也是一种充满自由精神的理论形式。

（二）哲学的实践本身是理论的

这一命题也是马克思在其博士论文中提出来的，它充分地表达了哲

---

① 侯才：《青年黑格尔派与马克思早期思想的发展》，中国社会科学出版社1994年版，第23—26页。

② 黑格尔：《哲学史讲演录》第3卷，贺麟、王太庆译，商务印书馆1959年版，第4、5页。

③ 《马克思恩格斯全集》第40卷，人民出版社1982年版，第190、285页。

学的实践特性。黑格尔曾言，哲学本身就已是实践的。"哲学的实践本身
是理论的"，既是对黑格尔命题的发挥，又是对黑格尔命题的解答。它意
味着哲学本身就是一种实践的科学，意味着哲学本身就具有"直接的现
实"的本性。马克思认为，哲学对现实的批判，即哲学作为"批判""从
本质上衡量个别存在"以及"从观念上衡量特殊的现实"，就是哲学的这
种直接现实性的表现，而这种直接现实性的根源则在于"哲学的内在规
定性和世界历史的性质"的一致和统一。正由于哲学的内在规定性和世
界历史的性质是统一的，所以，必然"得出这样的结果：世界的哲学化
同时也就是哲学的世界化，哲学的实现同时也就是它的丧失"。①

　　马克思提出"哲学的实践本身是理论的"，除了上述的认识论原因，
还有其历史的或实践的根据。当时德国所面临的革命任务，与英国和法
国的资产阶级革命时期相比，都有很大的不同。由于各种历史的原因，
资产阶级革命的重心和突破口，在英国主要是经济领域，在法国主要是
政治领域，而在德国则主要是思想领域。正因如此，在当时的德国，理
论批判和理论斗争本身就成为社会实践的一个有机部分，换言之，理论
批判本身就是现实的实践。

（三）哲学关心的是大家的真理

　　马克思在《第179号"科伦日报"社论》中提出的这一命题直接承继
了黑格尔的哲学观。黑格尔曾提出，哲学的目的就是认识不变的、永恒
的、自在自为的思想，即真理。因此，在此意义上，哲学是关于真理的
客观科学或关于真理的必然性的科学。②马克思在文章中也强调，哲学追
问和关心的是真理。而且，马克思还进一步从主体的角度区分了普遍的
真理（"大家的真理"）和个别的真理（"几个人的真理"），以及区分了

---

① 《马克思恩格斯全集》第40卷，人民出版社1982年版，第258页。

② 黑格尔：《哲学史讲演录》第1卷，贺麟、王太庆译，商务印书馆1959年版，第13、17—18页。

"哲学的形而上真理"和"哲学的政治真理"。马克思对"哲学的形而上真理"与"哲学的政治真理"的这种区分，不啻一种对元哲学和政治哲学的区分，是值得注意的。

（四）哲学是时代精神的精华

在《第 179 号"科伦日报"社论》中，马克思提出了"任何真正的哲学都是自己时代精神的精华"① 这一名言。这一思想也是对黑格尔哲学观的继承和发挥。黑格尔在讨论哲学在各个文化形态中的地位以及哲学与每一具体时代的关系时认为，时代精神是贯穿所有文化部门的特定的本质或性格，而哲学与它的时代是不可分的："哲学是对时代精神的实质的思维，并将此实质作为它的对象。"黑格尔还谈到，就哲学以时代精神为内容而言，哲学是不能超出自己的时代的，正如没有人能够超出他自己的皮肤。② 马克思在文章中谈到哲学是自己的时代的产物的同时，也运用了一个比喻来阐明哲学与它的时代的密不可分的关系："哲学不是世界之外的遐想，就如同人脑虽然不在胃里，但也不在人体之外一样。"③

（五）哲学是文明的活的灵魂

马克思认为，哲学之所以能够转化为实践，其根源就在于它是自己时代精神的精华："因为任何真正的哲学都是自己时代精神的精华，所以必然会出现这样的时代：那时哲学不仅从内部即就其内容来说，而且从外部即就其表现来说，都要和自己时代的现实世界接触并相互作用。"这种相互作用的结果是，一方面，哲学得以实践化、世界化，即哲学通过实践使自身普世化，使自身由特殊的理论体系转变为映现在整体世界中

---

① 《马克思恩格斯全集》第 1 卷，人民出版社 1956 年版，第 121 页。
② 黑格尔：《哲学史讲演录》第 1 卷，贺麟、王太庆译，商务印书馆 1959 年版，第 57 页。
③ 《马克思恩格斯全集》第 1 卷，人民出版社 1956 年版，第 120—121 页。

的一般哲学、世界哲学。正如马克思所说的，"那时，哲学对于其他的一定体系来说，不再是一定的体系，而正在变成世界的一般哲学，即变成当代世界的哲学"。另一方面，世界得以理论化、哲学化，通过这种理论化、哲学化而成为哲学的世界。这样，哲学的世界化与世界的哲学化互为表里、有机统一。它们共同体现和呈示哲学对于人类文明所拥有的核心和统领的地位，表明哲学是人类"文明的活的灵魂"[①]。

（六）哲学是现世的智慧

在《第179号"科伦日报"社论》中，马克思把哲学称为"现世的智慧"，而把宗教称为"来世的智慧"，并认为哲学比宗教更有权关注世俗的王国。[②]这一观点在一定程度上表达了马克思对哲学与宗教关系的总的看法。其中隐含的倾向是，强调哲学与宗教的对立，并肯定前者，贬抑后者。这一倾向在他的博士论文中已见端倪。在博士论文中，马克思把哲学与宗教的关系表述为一般与个别的关系（这意味着抬高哲学和贬抑宗教），并着意强调"两者之间的永恒分离"[③]。马克思的这一哲学立场，总的说来，是与他当时从激进的民主主义出发反对基督教神学的政治立场一致的。黑格尔在《哲学史讲演录》中在批评贬低人的理性思维之优越性的倾向时，曾提及哲学是"世间的智慧、人间的工作"[④]。可见，马克思关于哲学是现世智慧的说法亦直接源自黑格尔。黑格尔认为，哲学与宗教具有相同的对象和内容，即普遍的、自在自为的理性。但是，哲学与宗教的表现形式不同，特别是隐藏在宗教中的哲理局限在固定的教条之内，还不是自由地从自身出发的思想。在这一理解中，无疑已潜含了

---

① 《马克思恩格斯全集》第1卷，人民出版社1956年版，第121页。
② 《马克思恩格斯全集》第1卷，人民出版社1956年版，第121页。
③ 《马克思恩格斯全集》第40卷，人民出版社1982年版，第139页。
④ 黑格尔：《哲学史讲演录》第1卷，贺麟、王太庆译，商务印书馆1959年版，第66页。

"哲学高于宗教"的内核。

二、人的实践活动和实际发展过程的科学

马克思在确立其新唯物主义世界观以后，也在不同的场合表述过一系列他对于哲学的见解。

（一）哲学是人的解放的头脑

马克思在《〈黑格尔法哲学批判〉导言》中提出，"德国人的解放就是人的解放。这个解放的头脑是哲学，它的心脏是无产阶级"。马克思这一思想不仅带有鲜明的政治印记，而且深刻地揭示了哲学与无产阶级在人类解放事业中所处的历史地位的同一性：哲学是人类解放的头脑，无产阶级是人类解放的心脏；哲学是人类解放的精神承担者，无产阶级是人类解放的物质承担者。因此，就哲学与无产阶级的关系来说，"哲学把无产阶级当作自己的物质武器，同样地，无产阶级也把哲学当作自己的精神武器"。就哲学与无产阶级的历史命运来说，"哲学不消灭无产阶级，就不能成为现实；无产阶级不把哲学变成现实，就不可能消灭自己"①。马克思在这里所使用的关于头和心的比喻源于费尔巴哈。费尔巴哈在批判基督教神学的过程中，把上帝的本质归结为人的本质，又把人的本质界定为头和心的统一，即理性和爱（感性）的统一②。

① 《马克思恩格斯全集》第 1 卷，人民出版社 1956 年版，第 467 页。

② 《费尔巴哈全集》德文版第 9 卷，第 337—338 页（*Ludwig Feuerbach: Gesammelte Werke*, Hrsausgeben von Werner Schuffenhauer, Berlin: Akademie-Verlag, Band 9, S. 337-338）。参阅侯才《青年黑格尔派与马克思早期思想的发展》，中国社会科学出版社 1994 年版，第 67 页。

（二）哲学是"描述人的实践活动和实际发展过程"的科学

在《1844 年经济学哲学手稿》中，马克思明确地把人的对象性活动、把劳动或物质生产实践作为哲学的对象，提出哲学是关于人的外化（die Entaeusserung）即人的实践活动的科学这一重要思想。他指出："劳动是人在外化范围内或者作为外化的人的自为的生成。黑格尔唯一知道并承认的劳动是抽象的精神的劳动。因此，黑格尔把一般说来构成哲学的本质的那个东西，即知道自身的人的外化或者思考自身的、外化的科学看成劳动的本质。"（"Was also ueberhaupt das Wesen der Philosophie bildet,dieEntaeusserung des sichwissenden Menschen oder die sichdenkendee ntaeusserteWissenschaft, dies erfasst Hegel alsihr Wesen,……"）① 这意思是说，就其本质来说，哲学是对人自身外化的意识和思考；哲学的这种本质归根到底是由劳动规定的。劳动作为人自身之本质的外化的形式，规定了人的自我生成，从而也规定了哲学的本质。可是，由于黑格尔了解和承认的劳动只是抽象的精神劳动，所以，他把两者的关系完全弄颠倒了，即把哲学的本质当成了劳动的本质的规定。在这里，马克思批评了黑格尔哲学的唯心主义性质。同时，他也明确肯定：哲学是关于人的外化即人的实践活动的科学，哲学的本质以及人的本质是受劳动规定并与劳动的本质是完全同一的。在《德意志意识形态》第一卷第一章中，马克思和恩格斯进一步发挥了这一见解，将人的"外化"活动具体化，明确提出哲学是"描述人们实践活动和实际发展过程的真正的实证科学"②。

（三）哲学是头脑掌握世界的特殊精神方式

在《〈政治经济学批判〉导言》中，马克思指出："具体总体作为思

---

① 《马克思恩格斯全集》第 42 卷，人民出版社 1979 年版，第 163—164 页；参见 Karl Marx, *Oekonomisch-philosophische Manuskripte,* Leipzig: Verlag Philipp Reclam jun, 1970, S.235–236。
② 《马克思恩格斯选集》第 1 卷，人民出版社 1995 年版，第 73 页。

想总体、作为思想具体，事实上是思维的、理解的产物；但是，决不是处于直观和表象之外或驾于其上而思维着的、自我产生着的概念的产物，而是把直观和表象加工成概念这一过程的产物。整体，当它在头脑中作为思想整体而出现时，是思维着的头脑的产物，这个头脑用它所专有的方式掌握世界，而这种方式是不同于对于世界的艺术精神的，宗教精神的，实践精神的掌握的。"①在这里，马克思把哲学、艺术、宗教、道德（所谓"实践精神"）等各种社会意识形式均看作人们掌握世界的各种专有的精神手段和精神方式；同时又认为，哲学区别于艺术、宗教、道德等形式的特殊之处在于，它是帮助人们从现实抽象上升到思维具体的一种掌握世界总体的特殊精神方式。

三、哲学观的现实化

哲学是关于人的实践活动和实际发展过程的科学，是马克思对于哲学本质所作出的最具特色和最为重要的规定，它集中体现了马克思对于哲学观所作出的贡献以及所实现的哲学观的革命变革。与黑格尔仅承认人的精神劳动和费尔巴哈仅承认人的理论活动不同，马克思认为人的实践活动的首要形式和基础是物质生产，因此人的实践活动在本质上是物质性的。这样，马克思对以往哲学观的变革就集中表现在：把人的劳动、人的实践活动理解为本质上是物质性的，并把这种物质性的劳动或实践活动作为哲学认识的主要对象。这在哲学发展史上无疑是空前之举。

把本质上是物质性的人的实践活动作为哲学的对象，是有重大根据的。第一，正如马克思在《关于费尔巴哈的提纲》中指出的，实践本身就

① 《马克思恩格斯选集》第 2 卷，人民出版社 1995 年版，第 19 页。

是一种感性的客观的物质活动，是一种不同于思想客体的感性客体。就此而言，实践具有一般本体论或存在论的意义。第二，实践是人的存在方式，从而，也是人的本质规定。"人的真正的存在是他的行为"，"有什么样的行为就有什么样的个人"①。"个人怎样表现自己的生活，他们自己就是怎样。因此，他们是什么样的，这同他们的生产是一致的。"②就此而言，实践具有人的本体论或存在论的意义。第三，实践是社会结构中的物质因素，体现社会的物质生活过程，是一种"社会存在"，并因此决定人类全部社会生活的本质。就此而言，实践具有社会本体论或存在论的意义。第四，实践是人的周围自然世界的现实基础。人的周围的自然是被人的实践所改造和所改变了的，是"人化的自然"。因此，应该将其理解为人的实践的产物，理解为"感性活动"所建构和构成的。就此而言，实践又具有自然本体论或存在论的意义。总括而论，实践具有多方面的本体论或存在论蕴含，是一种比自然存在更切近人的认识基础的存在，因而，有理由成为哲学的重大对象。

需要指出的是，马克思不仅这样去理解哲学，而且也是这样去建构他的哲学的。他把自己的实践观引入哲学之中，作为自己的全部哲学理论的基础，从而实现了哲学的革命变革。因此，马克思主义哲学就是马克思哲学观的实践化和现实化。在这里，我们见到了哲学与哲学观彻底、有机统一的范例。

（本文原载《南京社会科学》2003 年第 2 期）

---

① 黑格尔：《精神现象学》上卷，贺麟译，商务印书馆 1979 年版，第 213 页。
② 《马克思恩格斯选集》第 1 卷，人民出版社 1995 年版，第 67—68 页。

第八讲　海德格尔：思者道说存在

海德格尔的著述颇丰。在这里，我们不妨以海德格尔的后期思想为重点，并由此出发，对其整体思想特别是贯穿在其中的哲学观作一概要的检视。

一、哲学的"终结"

对于由古代哲学向现代哲学的转折，由关于自然的抽象本体论、形而上学向"关于人的经验科学"、人的存在论或生存论的转移，海德格尔在《哲学的终结和思的任务》中作了清晰的描述。

海德格尔在该文中大讲"哲学的终结"，大讲"哲学如何在现时代进入其终结"。但他所言的哲学的终结，实质上不过是说，在哲学是形而上学的意义上，哲学终结了。也就是说，哲学作为传统的形而上学终结了。用海德格尔的话说，"关于哲学之终结的谈论却意味着形而上学的完成"①。总之，海德格尔危言耸听的哲学的终结，不过是一种特殊的历史形态意义上的哲学的终结，而非一般意义上的哲学的终结。

或许，海德格尔自己也感到"哲学的终结"之命题含有明显的独断

---

① 海德格尔：《面向思的事情》，陈小文、孙周兴译，商务印书馆 1996 年版，第 59 页。

性，所以，他又把这种哲学的终结说成是哲学的一种"位移"，即哲学的认识焦点、聚焦点的一种迁移、改变："哲学之终结是这样一个位置，在那里哲学历史之整体把自身聚集到它的最极端的可能性中去了。作为完成的终结意味着这种聚集。"①

形而上学为什么会终结？导致它终结的自身的致命弊端或不合理性何在？海德格尔认为，"存在之真理"是形而上学之根的基础（Grund），或"土壤"和"要素"。而形而上学绝未回答存在之真理的问题，因为它从未追问此问题。它之所以未追问此问题，是因为它只是通过把"存在者"表象为"存在者"而去思考"存在"。因此，形而上学的全部陈述都滞留于对"存在者"与"存在"的普遍混淆中。甚至，可以说，一切哲学都沦于存在之被遗忘状态中。海德格尔断言全部传统形而上学混淆存在者与存在，未免显得过于简单和武断。试问，难道可以脱离"存在者"去追问"存在"吗？难道"存在"是脱离"存在者"而独立自存的吗？但是，对此需要专文探讨，我们在这里暂搁置不谈。

在海德格尔看来，传统形而上学可以以柏拉图主义为标志，而尼采和马克思则是其颠覆者和掘墓人。他说："形而上学就是柏拉图主义。尼采把他自己的哲学标示为颠倒了的柏拉图主义。随着这一已经由卡尔·马克思完成了的对形而上学的颠倒，哲学达到了最极端的可能性。"②

终结后的哲学存身何处？身影何在？海德格尔认为，哲学"在社会地行动着的人类的科学方式中找到了它的位置。而这种科学方式的基本特征是它的控制论的亦即技术的特性"③。简言之，哲学在人的技术化的存在方式中找到了其位置。用海德格尔的话说，"哲学消解于被技术化了的

---

① 海德格尔：《面向思的事情》，陈小文、孙周兴译，商务印书馆 1996 年版，第 59 页。
② 海德格尔：《面向思的事情》，陈小文、孙周兴译，商务印书馆 1996 年版，第 59 页。
③ 海德格尔：《面向思的事情》，陈小文、孙周兴译，商务印书馆 1996 年版，第 60—61 页。

诸科学"①。

这样，哲学的终结的意义，在于其昭示了科技和以科技为特征的现代西方文明的统治："哲学之终结显示为一个科学技术世界以及相应于这个世界的社会秩序的可控制的设置的胜利。哲学之终结就意味着植根于西方—欧洲思维的世界文明之开端。"②

二、思的对象和任务

在海德格尔看来，哲学终结了，但思依然存在。"思"代替了哲学，"思之事"代替了哲学之事。借助于这种名称的改变，海德格尔与传统的形而上学至少在形式上彻底划清了界限。他的这种说法似乎是在有意模仿中国古代哲学：在中国古代，尽管哲学思想十分发达，但哲人们只谈"哲思"，谈"思之事"，诸如"玄览""格物"，等等，从未使用过"哲学"这一概念。这或许因为，"哲学"意味着一个专门的学科，因而，谈论"哲学"，也就意味着思之事与所思的主体的一种分离。而这种分离在中国古代完全没有任何根基因而也是不可想象的。

那么，哲学终结之后，思的对象和根本任务是什么？什么是海德格尔主张的"思之事"？在 1964 年以法文首次发表的《哲学的终结和思的任务》一文中，海德格尔将其命名为"存在之澄明"。他说："我们必须关

---

① 海德格尔：《面向思的事情》，陈小文、孙周兴译，商务印书馆 1996 年版，第 61—62 页。
② 海德格尔：《面向思的事情》，陈小文、孙周兴译，商务印书馆 1996 年版，第 61 页。1966 年 9 月 23 日《明镜》记者与海德格尔的谈话《只还有一个上帝能够救渡我们》显示，海德格尔自认为他对技术本质中人不可控力量的揭示已达到哲学致思的目的和极处。如若如此，现代哲学在另一个意义上也在海德格尔那里终结了。参见王炜编《熊译海德格尔》，熊伟译，同济大学出版社 2004 年版，第 285—286 页。

注唯一的事情，我们合乎实情地以'澄明'的名称来命名这种事情。"①

所谓澄明（Lichtung），作为名词，在德语中的原意是指与黑暗的稠密森林（Dickung）相对立的被阳光照彻的林中空地。海德格尔用它来指谓"存在"的真实状态。海德格尔把这种状态描述为"自由的敞开"状态，"起着支配作用的敞开性"，或者"在场者之在场状态"。他如此解释说："在我们现在所思的关联中，'澄明'这个词所命名的东西即自由的敞开之境，用歌德的话来说，它就是'原现象'（Urphänomen）。我们不妨说：一个'原事情'（Ur-sache）。"② 他又说，澄明就是"哲学之事情（即在场者之在场性）的真实情形"，"澄明乃是一切在场者和不在场者的敞开之境"③。

海德格尔关于"存在"之"澄明"特征的论述，不免令人想到老子所言的"明道如昧"。在老子眼中，"道"本身就是澄明的。在这里，海德格尔关于"存在"之"澄明"的论述已经透露出与老子的"明道"之间的明显的同一和隐秘的关联。

这样，克服形而上学的目的就在于"思考存在本身"，确切地说，就在于接近乃至进入"澄明之在"。在海德格尔眼中，如此一来，以往作为存在者之为存在者的表象性思维的哲学就获得了本质和必然性，从而能判定和澄清"存在"及其与人的本质的关联，使人归属于存在。

可是，海德格尔揭示的"存在"是什么？它又如何与人的本质相关联？海德格尔自言，他的《存在与时间》的目标就是为进入存在与人的本质的关联而开启一条小路。而在该书中，亲在（Dasein）④这一语词被用

---

① 海德格尔：《面向思的事情》，陈小文、孙周兴译，商务印书馆1996年版，第68页。

② 海德格尔：《面向思的事情》，陈小文、孙周兴译，商务印书馆1996年版，第68页。

③ 海德格尔：《面向思的事情》，陈小文、孙周兴译，商务印书馆1996年版，第69、68页。

④ Dasein（亲在）是Da与sein的合成词，该词系由克里斯蒂安·沃尔夫（Christian Wolff）构成，它的原意是指"现时存在"（Gegenwart）或"持存现实"（dauernde Wirklichkeit），强调的是在场或时空中的现实存在。海德格尔提出"人就是这个在场"（das Da），不仅用该词来指谓人，而且用其强调"在场"的特性。目前多数学者认同将此词译为"此在"。笔者认为，从海德格尔对存在基本特性——"在场"的反复阐释和再三强调来看，该词译为"亲在"为宜。

来表示存在与人的本质的关联。海德格尔在该书中提出，"亲在（Dasein）之本质在于它的生存（Existenz）"。"生存"（Existenz）被海德格尔在《存在与时间》中专门用来表示人的存在的概念。所谓"亲在"的本质在于它的生存，海德格尔解释说，这句话的意思是："人就是这个在场（das Da），也就是说，人是存在之澄明——人就是这样成其本质的。"[①]在海德格尔看来，人之生存是通过操心（Sorge）被体验和经历的，因此，紧迫（Instaendigkeit）、内省（Innestehen）、操心（Sorge）和毅力（Ausdauern）就构成了人之生存的完整本质。在《面向存在问题》中，海德格尔又进一步提出：人不仅被包含在"存在"中，而且"存在"需要人的本质。人在其本质中是存在之记忆。作为那样一个被用到"存在"中去的本质，人参与构成了"存在"之区域。[②]

值得注意的是，与《存在与时间》中将"亲在"界说为"我们自己向来所是的存在者"即直接等同于人不同，在其晚年的《哲学论稿》中海德格尔认为，"亲在"作为存在的本质现身者并不是人的现实方式或既存方式。在《讨论班》中，他也重申，"亲在"不是纯粹的现成存在，而应将其理解为已被澄明的、敞开的存在。这意味着，"亲在"并不构成人的既成的实然本质，而是从存在而得到规定的人的应然本质。按照海德格尔的说法，"亲在"是存在的本质现身者，存在居有"亲在"，将人托付给"亲在"，为人创造自己的本质提供建基之所。但是，人是否能够具有自己的由存在而来的本己的本质，取决于人对是否满足存在的需要、是否护持存在之真理作出抉择。如果人能够将自身建基于"亲在"之中，做存在之真理的守护者，那么，他就具有自己的人的本质和本己性；否则，他就不具有自己的人的本质和本己性。

随着研究的深入，海德格尔对"存在"的理解和表述也经历了一系

---

① 海德格尔：《路标》，孙周兴译，商务印书馆 2000 年版，第 381 页。译文有修订。

② 海德格尔：《路标》，孙周兴译，商务印书馆 2000 年版，第 483、484 页。

列变化。为了说明和深入理解海德格尔对"存在"的思考，我们有必要解释和描述一下这种变化，这也正是海德格尔在《路标》一书中想要表达的。此外，正是在这种变化中鲜明地显现了老子思想的作用和影响，进一步透露出海德格尔与老子之间的某种思想联系。①

在《存在与时间》（1927）中，存在与时间一起构成海德格尔研究的主题，时间在这里被视为领悟"存在"的可能视域。海德格尔用"亲在"（Dasein）这个术语来称呼人这一特殊存在者，即"能够对存在发问"的存在者。②在《时间与存在》（1962）中，存在与时间两者作为一体物，被表述为 Ereignis（"本在"）③。海德格尔自言，从 1936 年始，Ereignis 就成为他的思想的主导词语。1949 年，在《形而上学是什么？》第五版中，他基于对老子思想的既有理解，似乎要刻意表达老子的"道可道，非常道"的隐蕴，将存在（Sein）一词打上了叉的符号，借以表达所谓"存在"一词不过是一个不得已而为之的勉强命名④。1962 年，海德格尔通过《时间与存在》这一演讲，特意将"本在"（Ereignis）一词再度带入人们的视野。关于这个词的含义，海德格尔进一步解释说："这个词所指的东西，我们现在只能思考为：在对作为命运和达致（Reichen）的存在和时

---

① 这首先反映在 1957 年和 1958 年的演讲《语言的本质》中。海德格尔在这一演讲中坦言：在老子的"道"那里，我们才第一次能够思索什么是理性、精神、意义、逻各斯这些词真正要说的东西，很可能在这个词中，隐藏思想着的言说的全部秘中之秘。

② 海德格尔：《存在与时间》，陈嘉映、王庆节译，生活·读书·新知三联书店 1999 年版，第 9 页。

③ 该词现被译为"本在""大道"。据笔者考证，Ereignis 是从 erreignen 派生而来。古高地德语写作 araucnissa, arougnessi，意为"自我显示"。在中高地德语中该词尚未出现。1774 年在柯劳珀斯道克（F. G. Klopstock）著作中出现 Ereignis 的写法。此前被写作 Eraeugnung, Ereugenung, Ereignung。在莱辛那里被写为 Eraeugung，意为"呈现在眼前"。据此，笔者认为该词在海德格尔那里也兼有"自现"的含义。

④ 此前不久，即 1946 年夏，海德格尔与中国学者萧师毅合作翻译了老子《道德经》中的八章内容。德国学者珀格勒认为，这次经历在一个关键的形式中改变了海德格尔的语言，并给了他的思想以一个新的方向。

间的先见中所显现出来的东西。时间和存在从属于它。"[①] 他还指出，把"存在"（Sein）思考为"本在"（Ereignis），意味着一种改变了的存在解释。那么，这种改变表现在哪里呢？存在与本在有何区别呢？按照海德格尔自己的说明，这表现在：存在与时间发生在本在中；隐逸（Entzug）必定属于本在的本性，本在自行归隐（Enteignis）；本在还具有归本（Vereignen）的本性，通过归本，人被允许进入本在中。根据海德格尔的这一解释，本在与存在的主要区别是，本在表明了存在与时间的统一，具有隐逸和归本的特性。需要指出的是，海德格尔对本在的特征的这种描述，明显又是模仿和袭用了老子关于"道"具有"逝"和"返"的特征的说法[②]。到1964年，在《思者道说存在》中海德格尔又明确阐明了自己晚年思想所发生的深化和转折：由原来的"存在与时间"，转到"澄明与在场"（Lichtung und Anwesenheit）。而原来被用来专指人的存在的"生存"（Existenz）一词，在1946年的《关于人道主义的书信》中，则也被海德格尔改换为"澄在"（Ek-sistenz）[③]。所谓"澄在"，海德格尔解释说，是指人居于存在之澄明中，它是唯有人才拥有的存在方式。它是理性可能性的根据，是人的本质规定之源。在内容上，它意味着出离而进入存在之真理中。它所命名的，是对人在真理之天命中所是的东西的规定。

---

① 　海德格尔：《时间与存在》，《面向思的事情》，陈小文、孙周兴译，商务印书馆1996年版，第20页。译文有修订。

② 　老子《道德经》第二十五章中云："吾不知其名字之曰道，强为之名曰大，大曰逝，逝曰远，远曰返。"海德格尔对"澄在"特性即隐逸（Entzug）和归本（Vereignen）的描绘不啻于老子关于道的"逝"和"返"的特征的另一种表述。

③ 　Ek-sistenz为海德格尔创造的Ekstáse与Eksistenz的合成词。Ekstáse源自希腊语εκστασις，拉丁语转写ecstasis，原意为"宗教教仪意义上的原地鞠躬"（buecken von der Stelle），引申为"心醉神迷"。18世纪被舒巴尔特（Schubart）移植到德语中。在《存在与时间》以及《路标》中译本中，该词被译为"绽出之生存"。笔者认为，在海德格尔那里，该词强调的重点并不在"出离"，而是在"进入存在之真理"。根据海德格尔的释义和他在文中的用法，似宜将该词译为"澄在"，即澄明之存在。此外，海德格尔有意选用Ekstáse的前两个字母来创造"澄在"一词似也隐含下述意指，即"澄明之存在"也是一种令人神往、令人心醉、令人着迷的存在。

而"人澄明生存"这句话，并非回答的是"人是否现实地存在"，而是回答的"人之本质"这个问题[①]。

可见，"澄在"这一特殊的语词是海德格尔对人的存在方式从而也是对人的本质的根本规定。在海德格尔看来，"澄在"就体现了人之存在的本质，就是人之存在的澄明、自觉和真理。也就是说，人之所以能够"澄在"，具体体现在人能够对自身存在之本质和意义有所领悟，从而自觉守护存在之真理，并进入存在的澄明之中。

三、思的方法

如上所述，海德格尔如此确定了思的对象和任务，即进入存在之澄明。那么，思想如何才能达到和进入存在之澄明呢？海德格尔认为，思的形式或方法有两种：思辨和直觉（Intuitiv）。"思想的道路——思辨和直觉的思想的道路——需要可穿越的澄明。"[②]

关于与"思辨"方法不同的另一种方法的表述，除了"直觉"一词之外，海德格尔还使用了感悟（vernehmen）这一概念[③]。他说："先于任何别的东西而首先确保无蔽的，乃是这样一条道路，思想就在这条道路上追踪并感悟：在场的出席。"[④]

海德格尔讲"直觉"，又讲"感悟"，这不是公然诉诸神秘性和非理性吗？

海德格尔要说明和回答的正是如此。针对"这难道不是全然虚幻的

---

① 参阅海德格尔《路标》，孙周兴译，商务印书馆 2000 年版，第 379—380、383 页。译文有修订。
② 海德格尔：《面向思的事情》，陈小文、孙周兴译，商务印书馆 1996 年版，第 71 页。译文有修订。
③ 该词在《面向思的事情》中译本中被译为"颖悟"。德文原意为"听见、耳闻、获悉"，表示直接的、无中介的见闻某种东西。笔者倾向于将其译为"感悟"。
④ 海德格尔：《面向思的事情》，陈小文、孙周兴译，商务印书馆 1996 年版，第 71 页。译文有修订。

神秘玄想，甚或糟糕的神话吗？难道归根到底不是一种颓败的非理性主义，一种对理性的否定吗？"这种提问，他的回答是："也许有一种思想，它比理性化过程之势不可挡的狂乱和控制论的摄人心魄的魔力更清醒些。也许恰恰这种摄人心魄的狂乱醉态倒是最极端的非理性。""也许有一种思想，它超出了理性与非理性的分别之外，它比科学技术更要清醒些，更清醒些因而也能作清醒的旁观。"①

这样，海德格尔就明确地说出，绝对的理性不啻非理性，而他追求的正是与这种理性对立的东西，或毋宁说，是超越于理性与非理性对立之上的东西。用海德格尔自己的话说，是能够"经验那种不需要证明就能为思想所获得的东西"的特定方式。

那么，这是一种什么样的方式呢？海德格尔没有直接正面回答，他只是向我们指出，这是由确保我们进入存在之澄明的东西的特性决定的。

海德格尔关于思之方式的思考就此止步。显然，要回答"何谓感悟？如何感悟？"之类的问题，以理性主义为中心的西方的传统文化和哲学的资源难以提供给他更多的东西。就此而论，海德格尔所谓的哲学的终结，在一定意义上意味着哲学之思向东方哲学、中国哲学的转向。例如，海德格尔所谓的"在"与"思"（或"澄明"与"感悟"）所表达的东西，不是颇像中国传统哲学中的"道"与"悟"特别是老子的"道"与"玄览"吗？在此方面，海德格尔对老子哲学的关注是颇有象征性的。遗憾的是，对于一个源于深厚的德国理性主义传统的哲学家来说，进入中国传统文化和哲学的语境显然并非易事。

---

① 海德格尔：《面向思的事情》，陈小文、孙周兴译，商务印书馆 1996 年版，第 74—75 页。

四、思与存在、语言的关联

"存在之澄明"是思的对象以及进入"存在之澄明"是思的方式，这已经表明了存在与思的密切关联。在海德格尔的眼中，这种关联包摄哪些内容呢？

在 1946 年写下的《关于人道主义的书信》中，海德格尔首先阐述了这一思想：行动的本质是完成。但唯有已经存在的东西才是可以完成的。所以，"首先'存在'（ist）的东西乃是存在（Sein）"[1]，然后思想（作为精神行动）"完成"（即向存在本身呈献）存在与人之本质之关联。这清楚地表明，在海德格尔看来，"存在"在思想之先。

由于存在在思想之先，所以存在拥有和规定思想，而思想则归属于存在。

关于存在拥有和规定思想，而思想归属于存在，海德格尔说："一切作用都基于存在而以存在者为标的。"[2] "思想乃是存在的思想。这个第二格说出双重的东西。思想乃是存在的，因为思想为存在所居有，归属于存在。同时，思想又是存在的思想，因为思想在归属于存在之际倾听着存在。"[3] 可见，海德格尔关于思想是存在的思想这一说法，包含两层含义：一是思想属于存在的一部分，它并不在存在之外；二是思想以存在本身为自己的内容。

这样，海德格尔实际上主张，存在在本体论或存在论的意义上在思想之先，在逻辑的意义上也在思想之先。

正因存在在思想之先，而思想归属于存在，是存在的思想，思想的任务才必然也必定是道说存在："思想则让自己为存在所占用而去道说

---

[1]　海德格尔：《路标》，孙周兴译，商务印书馆 2000 年版，第 366 页。

[2]　海德格尔：《路标》，孙周兴译，商务印书馆 2000 年版，第 367 页。

[3]　海德格尔：《路标》，孙周兴译，商务印书馆 2000 年版，第 370 页。

（Sagen）存在之真理。思想完成这一让（Lassen）。思想乃是通过存在而为存在的任务。"①"思想是通过存在之真理和为存在之真理的任务。"①如此说来，在海德格尔那里，所谓思想道说存在，说到底不过是存在自己道说自己，是存在之真理的自我呈现和自我表白。

现在，我们要追问的是，思想如何道说存在？海德格尔的回答是："存在在思想中达乎语言。语言是存在之家。人居住在语言的寓所中。"②这样，存在、思维和语言的关联在海德格尔那里就表现为，存在通过思想并最后通过语言完成和实现其自我呈现。语言是存在自我呈现的中介和工具。据此，思想家（即哲学家）的任务就是"通过他们的道说把存在之敞开状态带向语言并且保持在语言中"，而所谓思想者（哲学家）就是语言"这个寓所的看护者"③。

正是在这里，海德格尔进入了"语言之本质维度"，并明确地将语言定义为"存在之家"，或更确切地说，定义为"存在之真理的家"④。因为在他看来，说到底，"语言乃是存在本身的澄明着—遮蔽着的到达"⑤。这样，海德格尔又在某种意义上回到了老子《道德经》的起点："道可道，非常道。"

海德格尔对语言的这一理解，显然与语言分析哲学对语言的理解大不相同。语言分析哲学因对语言与"存在"的关系另有理解，而至少直接"忽略"和撇弃了这种关系。而海德格尔则认为："如果存在之真理对思想来说已变成值得一思了，那么，对语言之本质的沉思也就必定获得了另一种地位。这种沉思就可能不再是单纯的语言哲学了。"⑥

① 海德格尔：《路标》，孙周兴译，商务印书馆 2000 年版，第 367 页。
② 海德格尔：《路标》，孙周兴译，商务印书馆 2000 年版，第 366 页。
③ 海德格尔：《路标》，孙周兴译，商务印书馆 2000 年版，第 366 页。
④ 海德格尔：《路标》，孙周兴译，商务印书馆 2000 年版，第 373 页。
⑤ 海德格尔：《路标》，孙周兴译，商务印书馆 2000 年版，第 383 页。
⑥ 海德格尔：《路标》，孙周兴译，商务印书馆 2000 年版，第 372 页。

［本文曾作为中国民主同盟中央委员会、北京大学道学文化研究中心、河南省老子学会、河南省社会科学院、周口市政府共同举办的"2012 中国鹿邑国际老子文化论坛"（鹿邑，2012-8-26）的会议论文，载赵保佑主编《老子与华夏文明传承创新》（下册），社会科学文献出版社 2013 年版］

第九讲　语言分析哲学：使思想在逻辑上明晰

语言分析哲学是 20 世纪以来主要在英语区国家兴盛起来并获得广泛传播和影响的一种以语言分析为其纲领的哲学流派或思潮。在这一流派或思潮中含有各种不同的研究倾向，但其共同的出发点是这一假设：传统意义上的哲学问题或哲学困惑是由于语言的混乱产生的，因此，也有必要借助一种精确的语言分析方法来清除和克服。

一、从确立语言分析方法到"语言学转向"

在 19 世纪末德国哲学家、逻辑学家弗雷格的著作中，人们已经可以寻觅到分析哲学的某些基本思想和要素。分析哲学的正式诞生是在 20 世纪初。摩尔的《驳唯心论》（1903）通常被视为分析哲学运动的发端。在这篇文章中，摩尔率先发动了他对统治英国哲学界长达近半个世纪之久的黑格尔主义的反叛，并提供了一种用注重语言分析方法来研究哲学问题的范例。

至 20 世纪 30—40 年代，分析哲学中最为重要和富有影响的哲学流派都已经形成和出现。其中，除了摩尔、罗素和维特根斯坦等人的哲学，还有逻辑经验主义（又称逻辑实证主义或新实证主义），剑桥学派和牛津学派等哲学学派。逻辑经验主义包括以石里克、卡尔纳普为代表的维也纳学派，以莱欣巴赫为代表的柏林学派，以塔尔斯基为代表的华沙学派，以及英国的艾耶尔等人。剑桥学派以威斯顿为代表。牛津学派以赖尔、奥斯汀为代表。

第二次世界大战后，分析哲学进入了国际化发展阶段。逻辑经验主义首先在美国哲学界获得影响，并于 20 世纪 40—50 年代逐渐占据统治地位。其结果，呈现了与实用主义合流的倾向，产生了刘易斯的"概念实用主义"、莫里斯的"科学经验主义"以及奎因等人为代表的"逻辑实用主义"。另一方面，塞拉斯、齐索姆、塞尔等人则继承和发展了分析哲学中重视日常语言的传统。

60 年代后期开始，欧洲大陆各种哲学流派在美国的影响得到了扩展，融实用主义传统在内的分析哲学传统也逐渐与大陆哲学传统相融汇，形成了分析哲学传统与实用主义哲学传统、西欧大陆哲学传统并立美国哲学舞台的局面。在这种情势下，又产生了综合分析哲学传统与欧陆哲学传统的一些哲学流派和倾向，如罗蒂的新实用主义，等等。

60 年代始，分析哲学在西欧大陆首先是在德国和德语区国家也开始日益赢得了它的影响。人们在接受英美哲学的同时，也重新接纳了逻辑经验主义的传统。其中，施泰格米勒（Wolfgang Stegmueller）在介绍和引荐分析哲学的过程中起了重要的作用。在向分析哲学开放的过程中，出现了劳伦兹（Paul Lorenzen）的操作语义学。此外，德国的解释学传统、哈贝马斯的新法兰克福学派乃至古典唯心主义传统也都以不同的方式受到了它的启迪和推动。阿培尔（Karl-Otto Apel）的先验语用学也是在综合欧陆哲学传统与分析哲学传统、实用主义哲学传统的基础上产生的。

分析哲学在东亚特别是日本、中国得到传播是在 20 世纪 40 年代。在日本，它是经筱原雄、佐藤信卫、平野智治、中村克己等人在 40 年代初传入并迅速发生影响的。60 年代，科海恩、怀特、海兰克纳、戴维斯、奎因等先后到日讲学，又进一步推动了分析哲学在日本的研究与普及，并由此产生了永井成男等一批有影响的日本分析哲学家。在中国，分析哲学也是在 40 年代以后被引入的。其中，在分析哲学研究与介绍方面较有影响的代表人物是洪谦。他曾于 40 年代在维也纳大学做过维也纳学派创始人石里克的博士研究生，并成为维也纳学派的成员。在中华人民共和国成立后他仍主要从事逻辑经验主义哲学的研究。其著作有《维也纳学派哲学》（1945）、《石里克和现代经验主义》（1949）、《论确证》（1983）等。80 年代末以后，伴随中国的改革开放运动，分析哲学在中国得到了比较系统的研究和介绍，并形成和出版了一大批有影响的专著和译著。

　　总的说来，到了 20 世纪 60 年代以后，分析哲学由英语区国家日益散布开来，愈渐成为一种具有世界性影响的国际哲学思潮，并对实现 20 世纪哲学发展中的"语言学转向"起了决定性的作用。

二、构建理想语言与诉诸日常语言

　　总体说来，语言分析哲学围绕理想语言和日常语言两大对象而展开。据此，人们通常将历史上最重要的分析哲学家和学派划分为两大派别，即理想语言学派（或人工语言学派）和日常语言学派。理想语言学派和日常语言学派都认为，语言混乱是传统意义上的哲学争论和困惑赖以产生的根源。因此，对语言进行分析，以便使语言的意义变得明晰，就是哲学的首要任务，甚至是哲学的唯一任务。但是，这种语言混乱是如何产生的，以及如何通过语音分析使其意义明晰，二者却有着不同的见解。理想语言学派认为，人们所使用的日常语言的含义是不确切和模糊不清的，因此有必要构建一种严密、精确的理想语言。而数理逻辑所使用的符号语言就是这样一种较为精确的、理想的语言。因此，应该在各门科学中用这种人工符号的语言来代替日常语言，以便清除日常语言中的歧义和混乱。相反，日常语言学派则认为，日常语言本身是完善的，各种哲学争论和困惑的根源并不在于日常语言本身不当，而在于人们没有了解日常语言的确切含义而违背了它们的正确用法。所以，需要的不是另建理想的人工语言来取代日常语言，而是应指出和恢复日常语言的正确用法。另外，日常语言事实上也不是理想的人工语言所能代替的。

（一）构建理想语言

理想语言学派包括罗素、前期维特根斯坦、逻辑经验主义（卡尔纳普等人）以及艾耶尔等。

罗素抛弃黑格尔主义、转向哲学"分析"部分地受到摩尔的影响。人们认为，罗素为分析哲学理论奠定了逻辑和认识论的基础。根据维特根斯坦的看法，罗素对分析哲学的重要贡献和影响，是强调了"逻辑形式"的重要性，指出命题的表面上的逻辑形式（语法表达形式与句法表达形式）与其真正的逻辑形式是不一样的。

罗素较早注意到语言对哲学的影响。他肯定普通语言所具有的作用。但同时认为，普通语言的含混和句法不利于严肃的思考，嗜好普通语言是阻碍哲学进步的主要障碍。在罗素看来，普通语言的混乱及其对我们的迷惑主要表现在，在普通语言中，语法和句法形式并非总是与逻辑形式对应、一致的，甚至在许多情况下，它总是使我们误解句子的真正逻辑形式。而这种形式上的逻辑形式与真正的逻辑形式的混淆，使我们采用一种虚伪的形而上学观点来看待那些由被谈论的句子所表达的事实形式或事实结构。因此，罗素认为，应该把句子的语法形式和句法形式即表面上的逻辑形式与它的真正的逻辑形式区分开来。而对普通语言进行改造，使其语法表达形式和句法表达形式与其真正的逻辑形式相一致，从而建立一种精确的"理想哲学"或"哲学语言"，就是哲学的主要任务。

罗素并没有认为所有的哲学问题和形而上学的观念，都是因为混淆语法、句法形式和真正的逻辑形式这两者而产生的，但他相信许多最重要的哲学问题和形而上学观念是这样产生的。为了解决表面上的逻辑形式与真正的逻辑形式相混淆的问题，罗素提出了"类型论"与"摹状词理论"。"类型论"的基本观点是，将语言表达成分分成真和假是不够的，还必须引进第三个概念，即应包括无意义的表达成分。其中隐含的重要思想是，在语法和用词方面没有明显错误的语句仍然可能是无意义的。所谓"摹状词"是指像"美国现任总统"一类的短语，这类短语不是用名称而是用其特有的性质来指称一个人或一件东西。罗素认为，这样的短语不是像名称那样的独立的、完全的符号，而是"不完全的"符号。罗素试图通过摹状词理论来证明，形而上学的"存在"只能用摹状词来断定，是一个可用"分析"来清除掉的似是而非的谓词。

总的说来，对罗素来说，哲学的主要任务是揭露命题和表达式的真正逻辑形式，对它们加以"分析"或把它们转换成一种"中立的"语法形式，这种语法形式既不会背离我们思想的逻辑形式，也不会产生迷惑人的形而上学的推论。

维特根斯坦前期哲学理论的核心是图式说及其在此基础上建立的逻辑原子论。维特根斯坦所说的图式，指实在的模型，或者指它所代表的事实。构成图式的是能以一定的方式相结合的成分，这些成分在图式中与对象相对应。维特根斯坦认为，图式与实在相联系，它通过表示"原子事实"（Sachverhalten）存在或不存在的可能性描绘实在。但图式所表示的只是它的意见，其真假在于它的意思与实在是否符合。思想是有意义的命题，而命题是实在的图式，命题只有作为实在的图式才能是真的或假的。

图式说和逻辑原子论要求一种理想语言，并决定了在语言中可以思考的东西。维特根斯坦认为，我们不能思想我们不能思想的东西。因此，我们不能说我们不能想的东西。而世界只是我的世界（是我所思想的世界），这表明，（我的）语言的界限就是我的世界的界限。就这种语言界限而言，形而上学关于世界整体、"一切事物"或"事实的总和"的思考是无意义的。因为事实上我们只能在一定意义上把它作为一个整体来思考，而世界的整体、全体是不能被思想、描述和言说的。

基于"语言界限"的理论，维特根斯坦认为，传统意义上的哲学——关于实在和思想的终极原则的研究是无意义的。哲学并不是像自然科学那样是研究和解释事实的科学。哲学的目标是对思想进行澄清。哲学不是一种理论而是一种活动。哲学工作实质上是阐明。哲学的结论不是一些哲学命题而是使命题清晰。哲学应该使那些晦涩、模糊不清的思想变得清晰和界限分明。因此，可以说，哲学的目的就是使思想在逻辑上明晰。从反面说，哲学的任务就是揭露哲学命题的无意义性。命题并不只是真或假，它们还可以是"无意义的"，即它们不是合乎逻辑的，而只是合乎语法的。在此意义上，甚至可以说，全部哲学的任务就是"语言批判"（Sprachkritik）。这样，在维特根斯坦看来，哲学与他后来所说的精神分析学家的"治疗学"相似：它通过显示哲学困惑产生于对语言逻辑的误解来治疗它们，如同精神分析学家通过使病人认识到其精神错乱的根源来治疗这些精神错乱。

维特根斯坦在肯定哲学的澄明的功能的同时，也肯定了哲学的某种显示功能。他认为，不可表达的东西肯定存在，它虽然不可言说，但却是可以显示的。同时，维特根斯坦还认为，通过澄清在语言中什么是可以表达的，同时也就显示了什么是不可表达的。他的目的似乎是，通过划清可思想与不可思想、可言说与不可言说的东西的界限，以及澄清可思想与可言说的东西，来达到和企及那不可思想、不可言说的东西。他主张，应从可思想的东西中划出不可思想的东西的界限。这样就能通过清楚地展示可说的来限制和意指那些不可说的东西。

总体而言，维特根斯坦将哲学严格限制在可思考、可表达的对象范围之内，将意义、价值、伦理学、美学、意志、死亡、上帝等均作为神秘物和不可表述、言说的对象排除在哲学研究之外。这在一定意义上似乎是对康德哲学的一种彻底运用和发挥：将理性能力批判具体化为语言逻辑分析；将理性运作延伸到其外在表现——语言的逻辑。同时，也就因此驻足于语言逻辑从而也是理性的界限之内。

卡尔纳普是逻辑经验主义的重要代表。他认为，一切关于世界的概念和知识最终来源于直接经验。因此，任何可设想的科学阐述，凡是不能由感性经验证实或否证的，就可视为无意义的。卡尔纳普赞同休谟以来已被经验主义普遍接受的关于区别分析命题和综合命题的意义标准。由此出发，他认为，除了数学和经验科学的命题是有意义的，所有其他命题都是没有意义的。哲学不是别的，而是对科学语言的逻辑分析。他开始时把这一分析只限制在他称之为科学语言的逻辑句法，后来，由于受逻辑学家塔尔斯基的影响，他又扩展了自己的看法而把语义学（对于符号与符号所代表的对象之间关系的研究）也包括在内。

在对待语言问题上，卡尔纳普区分了语言的两种作用，即表达作用和表述作用。卡尔纳普认为，几乎人的一切意识活动和语言都具有表达作用，但其中只有部分语言具有表述作用。具有表达作用的语言是一种象征，人们可以据其对人的情感和性格等进行推断。但它们不具有判断的意义，也不包含知识。具有表述作用的语言则表述一定的事态，它告诉我们，是怎样一回事。它们有所断言、述说和判断，是具有理论意义和包含知识的。据此，卡尔纳普认为，形而上学的命题只具有表达作用而没有表述作用，不仅不包含知识，而且甚至还具有给予知识的假象，因此，必须加以拒斥。

艾耶尔是英国逻辑经验主义的代表。他认为，他的思想是从罗素和维特根斯坦的学说中引申出来的，而罗素和维特根斯坦的学说则是贝克莱和休谟的经验论的合乎逻辑的产物。

艾耶尔学说的核心是有关证实原则的理论。这一证实原则的公式是：只有当一个句子所表达的命题是分析的，或是经验可证实的，它才是有意义的。"分析的"主要是指表达逻辑规则的以及数学上的。艾耶尔从这一原则推导出如下主要结论：第一，形而上学命题是无意义的。因为形而上学命题既不是分析的，也不是可以经验地证实的。第二，哲学不再是阐述实在的系统看法和关于实在的知识以及科学的科学。哲学的任务也不再是为科学"假说"的正当性提供证明。哲学的功能是批判。这一批判的首要任务是揭示并消除寄生在我们日常生活中特别是我们的科学思维中的形而上学混乱。从正面来说，就是通过给出"操作定义"或"使用定义"的方法，对日常语言与科学语言进行立法或者改造。艾耶尔把哲学分析隶属于科学，强调分析只有在哲学与科学的结合中才能找到其生计，哲学必须发展成为一种关于科学的逻辑。

关于伦理学命题，艾耶尔承认，它们代表着一种彻底的经验论思想所无法克服的诘难。为此，他提出了"伦理学的情感理论"。按照艾耶尔的解释，伦理学命题没有描述的意义而只有情感的意义。

（二）诉诸日常语言

日常语言学派包括摩尔、后期维特根斯坦以及牛津学派和剑桥学派。

摩尔被视为黑格尔主义（一般地说是传统的形而上学）的率先反叛者和分析哲学运动的开启者。他的学说的核心是常识理论。摩尔从下述基本的人们普遍承认的常识出发：（1）在宇宙间确乎存在物质事物；（2）在宇宙间确乎存在地球上的人和动物的意识活动；（3）在宇宙间也确乎存在既非物质事物又非意识活动的时间和空间。摩尔认为，所有的哲学认识几乎都是由此引起和展开的，这些也是人们普遍接受的常识观点。对于外部事物存在的证明，摩尔诉诸常识的观点即根据具体事实本身。他举例说：我现在可以证明，人的两只手是存在的。怎样证明呢？举起我的两只手，用右手做一个手势说："这是一只手。"接着再用左手做一个手势说："这是另一只手。"这样做，我就根据事实本身证明了外部事物的存在。摩尔根据常识的理论试图说明，外部事物的存在是由具体事实本身证明的，而不是由哲学推论出来的。换言之，即使我在哲学上知道外部事物的存在是真的，也不能证明某一具体事物的存在就是真的。因此，哲学的解释和证明并没有增加我们关于事实的知识，它是完全多余的。

　　基于上述看法，摩尔认为，哲学的主要任务不是揭示有关我们事先没有认识的关于世界的事实，而是澄清我们已知的东西，揭露那些违反"常识"的虚假的哲学解释或学说。而这个澄清过程的一个重要方面就是语言分析。摩尔强调普通语言的作用。在他看来，如果一个哲学命题用一种我们无法应用于普通日常语言中的语法形式来表达，就意味着侵犯了"常识"。

　　通常认为，维特根斯坦虽然在后期思想中坚持了前期有关哲学作用的基本观点，但抛弃了图式说及其在此基础上所建立的逻辑原子论，以语言游戏说代替了图式说，以语言分析代替了逻辑分析，以日常语言代替了理想语言。

　　维特根斯坦的后期哲学着眼于语言的使用，这集中表现在他的"语言游戏"的理论。维特根斯坦认为，语言像游戏一样，是一种没有共同本质的复杂的现实活动。语言的用法、词的功能和语境等也像棋子的走法和棋式一样，都是无穷多的。一个棋子的走动有其目的，同样，一个词的使用也有其目的。像网球游戏有规则而打网球时并不处处受规则限制，词和语言的使用也是如此，而且，游戏和语言的规则在一定意义上都是随意的。维特根斯坦用语言游戏来强调和突出这一事实，即语言是某种活动的一部分，某种生活方式的一部分。而了解语言的意义最终就是了解它在一种生活方式中的使用。由于维特根斯坦把语言看作生活方式的一部分，所以他强调采用日常语言。他认为，一个表达式的使用取决于它在日常语言中的作用。因此，我们所做的工作就是使语词从形而上学的使用回到日常使用中。而哲学无法干涉语言的实际使用，它最终只能描述语言。哲学也不能为语言提供任何基础，哲学对一切事物都任其自然。有鉴于此，他对哲学的任务作了这样的界定："我们必须废除全部解释，代之以描述。这种描述从哲学问题中获得它的目的。"

剑桥学派的独创性主要在于他们对维特根斯坦哲学"治疗"概念的发展。该学派的主要代表威斯顿继承维特根斯坦的哲学"治疗"方法，认为解决形而上学这种哲学困惑的适宜方法是使用一种与用于精神病的精神分析技术相类似的分析术。这种分析术的关键是引导病人自己认识到病因，然后从中获得解脱。因此，分析哲学家要做的工作是对所有的症状作出充分的描述，而不是进行筛选。威斯顿认为，在哲学中，一个人不在于掌握了正确的理论，而是在于掌握了全部的理论。就像在精神分析中一样，并不在于按照我们的倾向从中选择出某些正确的，而在于把它们全体都公布于众。

对于剑桥学派的分析哲学家们来说，语言混乱固然是全部哲学困惑的本质，因而哲学的基本任务就是通过回忆我们实际使用的语言这一方法来消除这种语言混乱。但同时，他们也认为，形而上学的混乱用纯语言分析是不能最终清除掉的。与维特根斯坦把形而上学的陈述（哲学悖论）主要看作语言混乱的症状不同，剑桥的分析哲学家们却倾向把它们描述成语言洞察力的表现。威斯顿承认，形而上学陈述（哲学悖论）萌芽于关于普通事物的特别经验，并代表一种在习以为常现象中的发现，是关于世界的某种东西。

在牛津学派那里，尽管一般的"分析"概念源自维特根斯坦，但是对分析方法采取了较为慎重的态度。分析中实证论或还原论的倾向被消除了，同时，分析的作用也受到了限制，分析方法不再被视为绝对的而且是唯一的方法。

牛津学派所主张的主要观点是意义即使用。也就是说，对意义的定义应依照语言的用法。这种意义理论源自维特根斯坦，却被牛津哲学家进一步发展了。通过语词的使用来定义与显示意义的方法论原则，在牛津哲学家所主张的分析中处于中心地位。与意义理论相联系，日常语言在牛津哲学家的分析方法中扮演着重要角色。牛津哲学家们认为，日常语言的表达式总是可以有意义地并且正确地使用的。对语词的误用之所以产生，是因为我们在日常语言中所使用的表达式的不同类型之间存在着明显的矛盾。这些矛盾是由于我们搞错了相互冲突的表达式的"逻辑形式"或"范畴"。所谓哲学混乱大部分都可以归结为这种"范畴错误"。关于如何正确地进行"分析"工作，赖尔提出的一种设想是：真正需要的也许是从一个概念，即从以某种表达式进行的操作方式中，提炼出那种隐含在其中并起主导作用的逻辑规则。

三、特色与局限

从以上的概述中可以看出分析哲学家们致力的总的倾向是希冀从语言问题入手，提出一种新的哲学理解，推翻和取代传统的形而上学哲学。其共同特点是：

其一，重视语言对哲学的影响，把哲学问题变换和归结为语言问题，并着重从语言方面来寻求和揭示哲学困惑和混乱的根源。分析哲学家们相信，把哲学问题变换成语言形式是讨论哲学问题的最好方法；只有通过研究语言形式，才能讨论概念和实在本身。其理由如维特根斯坦所表达的，我们并不是先思考，然后再用语词形式进行表达；在某种意义上，我们的思想就是我们的表达。所以，我们只能从用以表达我们思想的语言形式方面来讨论我们的思想。他们认为，传统的哲学困惑和混乱主要是我们使用语言的实际方式即对语言的滥用和误用给我们思想带来的不幸影响造成的：或者是由于我们不注意精确地定义我们所使用的语词的含义（摩尔），或者是由于我们进行了从"语法形式"到"逻辑形式"的不合法的推论（罗素），或者是由于我们企图在我们语言之内就我们的语言来谈论"语言的界限"或询问了关于"语言游戏"本身的问题（维特根斯坦），等等。

其二，重视分析方法，强调分析对于哲学的极端重要性。分析哲学家们从哲学问题源于语言误用这一立场出发，把哲学任务规定为语音分析，甚至提出语言即分析。他们把这一见解自誉为"哥白尼式的发现"（威斯顿）。关于如何界定"分析"的任务，他们或者认为在于识别与区分我们所使用的语词的不同意义（摩尔），或者认为在于规定我们应该如何使用语词，纠正普通语言的有歧义的表达式（罗素），或者认为在于回忆我们语言的结构和特殊的"语言游戏"的结构（维特根斯坦）。

其三，拒斥和摒弃形而上学，希冀通过分析消除传统的本体论和形而上学问题。分析哲学家们强调，分析的目的在于清除传统意义上的哲学问题，因为它们是没有答案、似是而非和没有意义的。摩尔认为，哲学陈述并不能证明外部具体事物的存在，因此，哲学陈述不能增加我们有关事实的知识。罗素认为，尽管我们必须承认存在着不可还原的"共相"，但"存在"之类的形而上学问题是可以通过"分析"分析掉的。在维特根斯坦看来，形而上学命题虽然可以显示不可言说的东西，但它们是无意义的。在卡尔纳普那里，形而上学命题只有表达作用而没有表述作用，它们是完全处在知识和理论领域之外的。艾耶尔也认为，形而上学命题既非分析又非可经验地证实的，因而是无意义的。即使对形而上学问题较为慎重的剑桥学派也主张，尽管形而上学陈述有实际价值，能使我们知道某些事实，但在语言形式上它是一种悖论。

应该看到，分析哲学之所以在战后特别是 20 世纪 60 年代后获得广泛影响和迅速传播，一个重要原因，是它在某种程度上适应了信息时代发展的需要。它的主要功绩在于：（1）揭示了语言对于哲学的作用和意义。它使我们进一步认识到语言对我们的思想的实际影响。（2）揭示出以往哲学困惑产生的一个方面的原因是语言的误用。（3）对语言特别是哲学语言的明晰性提出了更高的要求。

分析哲学的局限性也是十分明显的。尽管分析哲学家们也谈到通过语言形式来研究思想甚至进而通过研究思想来研究外部世界和"实在"，但总的说来，他们对哲学本质和作用的理解以及他们的分析工作都囿于语言形式的分析。由于不是所有的哲学问题都是因语言的误用而产生的似是而非的问题，更由于形而上学命题有其客观的现实内容，不能简单地归结为语词形式问题，所以，他们消除形而上学问题、消除传统意义的全部哲学问题的企图必然是失败的。全部分析哲学意在解决传统的具相与共相、经验与超验的矛盾，但这不是诉诸一方而拒斥另一方就能解决的，也不单纯是一个语言问题，更不单纯是从语言分析角度就能解决的问题。这是分析哲学及其运动所给予我们的启示。

（本文原载王生平主编《世纪存疑：哲学伦理卷》，山西人民出版社 2001 年版）

下编

马克思恩格斯哲学形态演变史略①

———————————

① 本编内容系作者 2013—2019 年为中共中央党校（国家行政学院）马克思主义哲学专业博士研究生、硕士研究生以及在职研究生等各类研究生"马克思主义哲学发展史和经典著作研究"课程所开设的专题讲座的素材稿和学生所用参考资料，原以"马克思恩格斯哲学形态"为题载于作者主编的《马克思主义哲学形态演变史》（黑龙江人民出版社 2013 年版）一书第一编。现对个别文字进行了修订。

第一讲　导论:"哲学形态学"视域中的马克思主义哲学发展史[①]

一

对于马克思主义哲学及其发展本身的历史的考察和阐释，是马克思主义哲学研究的一个重要方面，无疑具有特殊的意义。一般而论，哲学理论本身就是哲学历史的升华和凝结，就是以思辨形式所映现出来的哲学历史。我国清代学者章学诚曾提出，"六经皆史"[②]。黑格尔也云，"哲学史本身就应当是哲学"，因而"哲学史的研究就是哲学本身的研究"[③]。对于马克思主义哲学发展史来说，其情形自然也当如是。

迄今国内外描述马克思主义哲学发展史的书籍已有多种。但是，由于难以突破既有的传统诠释和编撰模式，学术质量上未免难以有新的提升和改进。如果回顾和检视马克思主义哲学发展史的编撰史，除了反思文本诠释传统及其与历史、现实的关联等，不能不关注编撰模式和编撰形式。在此方面，"哲学形态学"乃至"哲学历史形态学"显然为马克思哲学发展史的研究和描述提供了一种特殊的模式、维度和视域。

---

① 此讲曾作为专文发表于《哲学研究》2014年第3期。
② 章学诚《文史通义·易教上》："六经皆史也。古人不著书，古人未尝离事而言理，六经皆先王之政典也。"
③ 黑格尔:《哲学史讲演录》第1卷，贺麟、王太庆译，商务印书馆1959年版，第13、34页。

目前，虽已开始有专门从"形态学"特别是从"哲学形态学"的角度来研究马克思主义哲学形态演变的成果问世①，但专门从"哲学形态学"乃至"哲学历史形态学"的角度来径直书写和直接命名"马克思主义哲学形态演变史"的书籍则仍阙如，因为这不仅涉及内容的重释，还涉及作为这种重释前提的方法论的完善。若单纯就后者而言，毕竟"哲学形态学"乃至"哲学历史形态学"本身尚待创立，甚至就连"形态学"作为一门学科也仍在完善的过程中。所以，首先需要探究和明晰"哲学形态学"的方法论及其要素。

"形态学"（Morphologie）源于希腊语，原为用于生物学、地质学和语言学领域的概念。曾为歌德较早使用，用来指植物或动物有机体的形态构成或形成的学说。后被引申到历史学、社会学乃至哲学等领域。涂尔干（E. Durkheim）将"形态学"有意识地引入社会学中，用来指在特定的空间中个体的数量关系、划分以及根据一定标记的区别。在哲学方面，黑格尔虽然没有直接使用"形态学"的概念，但其所理解和描述的哲学史已俨然是绝对精神或理念的自我认识和展示的形态史。他将理念描述为一个有机进展的整体，同时将理念在这有机进展过程中的各种具体发展方式描述为构成整体过程不同阶段的彼此相连的有机环节，并且注意充分展现贯穿在整体过程中的"逻辑的必然性"。斯宾格勒（O. Spengler）将"形态学"的概念较为彻底地引进了历史哲学和文化哲学。他在其《西方的没落》一书中，明确地提出了"世界历史形态学"这一概念。此外，他还提及了"宗教历史形态学"等术语。所谓"世界历史形态学"，据斯宾格勒的说法，旨在把人类生存世界放在生活的图景中，看成正在生成的事物，检视其形态、演变及其最终意义，是一种诉诸"艺术家的慧眼"和感悟的"观相的形态学"或"观相的科学"。它注重对象

---

① 目前已问世的相关的书籍，仅有吴元梁教授主编的《马克思主义哲学形态演变研究》。

的形态、样式、演变和有机逻辑,希冀透视其内在的灵魂。它的基本研究方法即构成形态学研究的基础的东西是从歌德那里借用来的这一方法:不是仅解析对象,而是要"生活于"对象之中①。值得特别提及的是,马克思本人也曾有意识地使用了"形态学"的方法,将其引入他的哲学和经济学中,把各种社会形式的更迭和演进描述为"原生形态"和"次生形态"等类似地质层岩累积的过程,并为此专门制定了"经济的社会形态"(die oekonomische Gesellschaftsformation)概念。他在 1867 年的《资本论》第一卷第一版"序言"中,依据形态学的方法明确地提出"我的观点是把经济的社会形态的发展理解为一种自然史的过程"②。

何谓"哲学形态"?何谓"哲学形态学"?对此学者们已经有了一些讨论,尽管意见不一,认识尚有待深入。笔者将"哲学形态"理解为哲学体系及其理论结构、话语系统、社会功能、个性特征和演变过程的总和,并据此将"哲学形态学"界定为关于研究哲学体系及其理论结构、话语系统、社会功能、个性特征以及演变过程及其内在规律的科学。在笔者看来,哲学体系是哲学形态的承担者和主体。哲学体系的理论结构、话语系统、社会功能、个性特征和演变过程等都是哲学形态的基本要素。哲学形态的本质主要由哲学体系建构的特定视角或方法、主导原则以及所担负的社会功能等决定,并通过哲学体系的命名获得标记和表征。所以,每种哲学形态的特殊性首先通过其哲学体系及其特定称谓集中表现出来。

对"哲学形态"和"哲学形态学"的界定一方面应基于"形态学"在自然科学和人文科学领域中的既有应用成果,另一方面也应遵循和观照语源学的一般规律。鉴于"形态学"为歌德所率先使用,故应充分注意"形态"一词在德文语境中的含义。在德文中,"形态"有两个德文词,其

---

① 奥斯瓦尔德·斯宾格勒:《西方的没落》上册,齐世荣等译,商务印书馆 1993 年版,第 17 页;奥斯瓦尔德·斯宾格勒:《西方的没落》,陈晓琳译,黑龙江教育出版社 1988 年版,第 93、94 页。

② 《马克思恩格斯选集》第 2 卷,人民出版社 1995 年版,第 101—102 页。

一是 Formation，意为形成、构成、组成，被用来指植物的群系，地质的层岩和层系构造，以及军队的编队、队形、阵形。其二是 Form，意为形式，形状、式样，样子，形象，外貌，被用来指铸造的模型，服装的款式，文章的格式和体裁，印刷的印版，人的举止、风度和礼仪，哲学的形式、形态。据此而论，"形态"一词在德文语境中的含义与该词在我国古汉语中的意蕴大致类似。在我国古汉语中，"形态"首先作为审美概念出现，被用来指"形状和神态"。唐代张彦远在其《历代名画记》中评论冯绍正的花鸟作品时云：冯氏"尤擅鹰鹘鸡雉，尽其形态，觜眼脚爪毛彩俱妙"。可见，作为一个美学概念，"形态"一词在我国古汉语中的基本意指也是"形神兼备"，即既要求描述出对象的整体样式、构造，又要求展现出对象的风貌、神韵。所以，将"哲学形态"理解为哲学体系及其理论结构、话语系统、社会功能、个性特征和演变过程等的总和，理解为作为其集中体现的哲学体系及其概念表述，应该说既符合"形态"概念的一般规定，又符合"哲学形态"概念的特殊要求，体现了哲学形态的实质与样态、内容与形式、理论与历史、演变与逻辑的统一。

运用"哲学形态学"的视角来研究和描述马克思主义哲学发展史的必要性和主要独特优势在于，有利于将马克思主义哲学的实质与样态、内容与形式、理论与历史、演变与逻辑内在地有机地结合起来，更好地阐释马克思主义哲学的经典文本和基本理论，揭示其本质和发展规律，彰显其当代意义和价值。所以，一般地说，马克思主义哲学形态演变史固然就是马克思主义哲学发展史；但是，特殊地说，马克思主义哲学形态演变史又不是一般意义上的马克思主义哲学发展史，而是一种特殊的马克思主义哲学发展史，它体现了马克思主义哲学发展史的内蕴和精华。

鉴此，《马克思主义哲学形态演变史》编撰的意旨和预定目标应是，从"哲学形态学"的角度，以马克思主义哲学体系的建构及其历史演变为主要对象，对马克思主义哲学发展的历史进行重新描述和阐释，客观地展示马克思主义哲学发展过程中所呈现的各种主要的体系形态及其内容、特征和意义，揭示马克思主义哲学形态历史演进的内在逻辑和趋向，为当代马克思主义哲学的构建提供必要的理论资源和方法论启示。按照这一要求，"马克思主义哲学形态演变史"实质上是一部有关马克思主义哲学基本理论及其体系建构的认识史，它从形态学这一特定角度体现对马克思主义哲学的一种独特的认识和理解。

从"哲学形态学"的视域出发，《马克思主义哲学形态演变史》的编撰除注意突出和体现"哲学形态"所内含的哲学体系和本质特征等诸要素以外，还应力求注意和体现下述相关的方法论原则。

其一，将每种哲学形态视为一个活的有机体，其中演变的每个阶段或时期中的具体形态都是全演变过程的整体形态的一个有机组成部分。充分注意这些具体形态之间的彼此区别和相互联系，反对和防止将它们相互割裂或相互对立。

其二，客观和准确地把握哲学形态创建者对该哲学形态的称谓和命名。概念是本质的反映和表述。一种哲学形态显然只有当找到切实符合它的理论内容和精神特质的名称时，它才能够得以被客观地、鲜明地表达出来。

其三，将哲学家们对哲学的理解特别是对马克思主义哲学的理解，即哲学观特别是马克思主义哲学观置于重要地位。因为哲学家们对自己的哲学体系的构建在很大程度上是由他们的哲学观决定的，是其哲学观的一种外化。

其四，注意客观地体现哲学形态同其创建者及其个性的关系。例如，力求彻底地研究和厘清马克思与恩格斯各自的理论贡献以及两者的思想关系，既客观地阐明二者之间的统一、一致，也客观地指出二者之间实际存在的差异；既扬弃既有研究中曾经存在的绝对"对立论"，也坚决摒弃既有研究中仍然大行其道的绝对同一论。因为正是差别构成了统一的前提，从而，认识差别就为认识统一所必需。事实上，不同的理论创制主体也必定会赋予其哲学形态作品以不同的特色。

其五，注意揭示哲学形态同其所反映的社会现实及其历史条件的关系。如果说，哲学形态作为一种意识"镜像"，如马克思、恩格斯在《德意志意识形态》中所说的，没有自身独立发展的历史，那么，对意识"镜像"与客观现实关系的揭示就具有根本性的意义。正是有了不同的而且是动态中的客观现实，才有了不同的动态的"镜像"的呈现。

其六，注重哲学形态与社会实践的关系，社会实践所赋予哲学形态的内容和理论特色，以及反转过来哲学形态在社会实践中所担负的实际功能或所发生的实际作用。

其七，将科学性与价值性的统一作为判断哲学形态完善性的一个重要标准，注意挖掘哲学形态中的价值观和方法论资源。

其八，注意揭示哲学形态演变的内在逻辑和规律性，例如通过社会实践由某种普遍性而走向特殊化的历史过程。特别是注意揭示马克思主义哲学创始人在对待传统形而上学问题上表现出来的不同立场和取向，以及由此产生和形成的不同历史传统，关注其对当代哲学发展所提出的课题以及对未来哲学发展所可能产生的影响。

在某种意义上，马克思主义哲学形态演变史总体上呈现出一种系谱树的结构。在原初马克思主义哲学形态即马克思和恩格斯哲学形态的主干上，分化和形成了俄苏马克思主义哲学形态、国外马克思主义哲学形态以及中国马克思主义哲学形态三个较大的分支和子系。为此，《马克思主义哲学形态演变史》既应展开对马克思主义哲学形态演变通史即包括原初马克思主义哲学形态（马克思和恩格斯哲学形态）、俄苏马克思主义哲学形态、国外马克思主义哲学形态以及中国马克思主义哲学形态等各种具体马克思主义哲学形态在内的总体性的研究，也应展开对马克思主义哲学形态演变的断代史、地域史或国别史即对原初马克思主义哲学形态（马克思和恩格斯哲学形态）、俄苏马克思主义哲学形态、国外马克思主义哲学形态以及中国马克思主义哲学形态等各种具体马克思主义哲学形态的分别和专门的研究。

二

从哲学形态学的视域出发，首先需要对原初的马克思主义哲学形态即马克思和恩格斯本人的哲学思想及其酝酿、形成和历史演变过程重新作出梳理、诠释和描述。在哲学形态学视域中，马克思和恩格斯的哲学思想及其酝酿、形成和历史演变过程实际上也呈现出不同于一般马克思主义哲学发展史所描述的景观。

19 世纪中叶，在人类历史由古代文明向现代文明、由农业文明向工业文明转折的重大时刻，在德国这个欧洲各种社会矛盾的交汇点，马克思和恩格斯创立了以马克思的名字命名的马克思主义哲学。

这一哲学适应社会现实的需要和哲学重心由自然向人本身迁移的趋势，一反德国古典哲学的理念论的传统，将研究的视域从思辨的理性王国转向经验的现实生活世界，特别是将被以往哲学家们视为人之自然本能的物质生产实践活动看作人的感性世界的现实基础以及全部社会生活的本质，并从这一维度去重新审视和阐释人类历史乃至人的感性世界，从而实现了哲学史上的一种革命性变革。

同任何哲学学说一样，这一哲学也经历了一个酝酿、创建和发展的过程。该哲学的创立者马克思和恩格斯开始时受到黑格尔哲学的强烈影响，在很大程度上是黑格尔主义者，尽管他们与此同时也表现出某种独立和超越黑格尔哲学的倾向。马克思当时恰当地将自己的哲学立场命名为"新唯理论"（neue Rationalismus）（《德谟克利特的自然哲学和伊壁鸠鲁的自然哲学的差别》，1841）。

在以后的发展中，马克思和恩格斯通过参加社会实践，亲身体验和认识到人们的物质利益和社会物质生活关系在社会和历史发展中的地位和作用，由此转向了对社会和历史的唯物主义理解。在马克思那里，这表现为由"新唯理论"经过"最新哲学"（neueste Philosophie）（《第179号"科伦日报"社论》，1842）、"彻底的自然主义或人道主义"（der durchgefuehrte Naturalismus oder Humanismus）（《1844年经济学哲学手稿》，1844.4–8）以及"现实人道主义"（der reale Humanismus）（《神圣家族》，1844.9–11）等过渡阶段而最后转变到"新唯物主义"（der neue Materialismus）（《关于费尔巴哈的提纲》，1844年末或1845年初）。马克思用"新唯物主义"标示自己转变后的哲学立场，不仅意味着他的哲学思想同包括黑格尔哲学在内的一切唯心主义哲学相对立，以及同自己以前所持的"新唯理论"立场相区别，而且也同包括费尔巴哈哲学在内的以往一切旧唯物主义（机械唯物主义、庸俗唯物主义、自然观方面的唯物主义等）划清了界限。

在制定和构建"新唯物主义"体系的过程中，马克思将其具体化为"唯物主义历史观"（die materialistische Geschichtsauffassung）[1]，并将以他和恩格斯为代表的共产主义者命名为"实践的唯物主义者"（die praketischen Materialisten）（《德意志意识形态》，1845—1846），借以突出和彰显"新唯物主义"的实践本质及其与共产主义构想的内在联系。他所称的"唯物主义历史观"实际上不仅包摄对人类历史的理解，而且

---

[1]　在《德意志意识形态》第一卷第一章中马克思和恩格斯使用的是简称，即他们的"历史观"，未能用完整的"唯物主义历史观"的表述。但是，在以恩格斯名义发表的书评《卡尔·马克思〈政治经济学批判。第一分册〉》（1859）中，恩格斯就明确和完整地提出了"唯物主义历史观"这一概念："这种德国的经济学本质上是建立在唯物主义历史观的基础上的。"（《马克思恩格斯选集》第2卷，人民出版社1995年版，第37—38页）该书评经过马克思的亲自审定和校订，因此不排除这一概念系马克思本人所提出。

也包摄对"人化自然"历史的理解，是以包括人自身在内的人的经验的、感性的世界的整体为对象的。关于唯物主义历史观的基本原理，马克思与恩格斯一起在《德意志意识形态》的第一章中作了较为系统和集中的阐述。

基于对"对市民社会的解剖应该到政治经济学中去寻求"的切身体认，马克思在与恩格斯一起完成唯物主义历史观的系统构建以后，就把主要精力转移到了对经济学的系统研究和《资本论》的写作。通过对资本主义经济关系的剖析和对资本的批判，马克思深刻地揭示和探究了市场经济条件下人的生存状况，具体地拓展了唯物主义历史观的视野，并将有关未来理想社会的构想奠定在更加坚实的实证基础之上。

与马克思把关注重心放在经济学方面有所不同，恩格斯在 19 世纪 70 年代以后将主要精力用于一种"辩证而又唯物主义的自然观"（dialektishe und zugleich materialistische Auffassung der Natur）（《反杜林论》第二版序言，1885）的建构，并为此回归、借鉴和重释传统唯物主义，使其与辩证法相结合。与此同时，他提出了"现代唯物主义"（der modern Materialismus）（《反杜林论》"引论"，1876—1878）这一概念，用以整合和概括他所构建的"辩证而又唯物主义的自然观"和主要由马克思创立的"唯物主义历史观"。在马克思逝世后，恩格斯还通过一些独立完成的著作和书信，对马克思的唯物主义历史观进行了多方面的阐释和发挥。1890 年以后，这种阐释和发挥主要是在"历史唯物主义"（der historische Materialismus）（《致施米特》，1890.8.5）这一概念的名义下进行的。

恩格斯 19 世纪 70 年代后所从事的在很大程度上独立的哲学研究及其成果，一方面在一定程度上继承和沿袭了马克思所开创和奠定的新的实践哲学传统，另一方面也在更大的程度上明显地显露出某种复归传统形而上学、试图综合"唯物主义历史观"与传统唯物主义的倾向。

三

对马克思主义哲学形态演变史的内在逻辑可以从不同的视角作出不同的描述。但无论如何，如何对待传统形而上学，显然是一个较为重大和基本的理论问题。它直接关系到近现代哲学所实现的一种根本性的"转型"，关系到在当代哲学语境下对马克思主义哲学特别是马克思本人哲学的本质的理解，也直接关系到当代马克思主义哲学形态的构建。

纵观马克思主义哲学形态演变史，在如何对待形而上学这一重大哲学问题上，存在着扬弃或复兴传统形而上学的两大传统或两条路线，它们分别是由马克思和恩格斯所开启和代表的。

马克思在创立其"新唯物主义"或唯物主义历史观的过程中，一反西方哲学中从柏拉图直到黑格尔的理念论的传统，运用经验的和实证的方法，从人们的物质生产实践活动出发，把物质生产实践活动视为人的"整个现存的感性世界的基础"①或人与自然界相统一的基础，并由此维度去重新审视和描述人们所面对的世界，摒除了对整体世界及其终极统一性的追寻，同时把被以往哲学家们看成独立自为并且凌驾于现实世界之上的理念世界归根于经验的现实世界，即与人处在对象性关系中的"感性世界"，从而从根本上扬弃了传统的形而上学。乃至海德格尔认为，"随着这一已经由卡尔·马克思完成了的对形而上学的颠倒，哲学达到了最极端的可能性。哲学进入其终结阶段了"②。

马克思在断然宣布整体自然界和人的产生之类的形而上学问题"没有任何意义"以及"问题本身就是抽象的产物"的同时，将其对传统形

---

① 《马克思恩格斯文集》第1卷，人民出版社2009年版，第529页。
② 《海德格尔哲学选集》下卷，孙周兴选编，上海三联书店1996年版，第1244页。尽管海德格尔在某种意义上仍把马克思哲学视为一种"劳动的新时代的形而上学"，但是它毕竟完全不同于以往的形而上学。

而上学的扬弃表述在这样一段经典的话中："因为对社会主义的人来说，整个所谓世界历史不外是人通过人的劳动而诞生的过程，是自然界对人来说的生成过程，所以关于他通过自身而诞生、关于他的形成过程，他有直观的、无可辩驳的证明。因为人和自然界的实在性，即人对人来说作为自然界的存在以及自然界对人来说作为人的存在，已经成为实际的、可以通过感觉直观的，所以关于某种异己的存在物、关于凌驾于自然界和人之上的存在物的问题，即包含着对自然界的和人的非实在性的承认的问题，实际上已经成为不可能的了。"①

与此相联系，马克思也提出了一种独特的自然观的构想。他从其实践观出发，以对象性为方法，认为"非对象物是非存在物"，被抽象地理解的、自为的、被确定为与人分隔开来的自然界，对人来说也是无。所以，"在人类历史中即在人类社会的形成过程中生成的自然界，是人的现实的自然界"。"只有在社会中，自然界才是人自己的合乎人性的存在的基础，才是人的现实的生活要素。"② 基于这一理解，马克思明确地指出："因此，自然科学（宜理解为马克思所理解的自然观——引者注）将……抛弃唯心主义方向，从而成为人的科学的基础，……说生活还有别的什么基础，科学还有别的什么基础——这根本就是谎言。"③ 与此同时，马克思也明确肯定了在人与自然界对象性关系之外的自然界存在的某种"优先地位"，以及肯定了黑格尔的作为"绝对精神"的超验世界也有某种存在的合理性，即它作为一种逻辑的描述为人类的现实历史找到了思辨的表达。不难看出，正是这种"肯定"，使马克思在与传统形而上学决裂的同时不仅与存在论意义上的虚无主义而且也与当时已经兴起的实证主义划清了界限。

---

① 《马克思恩格斯文集》第1卷，人民出版社2009年版，第196—197页。
② 《马克思恩格斯文集》第1卷，人民出版社2009年版，第210、220、193、187页。
③ 《马克思恩格斯文集》第1卷，人民出版社2009年版，第193页。

　　与马克思对待传统形而上学的态度不同，恩格斯通过其至少长达十余年的"自然辩证法"研究（1773—1886），尝试构建一种"辩证的同时又是唯物主义的自然观"，从唯物主义哲学的立场返回到形而上学。这种自然观与马克思视野中的"感性世界"或"人化自然"即"在人类社会形成过程中生成的自然界"不同，是以整体自然界为对象的。恩格斯在1885年（马克思逝世后第三年）写下的《反杜林论》第二版"序言"中明确地提出了"辩证的同时又是唯物主义的自然观"这一概念，用其与"唯物主义历史观"的概念相对置和并列，并如此肯定了他自己所做的把辩证法用于唯物主义自然观方面的工作："马克思和我，可以说是把自觉的辩证法从德国唯心主义哲学中拯救出来并用于唯物主义的自然观和历史观的唯一的人。"①

　　此外，恩格斯还提出了"现代唯物主义"这一概念，试图用其整合和包摄由他本人构建的"辩证的同时又是唯物主义的自然观"与主要由马克思所创立的唯物主义历史观。他强调，"现代唯物主义"是在利用旧唯物主义的"永久基础"上所实现的一种哲学思想的系统综合："现代唯物主义，否定的否定，不是单纯地恢复旧唯物主义，而是把两千年来哲学和自然科学发展的全部思想内容以及这两千年的历史本身的全部思想内容加到旧唯物主义的永久性基础上。这已经根本不再是哲学，而只是世界观"②。

　　正是恩格斯的以整体自然为对象的"辩证的同时又是唯物主义的自然观"的提出，及其所呈现出的综合唯物主义历史观与传统唯物主义的倾向，开启了恢复和复兴形而上学传统的进程。这种传统尔后经由狄慈根和普列汉诺夫的"辩证唯物主义"、列宁的"完备的哲学唯物主义"以

---

① 《马克思恩格斯选集》第3卷，人民出版社1995年版，第349页。
② 《马克思恩格斯选集》第3卷，人民出版社1995年版，第481页。

及"辩证唯物主义"和"历史唯物主义"概念的并置使用[1]，最后到斯大林的"辩证唯物主义和历史唯物主义"体系而获得最终定型，并且一直延伸到传统的马克思主义哲学教科书中。应该说，这与马克思本人通过物质实践活动扬弃传统形而上学的理路大异其趣。

纵观马克思、恩格斯逝世后马克思主义哲学的发展，大体沿着马克思与恩格斯所分别开启和代表的两条路线行进：俄苏马克思主义哲学和改革开放前的中国马克思主义哲学主要继承、沿袭和发展了恩格斯所开启和代表的传统；西方马克思主义特别是其人本主义思潮则主要继承、沿袭和发展了马克思所开启和代表的传统。而在改革开放后的中国，特别是伴随着关于"实践唯物主义"的讨论，也呈现了返回到马克思本人所开启和代表的传统的趋向，并愈益具有影响。从实质上看，马克思与恩格斯思想的差异及其所开启和后来得以展开的上述两大传统，实际上是在如何对待形而上学这一重大问题上在马克思主义哲学内部两种不同的反映。

在当代，在海德格尔提出其"基础本体论"并将马克思对传统形而上学的扬弃归结为"虚无主义的极致"以后，如何看待形而上学的问题被重新提出，并且尖锐化了。与此相关联，马克思与恩格斯学术思想之间的差异，乃至马克思主义哲学内部两大传统之间的差异也被突出地彰显出来。

这给人们重新提出了一项重大的理论课题，即对于马克思主义哲学

---

[1]　列宁曾分别用不同的概念来概括马克思主义哲学，如"辩证唯物主义""完备的哲学唯物主义""战斗的唯物主义"，等等。值得注意的是，尽管列宁在《马克思主义的三个来源和三个组成部分》以及《卡尔·马克思》中用"完备的哲学唯物主义"或"现代唯物主义"来概括和称谓整个马克思主义哲学体系，并将其划分为"哲学唯物主义"、"辩证法"和"唯物主义历史观"三个组成部分，但是他在《唯物主义与经验批判主义》以及《纪念赫尔岑》两文中，已经将"辩证唯物主义"和"历史唯物主义"两个概念对置和并列使用。例如，他在评价赫尔岑时认为："赫尔岑已经走到辩证唯物主义跟前，可是在历史唯物主义前面停住了。"见《列宁选集》第2卷，人民出版社1995年版，第284页。

来说，一种科学的形而上学是不是合理和可能的？或者能否构建一种科学的马克思主义哲学的形而上学？这完全类似康德当年所提出和致力于解决、尔后又被海德格尔以某种方式重新提出和致力于解决的课题，但是却被赋予了更广阔的历史和文化背景以及更深刻的哲学蕴意。当代马克思主义哲学形态的构建在很大程度上可以归结为对这一课题的解答，或者说，至少要以对这一课题的解答为重要前提。

第二讲　从"新唯理论"到"新唯物主义"

马克思在《关于费尔巴哈的提纲》中曾明确地把自己的哲学标示为"新唯物主义"。通过这一称谓，马克思将他的哲学同以往的一切旧唯物主义乃至一切旧哲学彻底区别开来，同时，也清晰地表明了这一哲学在人类思想史、哲学史中所具有的独特地位，昭示和宣布了一种新的、现代意义上的哲学的诞生。

一、"新唯物主义"产生的历史背景

（一）欧洲和德国的历史条件

1843—1848 年，资本主义生产方式在西欧先进国家已经确立，它标志着整个人类历史由农业社会向工业社会、由传统社会向现代社会的转变。

在此时期，英国工业革命基本完成。法国工业革命取得迅速进展。德国在 19 世纪 30 年代后半期，工业发展也开始加速。1835 年德国境内第一条铁路通车。40 年代起，柏林成为重要的工业中心。1847 年，全普鲁士已有 1000 台蒸汽发动机。

在机器大工业发展的同时，资本主义社会内部所固有的矛盾开始显露，各种社会运动高涨。在 19 世纪三四十年代，无论在英国、法国还是德国，无产阶级都已相继作为带有自己政治要求的独立的阶级而登上历史舞台。1831 年和 1834 年，在法国里昂接连爆发两次纺织工人起义，在第二次起义中，工人明确地提出了废除君主制和建立共和国的政治要求。1838 年至 1842 年，第一次全国性的工人运动及英国的宪章派运动达到了它的顶点。1844 年，继英国和法国的工人运动之后，在德国发生了西里西亚纺织工人起义。这是德国工人阶级最早的独立运动。

就德国而言，此时德国正处在资产阶级革命的前夜，资产阶级革命的重心正由法国转移到德国。

与英国和法国相比，德国的资本主义起步较晚。在英国从 17 世纪起，在法国从 18 世纪起，富有的、强大的资产阶级就在形成，而在落后的德国，迟至 19 世纪初才有所谓资产阶级。在英国和法国，19 世纪 30 年代资产阶级已经先后取得统治权。可是，在德国，普鲁士庄园贵族直到 1848 年后才逐渐丧失在农村中的领主地位和国家中的政治地位。马克思在 1843 年撰写的《〈黑格尔法哲学批判〉导言》中曾经将当时的德国同 1789 年的法国相比拟。

这种德国社会发展的相对落后状态与英法等国所代表的时代高度之间存在的巨大历史时差，被马克思描述为一种"时序错乱"（Anachronismus）。正是这种德国历史条件的特殊性，赋予德国的历史发展以自己的种种特色。

首先，德国资产阶级着手政治统治的准备是在欧洲文明更进步的条件下进行的，比较软弱，具有革命性与保守性的双重特点。特别是当资产阶级开始准备充任政治统治的角色时，已经面临成长起来的无产阶级的现实威胁。

其次，拥有发展起来的无产阶级。德国无产阶级已经作为政治上独立的阶级出现，并且有英、法工人运动的历史经验作为自己的借鉴。

最后，意识形态与经济社会发展之间极端不平衡。由于有英国和法国的资产阶级革命的既有实践成果为基础，思想观念和意识形态获得优先和抽象的发展。与此相联系，资产阶级社会问题首先作为意识形态问题出现。在英国，由于经济的高涨和发达，资产阶级社会问题是作为经济问题出现的。在法国，由于政治斗争的需要，资产阶级社会问题首先被当作政治问题来看待。而在德国，由于封建势力及其意识形态的强大，意识形态问题则被提升到了首位。这样，就产生了对理论、对哲学的特殊需求，使理论斗争和哲学批判本身成为社会实践的一部分。

在 18 世纪末至 19 世纪中叶以前整个历史时期，德国古典哲学为德国资产阶级取得政治上的统治作了思想上的准备。德国古典哲学的主要理论成就是关于辩证的发展学说。这一学说由黑格尔作了最彻底、最全面的研究和论证。黑格尔逝世后，由大卫·施特劳斯（David Friedrich Strauss，1808—1874）、布鲁诺·鲍威尔（Bruno Bauer，1809—1882）、路德维希·费尔巴哈（Ludwig Feuerbach，1804—1872）、麦克斯·施蒂纳（Max Stirner，1806—1856）等为代表的青年黑格尔派（又称黑格尔左派）继承了黑格尔哲学的革命方面，并从不同方面对其进行了发挥。特别是费尔巴哈由对宗教的批判而走向唯物主义。这些哲学理论成为马克思的"新唯物主义"的直接思想理论来源。

（二）马克思和恩格斯本人的思想发展过程

作为马克思主义哲学的创始人，马克思和恩格斯的世界观的发展经历了一个从唯心主义向唯物主义以及从革命民主主义向共产主义的转变过程。尽管他们个人的生活环境并不相同，但是，他们却通过各自独立的理论研究工作和沿着不同的途径完成了大致相同的思想发展历程。

"新唯理论"阶段（1842 年以前）。1837—1841 年，马克思在柏林大学就读期间，接触并熟悉了黑格尔本人及其弟子的大部分著作，受到了黑格尔哲学的影响，成为一个黑格尔哲学的信奉者。也正是在此期间，他结识了以布鲁诺·鲍威尔为首的柏林的"博士俱乐部"（它是由几个大学讲师、中学教师和文学家组成的）的成员，同青年黑格尔派建立了联系。这一时期，马克思站在激进的资产阶级民主主义立场去参与德国资产阶级社会问题的解决。这表现在他于 1839 年至 1841 年所撰写的博士论文《德谟克利特的自然哲学和伊壁鸠鲁的自然哲学的差别》中。在博士论文中，马克思用"新唯理论"（neue Rationalismus）来标示自己当时的哲学立场。

1837 年，恩格斯辍学经商，尔后首先受到"青年德意志派"和白尔尼的影响。在 1839 年 10 月，恩格斯通过阅读青年黑格尔派分子施特劳斯的《耶稣传》抛弃了正统派的《圣经》信仰而转向无神论，并借此开始转向黑格尔主义和青年黑格尔派。同年底，他开始研究黑格尔哲学，并为黑格尔的历史哲学和辩证的发展观所深深吸引。1841 年 9 月，恩格斯服兵役来到柏林，这使他有机会接近青年黑格尔派并参加这个派别的一些活动。

1841 年 12 月至翌年 5 月，恩格斯投身于对谢林"启示哲学"的批判，因为该哲学是对黑格尔哲学所内含的革命精神和对青年黑格尔派哲学的一种反动。就哲学性质而言，恩格斯当时对谢林哲学的批判还是从黑格尔哲学唯心主义出发的，站在青年黑格尔派的"自我意识哲学"的旗帜之下。但是，即使在这时，他已经在某种程度上觉察到黑格尔哲学的局限性和不彻底性，特别是注意到了该学说中所含有的革命的原则与保守的结论之间的矛盾。这一情况表明，恩格斯这一时期所持的哲学立场与马克思在其《博士论文》中所持的"新唯理论"的立场是类似的。

从"新唯理论"向"新唯物主义"转变阶段（1842—1844 年初）。1842 年，马克思通过为《莱茵报》撰稿和任该报主编，开始走向社会政治舞台，直接参与社会实践和社会的政治生活。他非常关注社会问题与经济问题，并通过对社会现实状况特别是对林木盗窃法和摩塞尔农民生活处境的研究，日益觉察到经济因素的作用和社会关系的客观性。这构成了马克思转向唯物主义和共产主义的开端。1843 年夏，通过对黑格尔法哲学的批判性研究，马克思在确立有关社会现象的唯物主义的基本立场和观点方面迈出了关键的一步。马克思后来回顾说，他当时通过对黑格尔法哲学的批判，已经"得出这样一个结果：法的关系正像国家的形式一样，既不能从它们本身来理解，也不能从所谓人类精神的一般发展来理解，相反，它们根源于物质的生活关系，……而对市民社会的解剖应该到政治经济学中去寻求"①。在 1844 年初《德法年鉴》上刊载的《论犹太人问题》和《〈黑格尔法哲学批判〉导言》两篇文章中，马克思"已经是一个革命家。他主张'对现存的一切进行无情的批判'，尤其是'武器的批判'；他诉诸群众，诉诸无产阶级"②。这两篇文章标志着马克思已完成了由唯心主义到唯物主义、由革命民主主义到共产主义的转变。在该年底或翌年初马克思所写下的《关于费尔巴哈的提纲》中，他将自己转变后的哲学立场称为"新唯物主义"。

1842 年底恩格斯以《莱茵报》通讯员的身份到了英国，开始了其思想发展的一个新时期，即向唯物主义和社会主义转变。在英国这一资本主义生产关系较为发达的国家，由于有机会亲自观察工人阶级的苦难生活和斗争情况，并积极投身工人运动，恩格斯强烈地感受到无产阶级与资产阶级之间的根本利益的对立，第一次认识到直到那时他还很少注意的经济事实、物质利益在历史中的重要作用。这特别明显地体现在他在 1842 年 12 月发表的《国内危机》一文中。在以后的研究中，恩格斯进一步超越了自己对于共产主义的哲学理解，开始从经济学和实际经验方面来论证和深化自己获得的有关社会主义的认识以及有关历史的某些唯物

---

① 《马克思恩格斯选集》第 2 卷，人民出版社 1995 年版，第 32 页。
② 《列宁选集》第 2 卷，人民出版社 1995 年版，第 415 页。

主义的观点。他所取得的一项重要成果，就是《国民经济学批判大纲》。这篇论文后来也发表在 1844 年初的《德法年鉴》上，成为恩格斯完成向唯物主义和共产主义转变的主要标志 ①。

酝酿、创立和系统构建"唯物主义历史观"阶段（1844—1846）。马克思在转向哲学唯物主义以后，为了从经济学中寻求对"市民社会"即经济关系的解剖，深化自己取得的有关历史的新见解，开始投身到紧张的政治经济学研究之中。马克思对政治经济学的首次系统的研究成果体现在《詹姆斯·穆勒〈政治经济学原理〉一书摘要》以及《1844 年经济学哲学手稿》（1844 年 4 月至 8 月间写下的三个片断的手稿）中。在《1844 年经济学哲学手稿》中，马克思通过对"异化劳动"范畴的考察，全面地揭示了劳动或物质生产在人们社会生活和历史发展中的作用，并借此奠定了自己的科学的实践观的基础，为新唯物主义世界观的系统制定作了重要的准备。

1844 年 9 月，马克思和恩格斯开始了他们的理论合作。作为第一次合作的结晶，他们共同撰写了《神圣家族》（*Die heilige Familie*，也译为《圣·家庭》）一书。在这本书中，马克思运用并进一步发挥了他在《1844 年经济学哲学手稿》中得出的基本结论，清算了鲍威尔的哲学唯心主义，同时也借此最终清算了黑格尔的唯心主义哲学。这样，到了 1844 年底，马克思和恩格斯不仅已经实现了向唯物主义和共产主义的转变，而且已经大致完成了唯物主义历史理论的发挥工作，并准备着手在各个极为不同的方面详细制定有关这一理论的新观点。

紧接着《神圣家族》的撰写，1844 年底（通行说法是 1845 年初），

---

① 与马克思的思想发展相比，恩格斯转向社会主义要比马克思为早，但是转向对历史的唯物主义理解要比马克思为晚。至迟在 1843 年 10—11 月撰写的《大陆上社会改革运动的进展》一文中，恩格斯还自认是"青年黑格尔派"。见《马克思恩格斯全集》第 1 卷，人民出版社 1956 年版，第589 页。

马克思写下了《关于费尔巴哈的提纲》(供自己研究用的一份笔记)。《关于费尔巴哈的提纲》概括和推进了《1844年经济学哲学手稿》和《神圣家族》中的主要成果,实际上成为马克思系统构建他的"新唯物主义"世界观的标志。在1845年11月至1846年夏,为了阐明自己的新世界观及其与德国古典哲学特别是青年黑格尔派哲学的对立,马克思和恩格斯再次合作,在布鲁塞尔一起共同撰写了《德意志意识形态》,并通过该书大体上完成了"唯物主义历史观"基本原理的系统制定工作。

可以说,《德意志意识形态》是马克思、恩格斯在其思想创立时期撰写的一部最重要的哲学著作。它集马克思、恩格斯早期思想之大成,是马克思主义哲学理论体系完成和创立的标志性成果(由于各种原因这部著作在马克思、恩格斯生前未能出版)。

"唯物主义历史观"问世阶段(1847—1848)。在系统清算青年黑格尔派哲学,大体完成自己的哲学理论体系建构之后,马克思、恩格斯就将自己的工作重心逐渐转移到理论与实践的结合上。1847年初,马克思撰写了反对蒲鲁东的著作《哲学的贫困》,其中,对他的新"见解中具有决定意义的论点""第一次作了科学的、虽然只是论战性的概述"(马克思)。这本书与后来不久出版的《共产党宣言》一起,成为马克思主义及其哲学问世的标志。1847年12月至1848年1月,马克思和恩格斯撰写了《共产党宣言》。1848年2月,《共产党宣言》首先在伦敦问世。

二、"新唯理论"

马克思的哲学思想的历史发展是以"新唯理主义"为起点的。马克思的博士论文《德谟克利特的自然哲学和伊壁鸠鲁的自然哲学的差别》在某种意义上可以视为马克思的学术生涯的开端。在有关博士论文的准备笔记中，马克思明确地使用了"新唯理论"（neue Rationalismus）这一概念来标示自己当时的哲学立场。他提出："古代世界起源于自然，起源于实体的东西。……新世界起源于精神，……新的唯理论的自然观还应上升到承认神性的东西即理念体现于自然中。"①在这段论述中，马克思将到当时为止的西方哲学的发展轨迹描述为由古代的"自然"（或"实体"）到近代初期的"精神"再到现时的精神与自然相统一的过程。不仅确定了新唯理论的地位，还明确地提出了新唯理论的任务。

马克思的博士论文完成于 1839 年至 1841 年，它标示了马克思哲学思想发展的最初阶段。马克思在大学就学期间，开始选择的是法学专业。但他很快就觉察到哲学方法论对于科学研究首先是法学研究的绝对必要性，哲学兴趣愈发浓厚。于是他就由法学转向哲学。至 1837 年，他已熟悉了黑格尔本人及其弟子的大部分著作。特别是通过法学的研究以及《克莱安泰斯，或论哲学的起点和必然的发展》一文的写作，克服了他认为过于脱离现实的康德和费希特的理想主义而转向黑格尔哲学。而在此之前，可能是在 1836 年，他已坚决地摒弃了宗教世界观。1836 年 10 月到柏林大学就学以后，马克思很快熟悉了以鲍威尔为首的柏林的"博士俱乐部"的成员，同青年黑格尔派建立了联系。在鲍威尔等人的影响下，马克思开始站在激进的民主主义立场去参与德国资产阶级社会问题的解决，这使他首先站到了鲍威尔的唯心主义的"自我意识哲学"的旗帜之下。1839 年至 1841 年，通过博士论文《德谟克利特的自然哲学和伊壁鸠鲁的自然哲学的差别》的写作，马克思从哲学史方面参与了"自我意识哲学"的制定和宣传工作。

恩格斯认为，尽管这时马克思以黑格尔的唯心主义哲学作为自己激进的民主主义倾向的哲学基础，但是在运用辩证法方面他已脱离黑格尔

———————————

① 《马克思恩格斯全集》第 40 卷，人民出版社 1982 年版，第 52 页。

而完全独立。

实际上，马克思通过使用"新唯理主义"这一概念，已经明确无误地表达了一种超越黑格尔主义的倾向和意图。这种"新唯理主义"的立场及其特征通过下述几个方面表现出来。

以"自我意识"为核心原则和主题。就其思想渊源来说，"自我意识"是黑格尔哲学体系中的一个重要因素。作为黑格尔哲学起源和秘密的《精神现象学》，就是对"自我意识"异化现象的研究。按照黑格尔的看法，古希腊的斯多葛派、伊壁鸠鲁派和怀疑论这几派哲学是体现"自我意识"概念的哲学史阶段，在它们之中蕴含着有关主体的自由和独立性的要求。但是，黑格尔尽管大体指明了这些哲学的一般特点，可并未能就这些学派展开具体的研究，也未能充分揭示这些学派对于希腊哲学史和整个希腊精神的意义。马克思深刻地洞察到斯多葛派、伊壁鸠鲁派和怀疑派诸学派所内含的自我意识原则及其现实意义，试图把能够用来体现和表达资产阶级"平等"要求的"自我意识"进一步提升为根据和原则，以此作为反对当时社会现存和德国普鲁士专制制度的思想武器。在博士论文的序言中，马克思明确地把"自我意识"规定为文章的核心原则和主题，并阐明了自己的哲学立场以及人的"自我意识"所应具有的至高地位："老实说，我痛恨所有的神。这是哲学的自白，它借以反对一切天上和地下的神的自己的格言。人的自我意识不承认这些神具有最高的神性。不应该有神同人的自我意识相并列。"① 对于斯多葛派、伊壁鸠鲁派和怀疑派诸学派所内含的自我意识原则及其现实意义，马克思认为，"在伊壁鸠鲁派、斯多葛派和怀疑派那里自我意识的一切环节都得到充分表达"，"这些体系合在一起形成自我意识的完备的结构"②。正因如此，它们是那样"充满了特殊性格的、强有力的、永恒的本质，以致现代世界

①《马克思恩格斯全集》第40卷，人民出版社1982年版，第189—190页。译文有修订。
②《马克思恩格斯全集》第40卷，人民出版社1982年版，第195页。

也应该承认它们的充分的精神上的公民权"①。

马克思的博士论文的主题与青年黑格尔派主要代表鲍威尔同期出版的《复类福音作者批判》（1841）和《对黑格尔、无神论者和反基督教者末日的宣告》（1841）这两本书的主题一致。鲍威尔较早关注到"自我意识"概念，并同马克思一样对斯多葛派、伊壁鸠鲁派和怀疑派哲学给予了特殊的关注，将其视为制定和构建他自己的自我意识哲学的重要思想资源。但与马克思专门从哲学史方面展开研究不同，鲍威尔主要对斯多葛派、伊壁鸠鲁派和怀疑派同基督教的关系进行了研究。正如他在《复类福音作者批判》一书中所言，"批判的宗旨从一开始就是在福音书范围内揭示自我意识的遗迹"②。有理由认为，马克思在撰写博士论文期间与鲍威尔存在某种思想合作关系，马克思的博士论文主题的拟定受到了鲍威尔的影响，同时，马克思博士论文的写作也影响和促进了鲍威尔的研究。在客观上，他们分工协作，从不同的路径参与和完成了自我意识哲学的制定③。

强调个体的自由、独立性和自由意志。传统的看法认为，伊壁鸠鲁的物理学系抄袭德谟克利特的物理学。马克思则通过周密的考释，揭示出两者的重大差异：一个是怀疑论者，一个则是独断论者。一个把感性世界看作主观假象，同时诉诸必然性；一个则把感性世界看作客观现象，同时诉诸偶然性。不仅如此，马克思以此为基础，进一步考察和揭示两者原子论的不同。他立足主体性和自由意志原则，肯定伊壁鸠鲁的原子偏离直线运动理论，对伊壁鸠鲁的原子论进行了重释、改造和发挥。原子论作为哲学理论，在古希腊哲学中为留基伯、德谟克利特所论证。按

---

①《马克思恩格斯全集》第 40 卷，人民出版社 1982 年版，第 194 页。

② Bruno Bauer, *Kritik der evangelischen Geschichte der Synoptiker,* Leipzig, 1841, Band 1, S. 183.

③ 参见拙著《青年黑格尔派与马克思早期思想的发展》，中国社会科学出版社 1994 年版，第 30—34 页。

照德谟克利特的学说,物质是由原子即不可分割、只有大小和形状区别的粒子组成的。甚至灵魂也是如此,只不过组成灵魂的原子特别光滑和精细,是圆形的。德谟克利特的原子论的积极意义在于,用唯物主义的观点把世界解释成是由自身产生的。但是,这一理论只看到原子的直线运动和片面强调必然性,具有明显的机械决定论色彩。马克思充分肯定伊壁鸠鲁所承认的原子偏斜运动,认为它"表述了原子的真实的灵魂、抽象个体性的概念"①,改变了原子王国的整个内部结构,体现了"自由意志",同时也昭示出伊壁鸠鲁哲学的本质②。总之,这是对德谟克利特机械决定论的一种超越。在马克思看来,伊壁鸠鲁原子论当然也有其局限性,这种局限性主要在于,原子只是脱离和回避了定在,但并没有克服和战胜定在。直线是点的定在,这个定在作为原子偏离的前提是存在的。因此,偏离直线意味着回避定在与自我隔绝。伊壁鸠鲁诉诸自为存在而与定在相对立,在逻辑上并没有克服定在,是对决定论、对世界的回避。在此意义上,整个伊壁鸠鲁哲学像原子一样偏离了定在这一前提,实际上主张了一种脱离、回避现存的自由,而他的原子也就不啻脱离现实世界的神③。

在博士论文中,马克思不仅对伊壁鸠鲁的原子论进行了重释和发挥,而且还基于唯理主义的立场,对其进行了理念论的阐释和改造。这突出表现在他在肯定伊壁鸠鲁区分了作为"始原"的原子和作为原理的"元素"时,对现象世界的形成作了黑格尔式的理念论的解释,将其描述成原子概念的矛盾运动外化为单个原子的排斥和凝聚而诞生的这样一个"从本质世界到现象世界的过渡"的过程:"原子的概念中所包含的存在与本质、物质与形式之间的矛盾,表现在单个的原子本身内,……于是从具

---

① 《马克思恩格斯全集》第40卷,人民出版社1982年版,第214页。
② 《马克思恩格斯全集》第40卷,人民出版社1982年版,第217、121、119页。
③ 《马克思恩格斯全集》第40卷,人民出版社1982年版,第119—120页。

有了质的原子的排斥以及与排斥相联系的凝聚里，就产生出现象世界。"①

还值得注意的是，马克思在揭示和充分肯定伊壁鸠鲁的哲学原理是"自我意识的绝对性和自由"的同时，也含蓄、委婉地批评和扬弃了伊壁鸠鲁把抽象的、个别的自我意识提升为绝对原则这种绝对化的做法。他指出："如果抽象的、个别的自我意识被设定为绝对的原则，那么一切真正的和现实的科学，由于个别性在事物本性中不居统治地位，当然就被取消了。可是一切对于人的意识来说是超验的东西，因而也就是属于想象的理智的东西，也就全部破灭了。反之，如果把那只在抽象的普遍性的形式下表现其自身的自我意识提升为绝对原理，那么就会为迷信的和不自由的神秘主义大开方便之门。"②借此，马克思鲜明地表达出自己的立场，即主张和要求实现抽象的个别自我意识与抽象的普遍自我意识的统一。这也是马克思通过对伊壁鸠鲁哲学的考察得出的一个总体性的结论。

倡导哲学的实践化和现实化。 在博士论文的准备笔记中，马克思高度重视哲学向现实的转化，疾呼和大力倡导哲学的实践化和现实化。马克思认为，历史发展已经到了哲学不再为了认识而注视外部世界的时刻，哲学作为登上舞台的角色已与"世界的阴谋"发生纠葛，投入尘世的怀抱。应该"像普罗米修斯从天上盗来天火之后开始在地上盖屋安家那样，哲学把握了整个世界以后就起来反对现象世界"③。对于现存的现象世界，马克思明确地表明了一种不妥协的、"主体意识哲学"的主观态度：不可能承认与充实的、理想的精神不适应的、不是由这种精神形成的现实。它不会签订符合现实需要的和约，而是要在新的原素的基础上"建立新的雅典"④。为此，马克思在考察柏拉图哲学时，诉诸、阐释和发挥了

---

① 《马克思恩格斯全集》第 40 卷，人民出版社 1982 年版，第 228 页。
② 《马克思恩格斯全集》第 40 卷，人民出版社 1982 年版，第 242 页。
③ 《马克思恩格斯全集》第 40 卷，人民出版社 1982 年版，第 136 页。
④ 《马克思恩格斯全集》第 40 卷，人民出版社 1982 年版，第 137 页。

一种"否定的辩证法",其本质可以用"爱""死""生"来概括,体现了"爱""死""生"三者的统一:"死和爱是否定的辩证法的神话,因为辩证法是内在的纯朴之光,是爱的慧眼,是不因肉体的物质的分离而告破灭的内在灵魂,是精神的珍藏之所。于是关于辩证法的神话就是爱;但辩证法又是急流,它冲毁各种事物及其界限,冲垮各种独立的形态,将万物淹没在唯一的永恒之海中。于是关于辩证法的神话就是死。因此辩证法是死,但同时也是精神花园中欣欣向荣、百花盛开景象的体现者,是盛着一粒粒种子的酒杯中冒出的泡沫,而统一的精神火焰之花就是从这些种子中萌发出来的。"①

在博士论文附注部分中,马克思对于哲学与实践的关系给予极大的关注。他肯定本身自由的理论精神变成实践的力量,并且作为一种意志面向世俗的现实,这是"一条心理学的规律"②。但是,正如黑格尔强调哲学的理论本身是实践的,马克思更强调"哲学的实践本身是理论的"③。这意味着,哲学参与实践的方式只能是理论的方式,而这种理论的方式就表现在从本质上衡量和干预现实,即"从本质上衡量个别存在"以及"从观念上衡量特殊的现实"④。

三、从"新唯理论"向"新唯物主义"的转变

1842 年至 1844 年初是马克思、恩格斯完成从唯心主义向唯物主义、从革命民主主义向社会主义转变的时期。这一转变的完成,主要是通过

---

① 《马克思恩格斯全集》第 40 卷,人民出版社 1982 年版,第 144—145 页。
② 《马克思恩格斯全集》第 40 卷,人民出版社 1982 年版,第 258 页。
③ 《马克思恩格斯全集》第 40 卷,人民出版社 1982 年版,第 258 页。
④ 《马克思恩格斯全集》第 40 卷,人民出版社 1982 年版,第 258 页。

他们亲身参加社会实践来实现的。

（一）参与社会政治生活

1842 年初，在大学任教的愿望破灭以后，马克思通过为《莱茵报》撰稿以及任该报主编开始直接参与社会的政治生活。在此期间，马克思为《莱茵报》撰写了大量评论和文章①。通过参与政治评论等社会活动，他有机会第一次接触到社会问题与经济问题。以此为开端，他研究了无产者群众的境况和利益，研究了摩塞尔农民的贫困与破产，探讨了地产同其政治利益代表之间的联系，也开始接触和了解法国的空想社会主义和共产主义，从而开启了自己思想发展的新历程。在《第 179 号"科伦日报"社论》中，马克思将自己这一时期所持哲学立场命名为"最新哲学"。他说："最新哲学只是承继拉克利特和亚里士多德所开始的工作。""从前的国家法的哲学家是根据本能，例如功名心、善交际，或者甚至是根据理性，但并不是公共的而是个人的理性来看国家的。最新哲学持有更加理想和更加深刻的观点，它是根据整体的思想而构成自己对国家的看法。它认为国家是一个庞大的机构，在这个机构里，必须实现法律的、伦理的、政治的自由，同时，个别公民服从国家的法律也就是服从自己本身理性的即人类理性的自然规律。"②

这一时期马克思在思想上获得的最重要的成果，是通过对社会现实状况的研究以及对社会问题的逐渐深入的了解，愈益觉察到经济因素、物质利益的作用和社会关系的客观性。在 1842 年 10 月写下的《关于林木盗窃法的辩论》一文中，马克思首次研究了财产问题和无产者群众的

---

① 在 Hans Pelger 于 1984 年编辑的《卡尔·马克思。1842—1843 莱茵报文集》中，收录了其中的 31 篇。

② 参见 Hans Pelger Hrsg., *Karl Marx. Texteaus der Reinischen Zeitung von 1842/43*, Trier: Druckrei und Verlag Neu GmbH, 1984。

境况，并获得了这样的认识：作为地产所有者的代表的私人物质利益，直接决定着他们在立法方面的政治决断，而这种政治决断的结果，保证和扩大了所有者的权利和利益，限制和缩减了政治上和社会上备受压迫的贫苦群众即无产者的权利和利益①。在随后不久写下的《摩塞尔记者的辩护》（1843 年 1 月）一文中，马克思通过研究摩塞尔葡萄农的境况，表达了对社会关系客观本性的某种洞察。他把国家生活中的"各种关系"说成是决定私人和个别政权代表者的行动并"像呼吸一样地不以他们为转移"的客观关系②。这样，对社会实际特别是对林木盗窃法和摩塞尔农民处境的研究，最终促使和推动马克思将其视域由政治、法的观念转向物质利益、经济关系，并从而走向对人类历史的唯物主义的理解。

马克思在这一时期所持的最新哲学立场除了集中表现在对社会经济因素和人们物质利益的作用的洞察，还表现在对国家观乃至哲学观等问题的理解。

关于国家，马克思当时仍沿袭并发挥了黑格尔关于国家本质上是一种自由理性物的观点。他认为，国家应该建立在自由理性的基础之上，应被从自由理性的观点来看待。但这种理性，并不应是个人的理性，而应是"公共的"理性或体现在每个个别公民理性中的"人类理性"。所以，这是根据整体的思想而形成的一种对于国家的看法③。

关于哲学，马克思发挥黑格尔在《哲学史讲演录》"导言"中提出的哲学是对时代精神实质的思维的思想，提出"任何真正的哲学都是自己时代精神的精华"④，认为人民最精致、最珍贵和看不见的精髓都集中在

---

① 参见马克思《第六届莱茵省议会的辩论》（第三篇论文），《关于林木盗窃法的辩论》（1842 年 10 月），《马克思恩格斯全集》第 1 卷，人民出版社 1956 年版，第 149—150、155、173、179 页。

② 马克思：《摩塞尔记者的辩护》（1843 年 1 月 1 日—20 日），《马克思恩格斯全集》第 1 卷，人民出版社 1956 年版，第 216 页。

③ 《马克思恩格斯全集》第 1 卷，人民出版社 1956 年版，第 127、129 页。

④ 《马克思恩格斯全集》第 1 卷，人民出版社 1956 年版，第 121 页。

哲学思想里，哲学并不在世界之外，正如人脑不在人体之外。因而，必然会出现哲学和现实世界接触并相互作用的时代，而哲学也必然会成为世界的一般哲学或世界哲学。马克思也明确地表明了最新哲学对于现实世界的态度："无论对天堂的或人间的贪求享受和利己主义，都不会纵容姑息。"①

（二）批判黑格尔法哲学

在不久之后撰写的手稿《黑格尔法哲学批判》（1843 年夏）中，马克思在确立有关社会现象的唯物主义的基本立场和观点方面迈出了关键的一步。这篇文章是马克思在 1843 年 3 月退出《莱茵报》编辑部以后，以在《莱茵报》编辑部工作期间所获得的实际经验和新的认识的基础上写成的。马克思之所以把黑格尔法哲学作为批判对象，是因为它是近代资本主义国家的一般理论表现。

揭示物质生活关系对国家和法的决定作用。在这篇手稿中，马克思通过对黑格尔法哲学的剖析，揭示了"市民社会"即物质生活关系对国家和法的决定作用。黑格尔在他的法哲学中，把国家的理念当作社会发展的至高的和起推动作用的因素，当作一切运动赖以出发的独立的主体，而把家庭、市民社会作为这一理念活动的结果。马克思则把被黑格尔思辨的思维所头足倒置的关系颠倒过来，指出，"实际上，家庭和市民社会是国家的前提，它们才是真正的活动者"，"才是原动力"②。不仅如此，在该文中，马克思通过长子继承权的讨论还进一步提出"私有财产在政治国家中所具有的意义是它的本质的意义，真正的意义"，体现政治国家的"最高客观性"和"最高的存在权利"③，明确地将政治国家的本质归结为

---

① 《马克思恩格斯全集》第 1 卷，人民出版社 1956 年版，第 123 页。
② 《马克思恩格斯全集》第 1 卷，人民出版社 1956 年版，第 250—251 页。
③ 《马克思恩格斯全集》第 1 卷，人民出版社 1956 年版，第 378—379、379 页。

私有财产。这些结论，内含了唯物主义历史观的要点，构成了马克思“新唯物主义”哲学创立的发端。马克思后来回顾说，他当时通过对黑格尔法哲学的研究，已经“得出这样一个结果：法的关系正像国家的形式一样，既不能从它们本身来理解，也不能从所谓人类精神的一般发展来理解，相反，它们根源于物质的生活关系，……而对市民社会的解剖应该到政治经济学中去寻求”①。

批判黑格尔的泛逻辑的唯心主义理念论。在《黑格尔法哲学批判》中，具有标志性意义的是对黑格尔“逻辑的泛神论的神秘主义”即泛逻辑的唯心主义理念论的批判。在黑格尔那里，无论是家庭、市民社会对国家的现实关系还是国家、政治制度的产生都被描述为理念活动的结果。这种理念的活动被赋予一种“概念的推移”（Uebergang des Begriffs）的形式。理念或精神被说成是现实的主体，是“主语”，而国家、政治制度等则是理念的产物，是“谓语”。“他把身为理念的主体的东西当成理念的产物，当成理念的谓语。他不是从对象中发展自己的思想，而是按照做完了自己的事情并且是在抽象的逻辑领域中做完了自己的事情的思维的样式来制造自己的对象。”②对于黑格尔的这种主体与现实对象、主语与谓语的颠倒，马克思在继承和发挥费尔巴哈关于“存在是主词，思维是宾词，思维源于存在，然而存在并不源于思维”③的基本思想的基础上，进行了深入的剖析和批判。马克思看到黑格尔的法哲学就其实质来说只不过是对其逻辑学的补充，注意到黑格尔所关注的中心不是法哲学而是逻辑学，黑格尔的法哲学的根深扎在他的逻辑学之中，所以，有意识地将对黑格尔法哲学的批判提升到对黑格尔逻辑学的批判。应该说，这是对

---

① 《马克思恩格斯选集》第 2 卷，人民出版社 1995 年版，第 32 页。
② 《马克思恩格斯全集》第 1 卷，人民出版社 1956 年版，第 259 页。
③ 《费尔巴哈哲学著作选集》，荣震华、李金山等译，商务印书馆 1984 年版，第 115 页。译文有修订。

黑格尔哲学从而也是对马克思自己本人此前所曾持有的哲学立场的一种最初的然而也是比较彻底的清算。

批判黑格尔对国家制度的理解。在《黑格尔法哲学批判》中，马克思讨论的重点之一是黑格尔对国家制度的理解。他对体现君主权的君主制与体现人民主权的民主制的关系进行了深入辨析，充分地阐述了民主制的本质和特点以及人民主权的思想。黑格尔把国家理念作为主体（在黑格尔那里，这表现为国家通过神秘的概念的本性来规定自己的活动），而把现实的人即国家的现实的主体变成谓语、客体。在他看来，由于君主权是能够左右最后决断的自我规定，具有类似神的权威性，似乎并不是君主或国王主权以人民主权为基础，反而是后者从前者派生而来。不仅如此，黑格尔还回避了君主制与民主制的质的区别。他认为，判定国家制度好坏的标准是能否包容和体现主体性自由的原则。一切国家制度的形式，如其不能在自身中容忍自由主体性的原则，也不知道去适应成长着的理性，则都是片面的 ①。据此而论，君主制与民主制相比哪个形式更好这一问题在黑格尔那里是一个"无意义的问题"。其实，即便按照黑格尔给定的判断标准，仍然存在君主制与民主制相比哪种形式更能包容和体现主体性自由原则的问题。与黑格尔的观点截然不同，马克思明确主张，君主制是作为人民生活集中反映的政治生活的异化，而民主制则是君主制的真理。在马克思看来，民主制与君主制的主要区别在于，在民主制中每一个环节都是全体民众的现实的环节，而在君主制中则是部分决定整体的性质，整个国家制度都不得不去迎合君主及其权力；民主制是作为类概念的国家制度，君主制则只是国家制度的一种，并且是不好的一种；民主制是内容和形式两者的统一，而君主制则似乎有形式，内容是伪造的。马克思认为，民主制的本质表现在，"在这里，国家制度不

---

① 黑格尔：《法哲学批判原理》，范阳、张企泰译，商务印书馆 1961 年版，第 291 页。

仅就其本质说来是自在的，而且就其存在、就其现实性说来也日益趋向于自己的现实的基础、现实的人、现实的人民，并确定为人民自己的事情。国家制度在这里表现出它的本来面目，即人的自由产物"①。因此，可以说，在真正的民主制中，政治国家作为一种国家制度就不再是一个整体，从而消失了。关于民主制的基本特点，马克思则认为："在民主制中，不是人为法律而存在，而是法律为人而存在；在这里人的存在就是法律，而在国家制度的其他形式中，人却是法律规定的存在。"②与诉诸民主制相对应，马克思也充分揭示了君主制的本质。他认为，迄今政治制度一直是宗教的领域，是人民的宗教，政治生活是人民生活的经院哲学，而君主制则是这种异化的完整表现。鉴于此，马克思明确提出，"历史任务就是要使政治国家返回实在世界"③。这样，马克思就把迄今为止仅局限于宗教领域的费尔巴哈的异化理论从宗教领域引申到政治领域，把对宗教异化的批判推进到对政治异化的批判，第一次提出和触及了政治领域的异化问题。

揭示市民社会与政治国家的分离及其后果。在《黑格尔法哲学批判》中，马克思对资本主义条件下人的生存状况给予了强烈的关注。他在考察立法权和等级要素时肯定黑格尔把市民社会与政治国家的分离看作一种矛盾，但批评了黑格尔满足于从表象解决这一矛盾并把表象看作实质的做法，依据对法国、英国、美国、瑞典等国家历史的实证性研究，对市民社会与政治国家的分裂及其给人的生存状况带来的影响进行了深入分析。马克思认为，作为黑格尔等级要素研究出发点的市民社会与政治国家的分离是在现代国家即资本主义国家中存在的一个客观事实。这一分离的实质是市民等级与政治等级的分离。"只有市民等级和政治等级的

---

① 《马克思恩格斯全集》第1卷，人民出版社1956年版，第281页。
② 《马克思恩格斯全集》第1卷，人民出版社1956年版，第281页。
③ 《马克思恩格斯全集》第1卷，人民出版社1956年版，第283页。

分离才表现出现代的市民社会和政治社会的真正的相互关系。"①市民等级
与政治等级的分离表现为一个历史的过程。在中世纪，市民社会的一般
等级和政治意义上的等级是同一的，市民等级就是政治等级。市民等级
与政治等级的分离即从政治等级到（单纯的）市民等级的转变过程是在
君主专制政体中进行的。然而，只有法国资产阶级革命才完成了这一转
变的过程。在现代条件下，市民等级和市民社会同中世纪相比都有了质
的不同。"这里的特点只是，被剥夺了一切财产的人们和直接劳动即具体
劳动的等级，与其说是市民社会中的一个等级，还不如说是市民社会各
集团赖以安身和活动的基础。只有行政权成员的等级才是市民地位和政
治地位完全吻合的真正等级。现代的社会等级不像过去那样作为一种社
会纽带、作为一种共同体来把个人包括在内，这就显出了它同先前的市
民社会等级的区别。"②此外，在现代市民社会内部也分裂为等级和社会地
位。消费和消费能力是市民等级或市民社会的原则。市民社会的成员在
政治意义方面脱离了自己的等级，脱离了自己在私人生活中的实际地位，
从而获得真正的人的意义，也就是说，他作为国家成员、作为社会生物
的规定，才成为他的人的规定。总之，"现代的市民社会是彻底实现了的
个人主义原则，个人的生存是最终目的；活动、劳动、内容等等都不过
是手段而已"③。在马克思看来，在现代条件下市民社会与政治国家的分离
所直接导致的一个重要结果，就是"人在本质上二重化"，即人作为国家
的公民与作为市民社会成员的市民是彼此分离的："作为一个真正的市民，
他处在双重的组织中，即处在官僚组织……和社会组织即市民社会的组
织中。但是在后一种组织中，他是作为一个私人处在国家之外的；这种
组织和政治国家本身没有关系。第一种组织是国家组织，它的物质总是

① 《马克思恩格斯全集》第 1 卷，人民出版社 1956 年版，第 334 页。
② 《马克思恩格斯全集》第 1 卷，人民出版社 1956 年版，第 345 页。
③ 《马克思恩格斯全集》第 1 卷，人民出版社 1956 年版，第 345—346 页。

由市民构成的。第二种组织是市民组织，它的物质并不是国家。在第一种组织中，国家对市民说来是形式的对立面，在第二种组织中，市民本身对国家说来是物质的对立面。"①通过对这一结果的分析，马克思指明了"政治解放"即资产阶级革命的限度，为尔后提出"普遍的人的解放"即无产阶级人类解放的目标奠定了重要的理论基础。

对费尔巴哈哲学的实质性超越。从思想渊源来说，《黑格尔法哲学批判》在一定意义上是马克思继承并进一步推进费尔巴哈哲学的成果。在马克思1842年借助《莱茵报》开始从事政治和社会活动时，他还是站在哲学唯心主义的立场上。这突出表现在，他追随黑格尔把国家看作政治的和法的理念的实现，主张把国家建立在自由理性的基础之上。然而，就在这时，他已开始受到费尔巴哈学说的某种启示。在有关书报检查制度的辩论中，他把费尔巴哈的"类""类本质"作为批驳普鲁士反动政府书报检查令和论证出版自由的主要哲学基础。在费尔巴哈的《论对〈基督教的本质〉一文的评判》（1842年初）发表以后，马克思延缓并最终放弃了与鲍威尔的文字合作。1842年和1843年费尔巴哈分别发表了《关于哲学改造的临时纲要》和《未来哲学原理》，这两篇文章给马克思以极大的启示。他的《黑格尔法哲学批判》手稿，充分吸取了费尔巴哈所取得的唯物主义成果，是以费尔巴哈对黑格尔一般哲学的批判为基础的。同时，也正是《黑格尔法哲学批判》本身，清晰地表明了马克思这时对费尔巴哈的某种根本性、彻底性的超越，即一开始就致力于将唯物主义运用于社会历史，对历史也采取彻底的唯物主义的态度。

---

① 《马克思恩格斯全集》第1卷，人民出版社1956年版，第340—341页。

四、"新唯物主义"立场的初步确立

在《德法年鉴》（1844 年初）上发表的文章《〈黑格尔法哲学批判〉导言》和《论犹太人问题》中，马克思进一步运用和发挥了自己通过黑格尔法哲学研究所取得的关键性结论。在这里，马克思"最新哲学"的立场是作为"普遍的人的解放"即通过无产阶级所实现的全人类解放的"头脑"而出现的。尽管马克思在其文章中还没有明确使用"新唯物主义"的概念（这一概念是在尔后撰写的《关于费尔巴哈的提纲》中提出的），但是，《德法年鉴》上的文章表明此时马克思的新唯物主义立场已经初步确立。

（一）诉诸"普遍的人的解放"

马克思在《〈黑格尔法哲学批判〉导言》中从自己已经获得的新的唯物主义观点出发，揭示了宗教的本质和社会根源，论述了对黑格尔法哲学的批判同对德国现实社会的批判的关系，指出了"政治解放"与"普遍的人的解放"的原则区别，阐明了无产阶级的地位和历史使命。

指明历史的任务是把对宗教的批判变为对现实世界的批判。在 19 世纪上半叶，由于与英国和法国相比，德国在经济、政治和社会各方面都处于落后的状况，对资产阶级社会问题的讨论和解决首先作为意识形态问题出现，被赋予了意识形态的形式，是沿着近乎纯粹意识形态的路线进行的。这与英国和法国的情况形成了对照：在英国，资产阶级社会问题首先表现为经济问题。在法国，资产阶级社会问题则首先表现为政治问题。

在当时的德国，占统治地位的封建普鲁士专制国家的意识形态是宗教神学。这样，以青年黑格尔派为代表的德国资产阶级的思想家、哲学家们在反对封建专制的斗争中，自然首先就把批判的矛头指向了宗教神学，开展了对于宗教的批判。这种批判是从不同的方面展开的。费尔巴哈曾经叙述说，鲍威尔将福音书中的历史，即《圣经》神学作为批判的对象。施特劳斯将基督教的信仰论和耶稣的生活，即教条神学作为批判的对象。而费尔巴哈自己则是把一般基督教，即基督教的哲学作为批判的对象①。青年黑格尔派对宗教的批判虽然从未达到像狄德罗、霍尔巴赫和爱尔维修等法国唯物主义者那样坚决的无神论，表现出明显的阶级和社会的局限，但却也有其独特的长处，即在宗教史的研究方面，甚至在对宗教的本质及其社会作用的理解方面往往比法国思想家具有更深刻的洞见。他们的功绩是，把宗教问题还原为尘世问题，把上帝还原为人，从而开辟了对现实社会以及现实社会中的人及其本质与历史发展的研究道路。特别是费尔巴哈通过对基督教的批判，把上帝归结为人，把神学归结为"人类学"，得出了"人是人的最高本质"的结论，为马克思的"新唯物主义"和科学社会主义的产生奠定了重要的理论基础。

但是，包括费尔巴哈在内的整个青年黑格尔派都局限在对宗教的批判，没有真正了解宗教与现实世界的关系问题，从而也没能够揭示出宗教的世俗根源。他们都没有注意到，在把宗教归结到它的世俗基础即现实世界以后，认识和改变世俗基础这一更重要的事情还没有做。

鉴于青年黑格尔派的局限性，马克思在文中一开始就宣布，就德国来说，对宗教本身的批判已经结束。马克思指出：如果说，费尔巴哈宗教批判的基本前提是合理的，即宗教反映了人的自我的丧失，是人对自己丧失的一种自我意识；那么，人不是抽象的人，而是社会的人，因而必须在人生存在其间的现实世界中去寻找宗教的根源。

立足于现实世界，马克思从社会根源方面对宗教的本质作了一系列深刻的揭示和阐述。在马克思看来，实际上，宗教根源于现实世界，它

---

① 《费尔巴哈哲学著作选集》上卷，荣震华、李金山等译，商务印书馆1984年版，第21页。

不过是颠倒的现实世界的一种反映，是现实世界产生了宗教这种"颠倒的世界意识"。而它的产生又恰好反过来证明，它所反映的现实世界不过是"颠倒的世界"①。马克思借鉴和发挥了费尔巴哈在《基督教的本质》一书中阐释的思想，鲜明地提出了"宗教是被压迫生灵的叹息"和"宗教是人民的鸦片"的命题。费尔巴哈在《基督教的本质》中认为，上帝乃是我们的哀叹声之回声，基督命令发狂的自然平息下来只是为了倾听苦难者的叹息②。马克思则进一步指出："宗教里的苦难既是现实的苦难的表现，又是对这种现实的苦难的抗议。宗教是被压迫生灵的叹息，是无情世界的情感，正像它是无精神活力的制度的精神一样。宗教是人民的鸦片。"③马克思还指出，宗教是幻想的太阳，当人还没有开始围绕自身旋转以前，它就始终围绕人而旋转。

在马克思看来，正是因为宗教根源于现实世界，所以，对宗教的批判才显示出其作用和意义。这就是，反宗教的斗争实际上间接的就是反对以宗教为精神慰藉的那个世界的斗争，对宗教的批判实际上就是对苦难的现实世界批判的胚胎。由于宗教根源于现实世界，而对宗教的批判在德国又已完成，所以，马克思在文章中直接提出哲学所面临的新的现实任务和时代课题，即由对宗教的批判转入对现实世界的批判："真理的彼岸世界消逝以后，历史的任务就是确立此岸世界的真理。人的自我异化的神圣形象被揭穿以后，揭露具有非神圣形象的自我异化，就成了为历史服务的哲学的迫切任务。于是，对天国的批判变成对尘世的批判，对宗教的批判变成对法的批判，对神学的批判变成对政治的批判。"④

阐明对德国现实的合理批判在理论上表现为对黑格尔法哲学的批判。

---

① 《马克思恩格斯文集》第 1 卷，人民出版社 2009 年版，第 3 页。
② 《费尔巴哈哲学著作选集》下卷，荣震华、李金山等译，商务印书馆 1984 年版，第 154、184 页。
③ 《马克思恩格斯文集》第 1 卷，人民出版社 2009 年版，第 4 页。
④ 《马克思恩格斯文集》第 1 卷，人民出版社 2009 年版，第 4 页。

确定了批判现实世界的任务以后，对现实世界的批判从何处着手呢？初看上去，似乎应是从德国的现状着手，对其进行批判甚至否定。但是，马克思指出，如果人们从德国的现状出发，简单地针对"原本"，那么，即使采取否定它的形式，也依然会犯时序上的错误。原因在于，德国现状是这样落后于时代的发展水平，以致它所发生的一切，实际上不过是重复其他一些国家的历史，早已是英、法等世界其他国家的"历史储藏室中布满灰尘的史实"。这样，即便否定了德国的现实，也不会使批判处于时代的水平和高度上，而只能使批判低于时代的水平和高度。就其实际情形而论，德国虽然与其他某些国家一起经历过封建复辟，但却还没有经历资产阶级革命。

德国的这种不发展状况，在当时的思想理论界也得到了不同的反映。在德国的现实面前，法的历史学派"以昨天的卑鄙行为来为今天的卑鄙行为进行辩护"（对此，马克思两年前已经在《莱茵报》上进行过详细的批判），而"具有条顿血统并具有自由思想的"自由派则仅到条顿的原始森林中去寻找自由的历史。

马克思认为，德国现状特别是德国的现行制度无疑应该受到彻底的批判和否定，因为这一制度实在是太卑鄙、太应该受到蔑视了。在这种制度下，各个社会领域间相互倾轧，无非是一种以政府的形式表现出的卑鄙事物。而且，社会没有止境地分化成形形色色的行会，这些行会相互对立、相互猜疑，以致被统治者理所当然地视为只有仰仗统治者的恩典才能存活的东西。因此，一定要向德国制度开火。而且，不是要驳倒这个敌人，而是要消灭这个敌人。

在马克思看来，反对和否定德国的现实，不仅具有民族的意义，而且具有世界的意义。因为对德国政治现实即普鲁士封建专制制度的斗争，就是对英、法等国家过去的封建传统的斗争，而这些国家虽然完成了资产阶级革命，可是过去的封建传统在这些国家依然具有一定的影响。马克思认为，封建制度的灭亡在英、法等国是悲剧式的，在德国则将是喜剧式的。应该为德国的现行制度争取到一个喜剧式灭亡的历史结局。

然而，话又说回来。马克思认为，尽管德国的现实应该受到彻底批判，但是真正的哲学批判毕竟不能停留于德国现实的水平，而应该具有世界性的时代高度。实际上，一旦德国的现实受到批判，也就是说，一旦理论批判提升到现实的人的高度，那么，这种批判必然超过德国现实的水平。

这样说来，对德国进行批判的关键到底何在呢？马克思认为，德国的现实特别是德国的经济和政治状况虽然落后于当时时代的发展，但是德国的思想观念特别是德国的哲学却没有落后。由于德国哲学通过思想的形式伴随了时代的发展，因此它处在时代的水平上，具有时代的水准。也就是说，德国人虽然没有在现实中经历英、法等国走过的历史，但他们却在思想观念中经历了英、法等国走过的历史；德国人虽然没有成为该世纪历史的同时代人，却是该世纪哲学的同时代人。正是这一事实决定了：对德国的批判的真正对象应是德国哲学，对德国的批判应从德国哲学着手。马克思认为，只有批判德国哲学，批判才能够真正触及时代问题的中心。这样，在马克思那里，对德国的批判针对的就不应是德国现实这一"原本"，而只应是既反映德国现实又反映英、法等国现实的德国哲学这一"副本"。在此方面，马克思对当时以费尔巴哈为代表的"实践派"和以鲍威尔为代表的"理论派"都给予了批评。在马克思看来，实践派提出了否定哲学的合理要求，但却不懂得不在现实中实现哲学就不能消灭哲学。与此相反，理论派却错误地认为，不消灭哲学本身就可以使哲学变成现实。

在充分揭示真实的批判对象的基础上，马克思明确地指出，黑格尔哲学是德国哲学的典型代表，它实际上是资产阶级国家的一般理论表现。因此，对德国的合理的批判，即从无产阶级立场所应作出的批判，归根结底就是对黑格尔政治哲学或法哲学的批判："德国的国家哲学和法哲学在黑格尔的著作中得到了最系统、最丰富和最终的表述；对这种哲学的批判既是对现代国家以及同它相联系的现实所作的批判性分析，又是对迄今为止的德国政治意识和法意识的整个形式的坚决否定"①。

提出"普遍的人的解放"这一目标。在马克思看来，哲学批判终将转化为现实。批判黑格尔法哲学的目的显然也不是仅停留在理论自身的范围之内，而是最终指向社会的实践课题。而当时德国的最大社会实践课题就是：德国有无可能实现一个具有时代高度的、以人的彻底解放为尺度的彻底革命？马克思所指谓的这个革命其实不是别的，就是超出资产阶级革命范畴的无产阶级革命。

马克思首先肯定，理论批判虽然不能代替物质变革，但是对于德国来说却具有特殊的实际意义。一般而论，真正彻底的理论必然会通过实践转化为物质力量："批判的武器当然不能代替武器的批判，物质力量只能用物质力量来摧毁；但是理论一经掌握群众，也会变成物质力量。理论只要说服人［ad hominem］，就能掌握群众；而理论只要彻底，就能说服人［ad hominem］。所谓彻底，就是抓住事物的根本。而人的根本就是人本身。"②特殊而论，在德国，资产阶级社会问题是以意识形态的形式出现的，这就使得思想革命、理论革命成为一种直接的社会实践。因此，德国革命必然首先"从哲学家的头脑开始"。

同时，马克思也清晰地看到并指出，尽管理论批判能够转化为物质力量，但实现彻底的德国革命还面临着重大困难。因为彻底的德国革命缺乏必要的物质基础和前提条件，特别是德国还没有完成资产阶级革命这一"政治解放"的任务，在实践上还没有达到英、法等国已经达到的"政治解放"这一"中间阶梯"。在马克思看来，彻底的革命只能是彻底

① 《马克思恩格斯文集》第1卷，人民出版社2009年版，第10页。
② 《马克思恩格斯文集》第1卷，人民出版社2009年版，第11页。

需要的革命，而这些彻底需要的产生，在当时的德国看来既没有任何前提，也没有必要的基础。

尽管如此，马克思认为，"对德国来说，彻底的革命、普遍的人的解放，不是乌托邦式的梦想，相反，局部的纯政治的革命，毫不触犯大厦支柱的革命，才是乌托邦式的梦想"①。也就是说，在德国，无产阶级的革命和全人类的解放是有可能的，而局部的资产阶级改良，不触犯封建专制基础的革命，则是行不通的。这是由于德国经济和社会发展的落后性，由于德国资产阶级的软弱，决定了与在法国"部分解放是普遍解放的基础"的状况相反，在德国"普遍解放是任何部分解放的必要条件"②。

马克思分析了由于德国经济和社会发展状况落后所带来的一系列矛盾，这些矛盾使德国集新旧制度的一切缺陷之大成。在精神方面，德国只是用抽象的思维活动伴随了英、法等国的发展，而并没有参加这种发展的实际斗争，这使它只分担了这一发展的痛苦，而没有分享这一发展的欢乐和满足。在制度方面，德国各邦政府不得不把资产阶级现代国家的文明的缺陷和封建主义旧制度的野蛮缺陷结合起来，以致正像在罗马的万神庙可以看到一切民族的神一样，在德意志民族的神圣罗马帝国可以看到一切国家的罪恶形式。这种状况又通过弗里德里希·威廉四世的个人作用而得到了加强。上述状况就导致了这样一个结果：在德国这个形成一种特殊世界的政治状况的国度，"如果不摧毁当代政治的普遍障碍，就不可能摧毁德国特有的障碍"③。

马克思严格区分了资产阶级的"政治革命"、政治解放与无产阶级的"彻底革命"、"人的解放"，并对资产阶级的"政治革命"进行了界定。马克思认为，所谓资产阶级政治革命即部分的纯政治革命，其基础"就

---

① 《马克思恩格斯文集》第 1 卷，人民出版社 2009 年版，第 14 页。
② 《马克思恩格斯文集》第 1 卷，人民出版社 2009 年版，第 16 页。
③ 《马克思恩格斯文集》第 1 卷，人民出版社 2009 年版，第 14 页。

是市民社会的一部分解放自己，取得普遍统治，就是一定的阶级从自己的特殊地位出发，从事社会的普遍解放"①。但是实际上，只有在整个社会都处于这个阶级的地位的情况下，也就是说，要使整个社会的各阶级都变成资产阶级，这个阶级才能够做到解放整个社会，而这显然是不可能的。这样，马克思就揭示了资产阶级革命的局限性和狭隘性。

马克思认为，只有为了社会的普遍权利，个别阶级才有权要求普遍统治。而且，要实现这种普遍统治，还必须形成两个彼此对立的阶级：一个阶级成为代表社会普遍权利的解放者阶级，另一个阶级成为一般障碍和罪恶化身的奴役者阶级。但是，在德国，还没有任何一个特殊阶级即代表自己特殊利益的阶级能够扮演进行普遍统治的角色。就德国资产阶级而言，由于其生不逢时，不够成熟和过于软弱，也错过了担任这一历史任务的机会：由于德国的特殊条件，"当诸侯同君王斗争，官僚同贵族斗争，资产者同所有这些人斗争的时候，无产者已经开始了反对资产者的斗争"②。

这样一来，德国的解放就只能是一种"普遍的人的解放"，即通过无产阶级革命而获得的解放。这一解放的物质武器是无产阶级，精神武器则是哲学。

在马克思看来，除了构建适应"人的解放"的新的哲学这一精神条件，德国解放的实际可能性关键就在于形成一个无产阶级。因为无产阶级是这样一个阶级：它是"一个若不从其他一切社会领域解放出来从而解放其他一切社会领域就不能解放自己的领域"，总之，是"这样一个领域，它表明人的完全丧失，并因而只有通过人的完全回复才能回复自己本身"③。

---

① 《马克思恩格斯文集》第1卷，人民出版社 2009 年版，第 14 页。
② 《马克思恩格斯文集》第1卷，人民出版社 2009 年版，第 16 页。
③ 《马克思恩格斯文集》第1卷，人民出版社 2009 年版，第 17 页。

　　马克思指出，德国无产阶级才刚刚形成。它并不是自发产生的贫民，而是从中间等级解体过程中而产生的群众。但自发产生的贫民和农奴将不断地充实无产阶级的队伍。当无产阶级日益强烈地要求废除私有财产的时候，它所要求的实际上只是把体现在它本身上的原则，即否定私有财产的原则，推广到一切人身上。无产阶级将通过否定私有财产来废除旧的社会秩序。正是这个阶级能使哲学最终实现自身："哲学把无产阶级当作自己的物质武器，同样，无产阶级也把哲学当作自己的精神武器；思想的闪电一旦彻底击中这块素朴的人民园地，德国人就会解放成为人。"①

　　这样，归结起来，"德国人的解放就是人的解放。这个解放的头脑是哲学，它的心脏是无产阶级。哲学不消灭无产阶级，就不能成为现实；无产阶级不把哲学变成现实，就不可能消灭自身"②。在当时，德国彻底革命的条件尚不具备。但马克思认为，"一切内在条件一旦成熟，德国的复活日就会由高卢雄鸡的高鸣来宣布"③。

　　在《〈黑格尔法哲学批判〉导言》中，马克思还没有使用"社会主义"概念来标示自己当时的政治立场。从1843年9月马克思致卢格的信中可以看出马克思当时对"社会主义"这一术语还有所保留。但是在《〈黑格尔法哲学批判〉导言》问世后不久，在1844年7月撰写的批驳青年黑格尔派分子卢格的《评"普鲁士人"的"普鲁士国王和社会改革"一文》中，马克思则已经完全接受和采纳了这一概念，将其作为自己的信念和政治学说的标志。在那里，马克思这样指明德国民族的前途："一个哲学的民族只有在社会主义里面才能找到适合于它的实践，因而也只

<hr>

① 《马克思恩格斯文集》第1卷，人民出版社2009年版，第17—18页。
② 《马克思恩格斯文集》第1卷，人民出版社2009年版，第18页。
③ 《马克思恩格斯文集》第1卷，人民出版社2009年版，第18页。

有在无产阶级身上才能找到解放自己的积极因素。"①

（二）论述犹太人解放问题

《论犹太人问题》写于 1843 年 10 月中旬至 12 月中旬。它是马克思完成《黑格尔法哲学批判》一书之后紧接着撰写的，并被与《〈黑格尔法哲学批判〉导言》一起发表在《德法年鉴》上。《论犹太人问题》与《〈黑格尔法哲学批判〉导言》一样，是马克思完成从唯心主义向唯物主义、从革命民主主义向共产主义转变的重要标志。它是为批判青年黑格尔派的主要代表布鲁诺·鲍威尔的《犹太人问题》和《现代犹太人和基督徒获得自由的能力》这两篇著作中的观点而写的。马克思在这篇文章中驳斥了鲍威尔把犹太人的解放这一社会政治问题归结为纯粹宗教问题的观点，批判了鲍威尔的哲学唯心主义立场，阐明了"政治解放"与"普遍的人的解放"或"人类解放"即资产阶级革命与共产主义革命的质的区别。马克思还把对宗教异化的批判引申到经济领域，揭示了作为资本主义生产关系象征的金钱是人的本质的异化。这些都使得《论犹太人问题》一文在马克思主义哲学的发展史中具有特殊的地位。

在当时的德国，犹太人问题是被人们讨论的一个热门话题。自 1816 年 5 月 4 日普鲁士政府发布关于犹太人不得担任公职而只能在国家中居于从属地位的命令以来，犹太人一直要求与基督徒享受平等的权利。尽管在当时这一要求比以往任何时候都更加强烈，而且德国的自由派都强烈地支持犹太人的平等要求，但是却遭到了政府的拒绝。

犹太人问题引起了青年黑格尔派的关注。作为青年黑格尔派的主要代表，布鲁诺·鲍威尔在《犹太人问题》和《现代犹太人和基督徒获得自由的能力》这两篇文章中也发表了自己的见解。他认为，犹太教的教义与

---

① 《马克思恩格斯全集》第 1 卷，人民出版社 1956 年版，第 484 页。

基督教相比尚属于人类精神普遍发展的较低阶段，而基督教则超越了犹太民族主义的狭隘性，是一种崭新的宗教。在鲍威尔看来，是犹太人的宗教和生活方式决定了犹太人的独特本质，使他们不是成为"人"而是成为犹太人，而这种犹太人的独特本质又决定了犹太人脱离他人而存在，限于永久的孤立。正是基于这种特殊本质，犹太人自命不凡，并且总是把基督徒看成一种异己的存在物，以虚假的界限把自己同他人分离开来。所以，鲍威尔认为，只有当犹太人和基督徒一起放弃使他们分离的宗教和特殊本质，承认人的普遍本质并把它看成自己的真正本质的时候，犹太人才能得到解放。从犹太教低于基督教的理解出发，鲍威尔还藐视犹太人获得解放的能力。他认为，基督教要比犹太教高明得多，基督徒要比犹太人高超得多，而基督徒获得自由的能力也比犹太人大得多。鲍威尔的这些观点，在客观上间接地支持了普鲁士政府的反动政策。

早在任职《莱茵报》时期，马克思就十分关注犹太人问题。1842 年 8 月 25 日，他写信给奥本海姆，要求他将海尔梅斯反对犹太人的文章寄给他，以便写一篇论犹太人问题的文章。1843 年 3 月 13 日，马克思又写信给卢格，认为鲍威尔所发表的观点过于抽象，必须利用犹太人问题尽可能地给基督教国家以打击。在长期思想酝酿的基础上，马克思通过撰写和发表《论犹太人问题》一文，公开表明了自己的态度和立场。

在《论犹太人问题》一文中，马克思直接批判的是鲍威尔的宗教和哲学观点，还没有直接将这种批判同批判鲍威尔的自我意识哲学直接联系起来。但是，该文已昭示了马克思自己与鲍威尔的思想分歧，从而成为马克思同自我意识哲学及其代表彻底决裂的一个先兆和标志。对鲍威尔自我意识哲学的批判是后来马克思通过与恩格斯一起撰写《神圣家族》实现的。

在文章的第一部分，马克思首先批判了鲍威尔的《犹太人问题》一文。马克思依据他在《黑格尔法哲学批判》中表述的关于政治国家、市民社会以及二者相互关系的新见解，批驳了鲍威尔混淆"政治解放"与"人类解放"的错误观点，阐明了二者质的区别。在马克思看来，只有在弄清楚人类解放的本质这一根本问题以后，才有可能正确地解决和回答犹太人的解放问题。在文章的第二部分，马克思批判了鲍威尔的《现代犹太人和基督徒获得自由的能力》一文，把对异化现象的批判由宗教领域和政治领域引申到经济领域，提出了"金钱是人的本质的异化"的著名观点。

阐明政治解放并不能实现人的宗教解放。德国的犹太人首先遇到的问题是没有获得政治解放，他们所面对的国家依然具有人们所公认的基督教的性质，这使犹太人与基督徒、犹太教与基督教性质的国家产生了尖锐的矛盾。可是，鲍威尔在其著作中，虽然分析了犹太教和基督教的尖锐对立，阐明了基督教国家的本质，却撇开德国的特殊状况，抽象地谈论宗教与国家的关系，而没有具体考察政治国家对宗教的各种不同立场，真正理解犹太人解放的实质，甚至把资产阶级的政治解放与彻底的人类解放这两者混为一谈了。

鲍威尔解决犹太人问题的方案是：把犹太人的问题归结为宗教问题，认为只要犹太人放弃犹太教，一切人都放弃宗教，犹太人就可以从宗教中获得解放。在鲍威尔看来，从宗教中获得解放，这是犹太人自身获得解放的一个前提，也是国家获得解放的一个前提。马克思把鲍威尔的观点概括为：犹太人和基督徒之间最顽强的形式是宗教的对立。怎样才能消除这种对立呢？那就必须使它不能产生。怎样才能使宗教对立不可能产生呢？那就必须消灭宗教。只要犹太人和基督徒把他们互相对立的宗教只看成人类精神发展的不同阶段，看成历史蜕掉的不同的蛇皮，把人本身只看成蜕皮的蛇，他们的相互关系就不再是宗教的关系，而是批判的、科学的、人的关系了。

与此同时，鲍威尔还主张废除宗教特权，认为宗教可以通过政治上的废除而得到完全废除。

马克思指出，鲍威尔并未能把问题提升到对政治解放即资产阶级革命进行批判的高度。被鲍威尔看作根本问题的宗教解放与政治解放的关系，实际上依各个国家的发展程度的不同而有所不同。例如，在还是基督教国家的德国，犹太人问题是纯粹神学的问题。在法国，犹太人问题是宪政问题，是政治解放不彻底的问题。而在美国，犹太人则成了真正的世俗的问题，即失去了宗教的色彩而具有纯政治的意义。

马克思强调，政治解放即资产阶级革命并不意味着宗教的废除。事实上，在已经完成政治解放的国家中，宗教不仅继续存在，而且表现出了生命力和力量。这就表明宗教的存在与资产阶级政治国家并不是矛盾的。换句话说，资产阶级的政治解放并不能使人从宗教的桎梏中解放出来。

不仅如此，马克思还认为，宗教产生于世俗社会，不过是世俗社会狭隘性的表现。因此，如果说宗教的存在是一个缺陷的存在，那么，这个缺陷的根源只应到国家自身的本质中去寻找。这样一来，对宗教的批判实际上就变成了对政治国家的批判，资产阶级的政治解放问题就变成了人类解放的问题。

在马克思看来，犹太人、基督徒和一切宗教信徒的政治解放，就是国家摆脱犹太教、基督教和一切宗教而得到解放。可是，政治解放并不是彻底的没有矛盾的解放，而只是一种有限度的解放。政治解放的限度表现在，人从宗教中获得解放与国家从宗教中获得解放这两者并不是一致的。在大多数人仍然信奉宗教、受宗教束缚的情况下，国家也可以摆脱宗教、从宗教中获得解放。而且，人的解放必须通过国家这一中介，通过国家这一中介物来承认自己。所以，这种解放仍是抽象的、间接的、不彻底的。"人即使已经通过国家的中介作用宣布自己是无神论者，就是说，他宣布国家是无神论者，这时他总还是受到宗教的束缚，这正是因为他仅仅以间接的方法承认自己，仅仅通过中介承认自己。宗教正是以间接的方法承认人。通过一个中介者。国家是人和人的自由之间的中介者。"①这种情形正像人们可以宣布在政治上废除私有财产，但实际上从政治上废除私有财产不仅不能废除私有财产，反而以私有财产为前提。

揭示犹太人解放的实质是人的解放。政治解放的局限性有着深刻的社会根源。马克思指出，在实行资产阶级政治解放的国家，政治国家与市民社会发生了分裂或分离。人们生活在政治国家和市民社会两个领域，过着双重的生活。政治国家和市民社会是两个完全不同的生活领域。就政治国家而言，它是社会政治生活的领域。在这里，人们的社会生活体现的是类生活，以及政治共同体中的生活，人体现为社会存在物，人作为主权的虚构成员具有一种非实在的普遍性。就市民社会而言，它是人的物质生活领域。在这里，人们作为私人活动，人是世俗存在物，具有实在的个人生活，但由于受异己力量的支配而作为一种不真实的现象存在。

在马克思看来，人的宗教徒身份与公民身份的矛盾，以及与作为社会成员的其他人的矛盾，换句话说，也就是所谓犹太人的问题，就根源于这种政治国家与市民社会的分裂。正是政治国家与市民社会的分裂决定了私人与公民的矛盾，决定了人的二重化。而这也正是鲍威尔在考察犹太人问题时所未能看到的。

在马克思眼中，政治国家与市民社会的分离是资产阶级政治解放的功绩和完成，但同时也是它的限度和局限。马克思肯定，资产阶级政治解放"是一大进步"，"在迄今为止的世界制度内，它是人的解放的最后形式"，但是，它还"不是普遍的人的解放的最后形式"②。

马克思指出，资产阶级政治解放可以做到使人在政治上从宗教中解放出来，即将宗教从国家领域转移到市民社会领域，使它具有纯粹私人

---

① 《马克思恩格斯文集》第 1 卷，人民出版社 2009 年版，第 29 页。

② 《马克思恩格斯文集》第 1 卷，人民出版社 2009 年版，第 32 页。

事务的形式。但是，要真正达到废除宗教、消灭宗教的目的，必须废除私有财产。而这对于政治国家来说无异于自我革命、自我毁灭。因此，资产阶级政治解放只能以宗教、私有财产和市民社会的一切因素的恢复而告终。

马克思还从宗教与基督教国家和民主国家的关系方面进一步论述了资产阶级政治解放的局限。他指出，封建的基督教国家其实并不是真正的或完备的基督教国家。在基督教国家，实际上起作用的是人的异化，占统治地位的关系是宗教关系，宗教精神并没有成为真正的世俗精神。与基督教国家不同，资产阶级民主国家才是真正的或完备的基督教国家，因为民主国家把宗教变成了市民社会的一个因素，不再需要宗教从政治上来补充自己，实现了宗教的人的基础。在民主国家，实际上宗教成为市民社会的精神，基督教的幻象、幻梦和基本要求成为感性的现实、现代性和世俗准则。然而，这一情况也正说明，资产阶级的政治解放虽然能够把国家从宗教中解放出来，但并不能把现实的人从宗教中解放出来。因此，犹太人的解放的目标，显然不应该是有局限性的资产阶级政治解放，而只能是超出政治解放要求的人类解放。

在文中，马克思还批评了鲍威尔将宗教和人权对立起来的观点。鲍威尔在其著作中认为，宗教与人权是不相容的，不管是犹太人还是基督徒，他们只有放弃自己的宗教以及由此决定的特殊本质，才能获得他们所要求的人权。马克思指出，实际上，资产阶级政治解放在没有废除宗教的情况下已经同时使人们获得和享有了某种人权。所谓人权，包括人的公民权利和市民社会成员的权利两部分。前者是政治权利和公共权利，体现为参与政治共同体或国家，属于政治自由范畴；后者则体现为个人权利，是一种利己主义的人权，体现为市民的自由、平等、安全等权利以及由此决定的信仰权、私有财产权等。资产阶级政治解放推翻了封建的专制权力，使国家事务、公共事务提升为一种普遍事务，使政治国家、政治职能与市民社会彻底分离，同时也使社会成员二重化为公民与私人、政治人与自然人或利己人，使利己人成为现实的、真正的人。

马克思认为，资产阶级政治解放的限度正在于人的这种二重化，使利己人成为政治国家的基础和前提。因此，人类解放必然是对人的这种二重化的扬弃和超越："只有当现实的个人把抽象的公民复归于自身，并且作为个人，在自己的经验生活、自己的个体劳动、自己的个体关系中间，成为类存在物的时候，只有当人认识到自身'固有的力量'是社会力量，并把这种力量组织起来因而不再把社会力量以政治力量的形式同自身分离的时候，只有到了那个时候，人的解放才能完成。"①

论述人的解放是对人的本质的异化的扬弃。马克思在文章的第二部分批判鲍威尔关于犹太人和基督徒获得自由的能力的观点时，进一步论述了人类解放的本质和特点。

鲍威尔把犹太人的本质归结为宗教的本质，把犹太人的解放归结为从宗教中获得解放，而把犹太人获得解放的能力归结为从宗教中获得解放的能力。这样一来，在鲍威尔的笔下，犹太人的解放就变成了一种哲学兼神学的行为。马克思认为，由于犹太人获得解放的能力实际上是犹太教和现代世界解放的关系问题，所以，正确的提法应该是，必须克服什么样的社会特殊要素，才能废除犹太教。按照这一思路，人们就不应到犹太人的宗教中去寻找犹太人的秘密，而是应到现实的犹太人中、到犹太教的世俗基础中去寻找犹太人的秘密。

马克思指出，犹太教的世俗基础是实际需要、自私自利，犹太人的世俗礼拜是经商牟利，他们的世俗上帝是金钱。因此，犹太人的现代的自我解放，实际上是从经商牟利和金钱中获得解放。"如果有一种社会组织消除了经商牟利的前提，从而消除经商牟利的可能性，那么这种社会

---

① 《马克思恩格斯文集》第 1 卷，人民出版社 2009 年版，第 46 页。

组织也就会使犹太人不可能存在。他的宗教意识就会像淡淡的烟雾一样，在社会这一现实的、生命所需的空气中自行消失。另一方面，如果犹太人承认自己这个实际本质毫无价值，并为消除它而工作，那么他就会从自己以前的发展中解脱出来，直接为人的解放工作，并转而反对人的自我异化的最高实际表现。"①

不仅如此，在马克思看来，犹太人从经商牟利和金钱中获得解放，不仅对于犹太人具有意义，是犹太人的事业，而且对于全人类都有意义，是全人类的事业。在此意义上，"犹太人的解放，就其终极意义来说，就是人类从犹太精神中解放出来"②。

马克思认为，实际上，犹太人已经在用犹太人自己的独特方式来解放自己。这表现在犹太人与他人一起把自己的实际需要和利己主义的精神，变成整个市民社会即资产阶级社会的精神。"犹太人用犹太人的方式解放了自己，不仅仅因为他掌握了金钱势力，而且因为金钱通过犹太人或者其他的人而成了世界势力，犹太人的实际精神成了基督教各国人民的实际精神。"③

于是，实际需要和利己主义就成为市民社会的原则。这一原则在金钱拜物教中得到集中的体现："实际需要和自私自利的神就是金钱。金钱是以色列人的妒忌之神；在他面前，一切神都要退位。金钱贬低了人所崇奉的一切神，并把一切神都变成商品。金钱是一切事物的普遍的、独立自在的价值。因此它剥夺了整个世界——人的世界和自然界——固有的价值。"④

那么，金钱的本质是什么呢？马克思在文章中把费尔巴哈已经表述

---

① 《马克思恩格斯文集》第 1 卷，人民出版社 2009 年版，第 49 页。
② 《马克思恩格斯文集》第 1 卷，人民出版社 2009 年版，第 50 页。
③ 《马克思恩格斯文集》第 1 卷，人民出版社 2009 年版，第 50 页。
④ 《马克思恩格斯文集》第 1 卷，人民出版社 2009 年版，第 52 页。

过的宗教异化和马克思自己在《黑格尔法哲学批判》中已经论及的政治异化的思想第一次引申到经济领域，提出作为资本主义社会原则体现的金钱不过是人的劳动和存在的本质的异化："金钱是人的劳动和人的存在的同人相异化的本质；这种异己的本质统治了人，而人则向它顶礼膜拜。"①随之而来的问题是，为什么人的本质会发生异化和异化为金钱？马克思的回答是"利己的需要的统治"："让渡是外化的实践。正像一个受宗教束缚的人，只有使自己的本质成为异己的幻想的本质，才能把这种本质对象化，同样，在利己的需要的统治下，人只有使自己的产品和自己的活动处于异己本质的支配之下，使其具有异己本质——金钱——的作用，才能实际进行活动，才能实际生产出物品。"②

马克思指出，在资本主义社会，金钱统治了一切，成为世界的神。在这种异己的力量的统治下，不仅自然界受到蔑视和贬低，而且连作为自我目的的人本身也受到蔑视，甚至连男女关系和妇女也成了买卖的对象。即使是法律及其规定在这里也毫无效用。

马克思认为，自私自利的犹太精神通过基督教的作用在资本主义社会发展到它的顶点。基督教把一切民族的、自然的、伦理的等各种关系变成对人来说是外在的关系，使市民社会完全从国家生活中分离开来，使人变成互相敌对的利己主义的个人。相对于犹太教而言，基督教是犹太教的思想升华，而犹太教则是基督教的功利应用。犹太教只有通过基督教的作用才能获得和实现自己的普遍性。

既然作为犹太人本质的自私自利的犹太精神在资本主义社会中得到普遍的实现，那么，犹太人的解放问题就变成了社会从犹太精神中解放出来的问题，也就是说，变成了从资本主义社会中解放出来的问题。所以，马克思在文终宣布："犹太人的社会解放就是社会从犹太精神中解放

①《马克思恩格斯文集》第 1 卷，人民出版社 2009 年版，第 52 页。

②《马克思恩格斯文集》第 1 卷，人民出版社 2009 年版，第 54 页。

出来。"①

（三）开启政治经济学研究

能够标明恩格斯这一时期哲学立场的，是他的《国民经济学批判大纲》。《国民经济学批判大纲》与马克思的《〈黑格尔法哲学批判〉导言》《论犹太人问题》一起于1844年初被发表在《德法年鉴》上，它是恩格斯彻底完成从唯心主义向唯物主义、由民主主义向共产主义转变的标志，也是马克思主义政治经济学的第一份文献。

在这部著作中，恩格斯从无产阶级立场和某些以唯物主义为前提的历史研究方法出发，试图科学地了解资本主义的经济关系，并以此为社会主义理论提供经济学的前提。该文通过对一系列资本主义经济范畴的辩证阐述，揭示了资本主义私有制的本质及其产生的社会矛盾，以及它们在亚当·斯密、大卫·李嘉图、詹姆斯·穆勒等为代表的资产阶级古典政治经济学中的反映，并指明了这些社会矛盾的发展所直接导致的种种社会后果，从而证明了资本主义私有制生产关系被合理的社会制度取代的历史必然性。

在文中，恩格斯把对私有制和竞争的批判作为批判资本主义生产关系及其理论表现即资产阶级政治经济学的主要基础，并通过批判得出了下述结论：资本主义私有制是资本主义商品交换的根源，财产集中和两极分化的根源，以及竞争和道德败坏的根源，因此，要解决资本主义社会的问题，只能"全面改革社会关系、使对立的利益融合起来以及消灭私有制"②。恩格斯对资本主义社会经济矛盾的分析，揭示了经济因素的决定作用在资本主义社会中的具体表现，不仅具有经济学意义，也具有重要的哲学意义。

---

① 《马克思恩格斯文集》第1卷，人民出版社2009年版，第55页。

② 《马克思恩格斯全集》第1卷，人民出版社1956年版，第623页。

　　可以同恩格斯对政治经济学研究的成果相媲美的是他对英国状况特别是工人状况的研究。恩格斯的《英国状况》（1844 年 1 月—3 月）和稍后的《英国工人阶级状况》（1844 年 9 月—1845 年 3 月）与《政治经济学批判大纲》一起为社会主义理论提供了实证性的基础。《英国工人阶级状况》是恩格斯长期经验观察的结晶，它以当时最发达的国家为例，阐明了资本主义生产的一系列规律，从经济根源上揭示了无产阶级是实现社会变革的先进的社会力量，是一部重要的社会主义文献。

　　从《政治经济学批判大纲》《英国工人阶级状况》等著作中可以看出，恩格斯这时通过对英国社会的经验观察已经获得了与马克思同时期获得的类似的见解：经济因素至少在现代世界中是一个决定性的历史力量；这些经济因素形成了现代阶级对立所由产生的基础①。

---

① 《马克思恩格斯选集》第 4 卷，人民出版社 1995 年版，第 196 页。

第三讲 "新唯物主义"的构想和"唯物主义历史观"的酝酿

从 1843 年秋起马克思开始初次转向经济学，把很大一部分精力用于经济学的研究，至 1845 年初，他断断续续地研读了不少经济学的著作，并做了大量的摘录和笔记。其中，较为重要的笔记是《詹姆斯·穆勒〈政治经济学原理〉一书摘要》。在此期间，他还在阅读并摘录从布阿吉尔贝尔、魁奈直到穆勒、萨伊等许多重要经济学家的著作的基础上，撰写了《1844 年经济学哲学手稿》这部显然没有最终完成的著作。《詹姆斯·穆勒〈政治经济学原理〉一书摘要》特别是《1844 年经济学哲学手稿》是马克思系统构建和创立"新唯物主义"的重要奠基和尝试。它们为马克思的"唯物主义历史观"的制定作了重要的思想和理论准备。

一、"彻底的自然主义或人道主义"

在马克思首次系统研究经济学期间，特别是撰写《詹姆斯·穆勒〈政治经济学原理〉一书摘要》和《1844 年经济学哲学手稿》过程中，鉴于已经开始实现的对以往唯物主义即旧唯物主义的超越，同时，也鉴于已经开始实现的对费尔巴哈哲学的超越，马克思仿效费尔巴哈的做法拒绝了用"唯物主义"这一术语来标示自己的哲学，但也没有简单地照搬和袭用费尔巴哈的"人类学"（Anthropologie）或"人类学主义"（Anthropotheismus）^①的用语，而是将自己的哲学命名为"彻底的自然主义或人道主义"。马克思强调，这种"彻底的自然主义或人道主义"（der durchgefuehrte Naturalismusoder Humanismus）"既不同于唯心主义，也不同于唯物主义，同时又是把这二者结合起来的真理"^②。

（一）物质交往关系及其异化

《詹姆斯·穆勒〈政治经济学原理〉一书摘要》是马克思在巴黎研究政治经济学时所做的 9 本经济学笔记中的第四本和第五本，其内容与《1844 年经济学哲学手稿》相衔接^③。

在这篇摘要中，马克思按照生产关系的四个环节即生产、分配、交换和消费摘录了穆勒的有关论述。但是马克思所写的相关评论主要限于交换和消费两个部分。

在文中，马克思开始系统地把"异化"这个范畴用于对人们之间的物质交往关系乃至整个社会交往关系的考察中。首先，在货币的本质和职能问题上，马克思系统发挥了他在《论犹太人问题》一文中的观点。马克思通过分析货币入手，通过交换这一形式来探讨和分析人的物质交往关系的异化。他认为，货币的本质，首先并不在于财产通过它转让，"而

---

① Anthropologie 在汉语中通常被译为"人本学"，与此相适应，Anthropotheismus 则通常被译为"人本主义"。但是，这种译法实际上是不准确的，也在某种意义上歪曲了费尔巴哈的原意。在德文中，Anthropologie 为"人类学"，并无"人本"的含义。与此相类似，Anthropotheismus 也无"人本"的含义，应译为"人类学主义"。马克思在《1844 年经济学哲学手稿》中使用的"彻底的人道主义"的"人道主义"一词，不是费尔巴哈使用的 Anthropotheismus，而是 Humanismus。
② 《马克思恩格斯文集》第 1 卷，人民出版社 2009 年版，第 209 页。
③ 关于《詹姆斯·穆勒〈政治经济学原理〉一书摘要》的写作时间，一般认为该笔记写于 1844 年上半年即《1844 年经济学哲学手稿》之前，苏联学者拉宾和日本学者山中隆次等则主张该笔记写于《1844 年经济学哲学手稿》的第一手稿完成之后和第二手稿完成之前。本文持前一种观点。

在于人的产品赖以互相补充的中介活动或中介运动，人的、社会的行动异化了并成为在人之外的物质东西的属性，成为货币的属性"①。货币的这种异化的本质突出地体现在货币的实际功用上面："由于这种异己的媒介……，人把自己的愿望、活动以及同他人的关系看作是一种不依赖于他和他人的力量。这样，他的奴隶地位就达到极端。"②因此，货币"这个媒介是私有财产的丧失了自身的、异化的本质，是在自身之外的、外化的私有财产，在人的生产与人的生产之间起外化的中介作用，是人的外化的类活动"③。货币是如何产生的？马克思认为，它植根于人的交往活动。交往产生交换，交换产生价值，而货币则是"价值的价值"。

马克思分析了资本主义条件下的信用业的实质及其异化问题。他指出，在信用业中出现了一种假象，似乎异己的物质力量的权力被打破了，自我异化的关系被扬弃了，人又重新处在人与人的关系之中。然而事实上，信用业是"卑劣的和极端的自我异化，非人化，因为它的要素不再是商品、金属、纸币，而是道德的存在、社会的存在、人自己的内在生命，更可恶的是，在人对人的信任的假象下面隐藏着极端的不信任和完全的异化"④。这种异化表现在，人本身代替了金属或纸币，成为交换的媒介，但这里人不是作为人，而是作为某种资本和利息的存在。在信贷关系中，不是货币被人取消，而是人本身变成货币，或者是货币和人并为一体。所以，"人的个性本身、人的道德本身既成了买卖的物品，又成了货币存在于其中的物质"⑤。

马克思较为集中地论述了作为人的社会交往关系集中体现的人的交换关系的社会性质及其所表现出的异化。他认为，在生产本身中，无论

---

① 《马克思恩格斯全集》第 42 卷，人民出版社 1979 年版，第 18 页。
② 《马克思恩格斯全集》第 42 卷，人民出版社 1979 年版，第 19 页。
③ 《马克思恩格斯全集》第 42 卷，人民出版社 1979 年版，第 19 页。
④ 《马克思恩格斯全集》第 42 卷，人民出版社 1979 年版，第 21—22 页。
⑤ 《马克思恩格斯全集》第 42 卷，人民出版社 1979 年版，第 23 页。

是人的活动的交换，还是人的产品的交换，都是社会的活动和社会的享受。所以，"人的本质是人的真正的社会联系"（共同性，Gemeinwesen），"人在积极实现自己本质的过程中创造、生产人的社会联系、社会本质"①。这种社会联系并不是由反思产生的，而是由于有了个人的需要和利己主义才出现的，是个人在积极实现其存在时的直接产物。这种联系是必然的，是不以人的意志为转移的。但是，只要人不承认自己是人，因而不按照人的样子来组织世界，这种社会联系就以异化的形式出现。因为这种社会联系的主体，即人，是自身异化的存在物②。马克思通过对交换关系的异化揭示出资本主义不过是整个人的社会交往关系都异化了的一种社会形式，在这个异化的人的社会中，人的异化表现在各个方面："他的活动由此而表现为苦难，他个人的创造物表现为异己的力量，他的财富表现为他的贫穷，把他同别人结合起来的本质的联系表现为非本质的联系，……他的生命表现为他的生命的牺牲，他的本质的现实化表现为他的生命的失去现实性，他的生产表现为他的非存在的生产，他支配物的权力表现为物支配他的权力，而他本身，即他的创造物的主人，则表现为这个创造物的奴隶。"③在这段论述中，马克思已经概略地论及他在尔后《1844 年经济学哲学手稿》中表达的"异化劳动"所包摄的四个方面的内容："活动"的异化，"创造物"即产品的异化，人"同别人"的异化以及人同"他的本质"的异化。

　　马克思还通过交换这个媒介将私有财产的根源追溯到异化劳动。马克思认为，私有财产本身由于交换即它的相互外化而获得外化的私有财产这个定义，而交换关系的前提是劳动成为谋生的劳动或异化的劳动。

① 《马克思恩格斯全集》第 42 卷，人民出版社 1979 年版，第 24 页。
② 《马克思恩格斯全集》第 42 卷，人民出版社 1979 年版，第 24—25 页。马克思强调，这里所说的作为社会联系的主体的人（Die Menschen），"不是抽象概念，而是作为现实的、活生生的、特殊的个人（Individuen）"。
③ 《马克思恩格斯全集》第 42 卷，人民出版社 1979 年版，第 25 页。

在马克思看来，异化劳动赖以发展的原因在于劳动目的的改变，即私有制下人的劳动不再是为了同生产者直接的个人关系，为了他的本质的积极实现，而是为了生产交换价值而进行。这导致劳动越是多方面的，就是说，劳动者的劳动就越是陷入谋生的劳动的范畴，直到最后他的劳动的意义仅仅归于谋生的劳动并成为完全偶然的和非本质的。在这种谋生的劳动中，人成为与他格格不入的社会需要的奴隶，而他的现实的活动只具有维持个人生存的手段的意义。

马克思论述了谋生的劳动即异化劳动所具有的主要内涵，其中涉及劳动主体的异化、劳动对象的异化、主体社会需要的异化以及主体生存意义的异化："在谋生的劳动中包含着：（1）劳动对劳动主体的异化和偶然联系；（2）劳动对劳动对象的异化和偶然联系；（3）工人的使命决定于社会需要，但是社会需要是同他格格不入的，是一种强制……；（4）对工人来说，维持工人的个人生存表现为他的活动的目的，而他的现实的行动只具有手段的意义。"①最后，马克思将上述异化的种种表现均归结到人的本质的异化："因此，在私有权关系的范围内，社会的权力越大，越多样化，人就变得越利己，越没有社会性，越同自己的本质相异化。"②马克思关于上述异化劳动的内涵的论述，看上去似乎还没有像在《1844 年经济学哲学手稿》中表达的那样准确、清晰，但是已涉及了异化劳动的诸项主要规定。

马克思特别指出，异化劳动即谋生的劳动的直接结果就是货币，货币是私有财产外化的具体体现。"如果说，在等价物中，在价值中已经包含着私有财产的外化这一规定，那么，这种外化在货币中就获得感性的，甚至是物质的存在。"正是货币，"表现出异化的物对人的全面统治"③。

---

① 《马克思恩格斯全集》第 42 卷，人民出版社 1979 年版，第 28—29 页。
② 《马克思恩格斯全集》第 42 卷，人民出版社 1979 年版，第 29 页。
③ 《马克思恩格斯全集》第 42 卷，人民出版社 1979 年版，第 30、29 页。

对于理想社会条件下合理的劳动或生产的性质以及对于人的存在和发展的意义，马克思也进行了论述。他认为，在这种情况下，每一个生产者在自己的生产过程中都双重地肯定了自己和他人：生产者在自己的生产中物化了自己的个性及特点，因此在活动时享受了个人的生命表现，感受到个人的乐趣，直接证实和实现了自己的人的社会的本质；而他人则享受到生产者的产品，具有了他与类之间的中介人，意识到生产者是他自己本质的补充和他自己的不可分割的一部分。在这里，合理的劳动与异化劳动的主要区别在于：前者是"自由的生命表现"，因此是"生活的乐趣"，而后者是"生命的外化"，"我的劳动不是我的生命"；前者是对个人生命和个性特点的肯定，是"我真正的、活动的财产"，而后者"为我所痛恨"，"对我来说是一种痛苦"，"只是活动的假象"①。

马克思在《詹姆斯·穆勒〈政治经济学原理〉一书摘要》中提出的关于交换关系、异化劳动、货币等一系列思想，具有独立的理论价值，同时也为《1844年经济学哲学手稿》作了直接的重要的理论准备。

（二）"劳动异化"和共产主义的哲学论证

根据《1844年经济学哲学手稿》中"序言"的说明，《1844年经济学哲学手稿》所着重论述的重点和主题，是以批判研究资产阶级国民经济学为基础，阐释国民经济学（实际上是经济）同国家、法、道德、市民生活等的关系。此外，批判黑格尔的辩证法和整个哲学（马克思认为，批判黑格尔的辩证法和整个哲学之所以必要，是因为以鲍威尔为代表的青年黑格尔派不仅没有完成这个工作，甚至没有认识到它的必要性）。在《1844年经济学哲学手稿》中，马克思在研究和批判资产阶级政治经济学、黑格尔等人哲学和空想共产主义理论的基础上，第一次把政治经济

---

① 《马克思恩格斯全集》第42卷，人民出版社1979年版，第38页。

学、哲学和共产主义理论有机地结合起来，初步地对自己所获得的新观点进行了综合性的阐述。可以说，《1844年经济学哲学手稿》是马克思构建其思想体系的重要酝酿和准备，也是其"新唯物主义"哲学的真正诞生地和秘密，标志着马克思哲学思想发展过程中的一次重大的飞跃。此外，《1844年经济学哲学手稿》也是马克思对资本主义进行全面批判以及对社会主义进行理论探索的起始。

揭示劳动在人及其历史发展过程中的地位和作用。在《1844年经济学哲学手稿》中，"劳动"概念居于中心地位。它既是一个经济学概念，同时也是一个哲学概念。作为经济学概念，它体现"劳动一般"，是创造财富的手段，是一个现代的范畴，被马克思后来在《〈政治经济学批判〉导言》中称为"现代经济学的起点"①，并且只是到了资本主义社会的最现代的存在形式才具有了最成熟和完善的形态。作为哲学概念，它实际上是人们的物质生产实践活动的表述，具有它作为经济学概念所具有的类似"劳动一般"的特点。对劳动的地位、作用的肯定和对异化劳动的详细分析，构成了《1844年经济学哲学手稿》的一个中心内容。马克思提出，劳动、生产是人的根本性的实践活动，是人的社会本质的规定，也是人类社会和历史过程的基础。但是，在资本主义条件下，劳动表现为奴役劳动者的异化劳动。马克思分析了异化劳动的实质，揭示了异化劳动的根源，指出了异化劳动的历史合理性和扬弃的历史必然性，为理想社会的产生提供了必要的哲学上的论证。

在论述异化劳动范畴过程中，马克思阐明了一系列重要的哲学思想。

马克思全面地探讨了劳动、物质生产在人们的社会生活和历史发展过程中的地位和作用，并且得出如下一些重要结论：劳动是人和动物相区别的本质属性，和动物相比，人的生产的特点是全面的、不受直接的

---

① 《马克思恩格斯选集》第2卷，人民出版社1995年版，第22页。

肉体需要支配的、再生产整个自然界的、可以运用任何物种尺度的和按照美的规律进行的；劳动是人类自我认识的中介和手段，通过劳动"人不仅像在意识中那样理智地复现自己，而且能动地、现实地复现自己，从而在他所创造的世界中直观自身"①；劳动是宗教、家庭、国家、法、道德、科学和艺术等社会诸现象的本质，后者都是前者的"一些特殊的方式"，并且受前者普遍规律的支配②；劳动是整个人类历史过程的基础，人类历史是劳动史，"整个所谓世界历史不外是人通过人的劳动而诞生的过程"③；劳动也是人和自然相统一的基础，劳动一方面使人成为"类存在物"或"人的自然存在物"，一方面使自然成为人的"作品"和"现实"，成为"人化的"或"人类学的自然"④；等等。马克思通过全面地揭示劳动或物质生产在人们社会生活和历史发展中的地位和作用，为其"彻底的自然主义或人道主义"提供和奠定了重要的实践观基础。

马克思基于自己的"劳动"概念和劳动观，批判地借鉴和吸取了费尔巴哈有关人的研究的某些合理成果，但又超出了费尔巴哈对人的狭隘的、自然主义的理解，深刻地论述了人的社会性，进而初步地提出了对于人的本质的新理解。他指出，"个人是社会存在物"，"他的生命表现，即使不采取共同的、同其他人一起完成的生命表现这种直接形式，也是社会生活的表现和确证"⑤。这是因为，"社会性质是整个运动的一般性质；正像社会本身生产作为人的人一样，人也生产社会。活动和享受，无论就其内容或就其存在方式来说，都是社会的，是社会的活动和社会的享受"⑥。

---

① 《马克思恩格斯全集》第42卷，人民出版社1979年版，第97页。
② 《马克思恩格斯全集》第42卷，人民出版社1979年版，第121页。
③ 《马克思恩格斯全集》第42卷，人民出版社1979年版，第131页。
④ 《马克思恩格斯全集》第42卷，人民出版社1979年版，第97页。
⑤ 《马克思恩格斯全集》第42卷，人民出版社1979年版，第122—123页。
⑥ 《马克思恩格斯全集》第42卷，人民出版社1979年版，第121—122页。

　　基于对人的社会性的理解，马克思对人作为社会存在物的实质、对人的本质作了规定，认为人的本质就是人的"自由的自觉的活动"，就是他的生产。"生产生活本来就是类生活。这是产生生命的生活。一个种的全部特性、种的类特性就在于生命活动的性质，而人的类特性恰恰就是自由的自觉的活动。"①根据马克思的理解，人是社会存在物的实质，在于他首先是实践的存在物。马克思所以将劳动、生产称为"自由自觉的活动"，是在如下的意义上，即人能够将自己的这种生命活动同自己区分开来，并将其变成自己的意识和意志的对象②。

　　马克思还对人的感性提出了新的理解。他指出，"不仅五官感觉，而且所谓精神感觉、实践感觉（意志、爱等等），一句话，人的感觉、感觉的人性，都只是由于它的对象的存在，由于人化的自然界，才产生出来的"③。这一论述，将人的本质、人的感性的理解奠基于实践的观点之上，婉转地批评了费尔巴哈对于人的本质的理解，即将人的本质界定为"理性、意志和爱"，内含了对费尔巴哈的批判和根本超越。

　　从对人的本质的新的理解出发，马克思对历史过程中的主、客体的关系从而也对人们所面对的整体感性世界或经验世界作了与以往传统哲学根本不同的解释。马克思在《1844年经济学哲学手稿》中把主体理解为人，把客体理解为现实的自然界，而把这两者的中介理解为人的实践。在他那里，作为主体的人，是通过他的活动被自然化了的人，作为客体

---

① 《马克思恩格斯全集》第42卷，人民出版社1979年版，第96页。

② 对马克思《1844年经济学哲学手稿》的传统诠释认为，马克思在手稿中假定了一种抽象的理想的人的本质，仍处于费尔巴哈的"人本主义"的影响之下。这种表象的理解根本没有看到：费尔巴哈所谓的人的"类本质"是指"人的自然"或抽象的"理性、意志和爱"，而马克思所理解的人的本质则是作为社会本质规定的劳动即物质生产实践；并且，马克思之所以说劳动这种活动是一种"自由自觉的活动"，也绝不是出于对劳动的一种理想的抽象，而仅仅是指人的这种活动是一种有意识的活动，人能够将自己的这种生命活动同自己的生命本身区分开，并将其变成自己的意识和意志的对象。

③ 《马克思恩格斯全集》第42卷，人民出版社1979年版，第126页。

的自然，则是通过人的活动而被"人化的"自然（或"人类学的自然"）。而作为自然与人的中介的人的实践活动——首先是劳动，也不是黑格尔唯一知道并承认的抽象的精神劳动，而是物质生产活动，是物质生产的现实表现形式——工业。工业就是"人的本质力量的公开的展开"，是理解"自然界的人的本质"和"人的自然的本质"的钥匙①。

由于马克思把人的实践活动理解为人与自然相统一的现实基础，从而也就把人的实践活动理解为整个感性世界的现实基础。这样，就从根本上扬弃了传统的形而上学，扬弃了在感性世界之外乃至在感性世界之上寻找整体世界之终极的、最高的统一性的思维传统，这种思维传统曾从柏拉图的"理念世界"一直延伸到黑格尔的"绝对精神"之中。正如马克思在手稿中所阐明的："因为对社会主义的人来说，整个所谓世界历史不外是人通过人的劳动而诞生的过程，是自然界对人来说的生成过程，所以关于他通过自身而诞生、关于他的形成过程，他有直观的、无可辩驳的证明。因为人和自然界的实在性，即人对人来说作为自然界的存在以及自然界对人来说作为人的存在，已经成为实际的、可以通过感觉直观的，所以关于某种异己的存在物、关于凌驾于自然界和人之上的存在物的问题，即包含着对自然界的和人的非实在性的承认的问题，实际上已经成为不可能的了。"②

海德格尔认为，马克思完成了对传统形而上学的颠倒，达到了虚无主义的极致。但是或许应该说，马克思确实通过诉诸人的实践活动实现了对传统形而上学的颠倒，然而并不归结为虚无主义。因为马克思虽然将黑格尔的绝对精神和逻辑世界归根于现实世界和经验世界，拒斥为"宗教和神学"，可是并未完全否定这种绝对精神和逻辑世界的作用和意义，而是肯定它为现实的历史运动"找到抽象的、逻辑的、思辨的

---

① 《马克思恩格斯全集》第42卷，人民出版社1979年版，第128页。

② 《马克思恩格斯文集》第1卷，人民出版社2009年版，第196—197页。

表达"①。

分析资本主义私有制条件下的"异化劳动"。马克思在《1844 年经济学哲学手稿》中对"异化劳动"的具体分析是以资本主义条件下工人与其产品的关系这一经济事实为基础的。这一事实就是：工人生产的财富越多，他的产品的力量和数量越大，他就越贫穷。工人创造的商品越多，他就越变成廉价的商品。马克思从哲学上来揭示这一经济事实的意义，认为这一事实不过表明，劳动的实现即"劳动的对象化"在资本主义条件下有其特殊的表现形态，即"劳动的产品，作为一种异己的存在物，作为不依赖于生产者的力量，同劳动相对立"②。于是，马克思引进了曾被德国古典哲学家广泛采用过的哲学术语"异化"一词来对此进行描述，把"劳动的对象化"在资本主义私有制条件下的特殊表现概括为"劳动异化"。

据现有研究材料，德语 Entfremdung（异化）一词译自希腊文 allotriŏsis，意为分离、疏远、陌生化。它是由马丁·路德于 1522 年在翻译《圣经》时从希腊文《新约全书》移植到新高地德语中的，用来指疏远上帝、不信神、无知。此外，Entfremdung 一词在德语中的非宗教的、世俗的使用中还融汇了拉丁语 abalienare 和 alienatio 两词的内涵。abalienare 一词在中古高地德语中为 entfremeden，意为陌生化、剥夺、取走。alienatio 一词意为陌生、脱离、转让，被用来指谓权利和财产的转与、让渡。它在"权利转让"的意义上被运用于古典的自然法。该词与作为哲学概念的异化一词有着更为密切的联系。

把异化真正提升为一个哲学概念来运用始于黑格尔。黑格尔用它来描述"绝对精神"的外化。然而，黑格尔仍是在该词固有的基本含义上、在外化和分离的意义上来使用它的。例如，他在《精神现象学》中说：

---

① 《马克思恩格斯文集》第 1 卷，人民出版社 2009 年版，第 201 页。

② 《马克思恩格斯全集》第 42 卷，人民出版社 1979 年版，第 91 页。

"抽象物，无论属于感性存在的或属于单纯的思想事物的，只有先将自己异化，然后从这个异化中返回自身，才体现为它的现实性和真理，才是意识的财产。"①

到了费尔巴哈那里，异化第一次被赋予这样的引申的哲学含义：主体所产生的对象物、客体，不仅同主体本身相脱离，成为主体的异在，而且，反客为主，反转过来束缚、支配乃至压抑主体。这是一个双重对象化的过程：首先是主体将自己的本质对象化，尔后是主体沦为这一对象化的对象。费尔巴哈认为，宗教的隐秘就在于此："人使他自己的本质对象化，然后，又使自己成为这个对象化了的、转换成为主体、人格的本质的对象。这就是宗教之秘密。"②

马克思对异化概念的使用和对异化现象的研究大体经历了由自然的异化到政治的异化再到经济的异化这一过程。早在博士论文（1839—1841）中，马克思就已谈到了自然和自然现象的异化。他认为，"对自然的任何关系本身同时也就是自然的异化"。他还谈到，在伊壁鸠鲁那里，现象被理解为本质的"异化"③。这里，异化一词是在黑格尔哲学的意义上即作为外化的同义语被使用的。当然，这时马克思还站在黑格尔唯心主义哲学的立场上。但是，到了《黑格尔法哲学批判》，马克思已经把异化概念的蕴含及对异化现象的批判引申到了现实的政治领域。该书提出了"市民社会"（物质生活关系）决定政治国家的思想，可以视为马克思确立有关社会历史现象的唯物主义观点的开端。正是在这本书中，马克思提出了政治国家、政治制度像宗教一样也是一种"类"的异化的观点。在文中，马克思强调，"政治国家的彼岸存在无非就是要确定它们这些特殊

---

① Hegel, *Werke in zwanzig Bänden,* Suhrkamp, 1970, Band 3, S. 39.
② 《费尔巴哈哲学著作选集》下卷，荣震华、李金山等译，商务印书馆 1984 年版，第 56 页。
③ 《马克思恩格斯全集》第 40 卷，人民出版社 1982 年版，第 174、231 页。

领域的异化（Entfremdung）"①。在与《〈黑格尔法哲学批判〉导言》同时撰写和发表的《论犹太人问题》一文中，马克思拟定了其经济异化理论的要点，明确提出"金钱是从人异化（entfremden）出来的人的劳动和存在的本质"。这一要点尔后在他的《詹姆斯·穆勒〈政治经济学原理〉一书摘要》和本文中得到了详尽的发挥，并且一直延伸到他的《资本论》中。

在《1844年经济学哲学手稿》中，与《詹姆斯·穆勒〈政治经济学原理〉一书摘要》一书有关异化特别是交换和物质交往异化的考察相衔接，马克思对"异化劳动"概念进行了集中、详尽的阐释。在对工人与其产品的关系的进一步分析中，马克思揭示出蕴含在其中的"劳动异化"的四项规定。第一个规定是劳动者同自己劳动产品相异化。异化这一概念首先被马克思用来指谓这一经济事实："劳动所生产的对象，即劳动的产品，作为一种异己的存在物，作为不依赖于生产者的力量，同劳动相对立。"②其具体表现是："工人生产得越多，他能够消费的越少；他创造的价值越多，他自己越没有价值、越低贱；工人的产品越完美，工人自己越畸形；工人创造的对象越文明，工人自己越野蛮；劳动越有力量，工人越无力；劳动越机巧，工人越愚笨，越成为自然界的奴隶。"③第二个规定是劳动者同自己劳动活动相异化。工人同劳动本身相异化是工人同劳动产品相异化的原因。其表现是：首先，劳动是外在的强制的劳动。"劳动对工人来说是外在的东西，也就是说，不属于他的本质；因此，他在自己的劳动中不是肯定自己，而是否定自己，……因此，他的劳动不是自愿的劳动，而是被迫的强制劳动。因此，这种劳动不是满足一种需要，而只是满足劳动以外的那些需要的一种手段。"④其次，人们对劳动采取逃

---

① 《马克思恩格斯全集》第1卷，人民出版社1956年版，第283页。

② 《马克思恩格斯文集》第1卷，人民出版社2009年版，第156页。

③ 《马克思恩格斯文集》第1卷，人民出版社2009年版，第158页。

④ 《马克思恩格斯文集》第1卷，人民出版社2009年版，第159页。

避态度。"劳动的异己性完全表现在：只要肉体的强制或其他强制一停止，人们就会像逃避瘟疫那样逃避劳动。"再次，劳动的属他性。"对工人来说，劳动的外在性表现在：这种劳动不是他自己的，而是别人的。"① 第三个规定是人同自己的本质相异化。"异化劳动使人自己的身体同人相异化，同样也使在人之外的自然界同人相异化，使他的精神本质、他的人的本质同人相异化。"② 第四个规定是人同人相异化。当工人与自己的劳动产品、自己的劳动、自己的类本质相分离时，必然意味着他人对工人本该拥有的东西的占有，因而必然导致人与人相对立。通过异化劳动，人不仅生产出他同作为异己的、敌对的力量的生产对象和生产的关系，而且生产出其他人同他的生产和他的产品的关系，以及他同这些人的关系。"当人同自身相对立的时候，他也同他人相对立。凡是适用于人对自己的劳动、对自己的劳动产品和对自身的关系的东西，也都适用于人对他人、对他人的劳动和劳动对象的关系。"③

马克思还认为，在资本主义条件下，人的本质的异化在货币身上得到了最明显的体现。货币是"人的异化的、外化的和外在化的类本质"，"是人类的外化的能力"④。货币的本质鲜明地表现在货币的特性上。货币具有购买一切东西、占有一切对象的特性。货币的这种特性的普遍性是货币的本质的万能。"货币是一种外在的、并非从作为人的人和作为社会的人类社会产生的、能够把观念变成现实而把现实变成纯观念的普遍手段和能力"⑤，它是作为一种普遍的颠倒黑白的力量出现的。"所以它是一切事物的普遍的混淆和替换，从而是颠倒的世界，是一切自然的品质和

① 《马克思恩格斯文集》第 1 卷，人民出版社 2009 年版，第 159—160 页。
② 《马克思恩格斯文集》第 1 卷，人民出版社 2009 年版，第 163 页。
③ 《马克思恩格斯文集》第 1 卷，人民出版社 2009 年版，第 163—164 页。
④ 《马克思恩格斯文集》第 1 卷，人民出版社 2009 年版，第 245—246 页。
⑤ 《马克思恩格斯文集》第 1 卷，人民出版社 2009 年版，第 246 页。

人的品质的混淆和替换。"①马克思关于货币的这些论述，进一步展开和推进了他在《论犹太人问题》一文中所提出的关于"金钱是人的劳动和人的存在的同人相异化的本质"的思想。

关于异化劳动与私有财产的关系，马克思认为，尽管私有财产产生后与异化劳动相互作用、互为因果，但是从根本上来说，私有财产是异化劳动的产物。根据马克思对异化劳动与私有财产的关系的分析，私有财产即资本主义私有制的普遍本质就表现在："私有财产作为外化劳动的物质的、概括的表现，包含着这两种关系：工人对劳动、对自己的劳动产品和对非工人的关系，以及非工人对工人和工人的劳动产品的关系。"②马克思认为，通过异化劳动，工人不仅生产出他同异己的、敌对的生产产品和生产行为的关系，而且生产出资本家同他的生产和他的产品的关系。从而，"私有财产是外化劳动即工人对自然界和对自身的外在关系的产物、结果和必然后果"③。这样，马克思通过分析，"从外化劳动这一概念，即从外化的人、异化劳动、异化的生命、异化的人这一概念得出私有财产这一概念"④。据此，马克思明确地肯定，不是私有财产（私有制）决定外化和异化劳动，而是外化和异化劳动决定私有财产（私有制）："尽管私有财产表现为外化劳动的根据和原因，但确切地说，它是外化劳动的后果，正像神原先不是人类理智迷误的原因，而是人类理智迷误的结果一样。"⑤在马克思看来，私有财产的秘密就表现在，"私有财产一方面是外化劳动的产物，另一方面又是劳动借以外化的手段，是这一外化的实现"⑥。

---

① 《马克思恩格斯文集》第 1 卷，人民出版社 2009 年版，第 247 页。
② 《马克思恩格斯文集》第 1 卷，人民出版社 2009 年版，第 168 页。
③ 《马克思恩格斯文集》第 1 卷，人民出版社 2009 年版，第 166 页。
④ 《马克思恩格斯文集》第 1 卷，人民出版社 2009 年版，第 166 页。
⑤ 《马克思恩格斯文集》第 1 卷，人民出版社 2009 年版，第 166 页。
⑥ 《马克思恩格斯文集》第 1 卷，人民出版社 2009 年版，第 166 页。

如果把私有财产的根源追溯到外化和异化劳动，那么，外化和异化劳动又是如何发生的？马克思指出，"把私有财产的起源问题变为外化劳动对人类发展进程的关系问题"[①]，问题的这种新提法本身就已包含问题的解决。实际上，外化和异化劳动的概念在一定意义上表征了人与自然的关系，即生产力，私有财产的概念则在一定意义上表征了人与人之间的关系，即生产关系。把私有财产的起源归结为外化和异化劳动，在一定意义上就意味着把生产关系归结到生产力，即人类自身本质和能力的发展。

关于异化劳动的扬弃，马克思认为，如果说宗教异化的扬弃涉及的是意识领域，那么异化劳动的扬弃涉及的则是现实生活领域。具体来说，就表现为对私有财产的扬弃，而其结果就是共产主义。"共产主义是对私有财产即人的自我异化的积极的扬弃，因而是通过人并且为了人而对人的本质的真正占有；因此，它是人向自身、也就是向社会的即合乎人性的人的复归，……它是人和自然界之间、人和人之间的矛盾的真正解决。"[②]

从现代性的角度来解读，马克思对"异化劳动"的分析，是对资本主义生产方式内在矛盾的分析，同时也是对资本主义现代性内在矛盾的分析。马克思将这种矛盾概括为"物的世界的增值同人的世界的贬值"，深刻地揭示了资本主义现代化过程中进步与退步、创造与毁灭、发展与代价的矛盾的对抗性质。这种对资本主义现代性特殊性的分析蕴含着对现代性一般性的理解。它深刻地反映了人在资本主义乃至一般现代化条件下的生存状况和生存矛盾。

从哲学上论证和阐释共产主义。在《1844年经济学哲学手稿》中，马克思论述了他所理解的共产主义，阐明了一些重要的思想。

马克思论证了关于共产主义的历史必然性。他把共产主义理解为私

---

① 《马克思恩格斯文集》第1卷，人民出版社2009年版，第168页。

② 《马克思恩格斯文集》第1卷，人民出版社2009年版，第185页。

有财产和劳动异化（或人的自我异化）在发展中走向自身否定的过程，即私有财产和劳动异化的"积极的扬弃"过程。在马克思那里，私有财产和劳动异化是同一件事情的两个方面：劳动异化是私有财产的"主体本质"，而私有财产不过是劳动异化或人的异化的"物质的、感性的表现"。私有财产的发展是一种现实的历史运动，因而，私有财产的扬弃即共产主义也是一种现实的生产活动或经验的诞生活动。这样，共产主义的必然性就存在于私有财产自身的运动中，"整个革命运动必然在私有财产的运动中，即在经济中，为自己既找到经验的基础，也找到理论的基础"①。

马克思批判地考察了既有的关于共产主义的各种理论形态，对共产主义重新进行了诠释，提出了自己的关于共产主义的理解和主张。他把既有的和已经出现的共产主义理论区分为三种理论形态，这三种理论形态同时也标示了人们对共产主义认识的三个不同阶段。第一种是最初的共产主义理论形式，即以巴贝夫为代表的"粗陋的共产主义"。这种共产主义实际上是"私有财产关系的普遍化和完成"。第二种理论形式是"仍具有政治性质的、即民主或专制的"②共产主义，以及尚未完全废除国家，并且仍带有私有财产即人的异化的烙印的共产主义。这实际上是指以蒲鲁东和傅立叶、欧文等为代表的共产主义。这种共产主义虽然已经把共产主义理解为人的自我异化的扬弃，但尚未摆脱私有财产的本质。马克思提及的第三种共产主义理论形式，实际上是以他为代表的共产主义见解，这种"共产主义是对私有财产即人的自我异化的积极的扬弃，因而是通过人并且为了人而对人的本质的真正占有；因此，它是人向自身、也就是向社会的即合乎人性的人的复归"。"它是人和自然界之间、人和

---

① 《马克思恩格斯全集》第42卷，人民出版社1979年版，第120—121、131、101页。

② 《马克思恩格斯全集》第42卷，人民出版社1979年版，第120页。中文原译文为"按政治性质是民主的或专制的"，误将"仍"（noch）译成"按"（nach），现据德文改。《马克思恩格斯文集》第1卷将其更正为"还具有政治性质，是民主的或专制的"（见该书第185页），这一更正是符合原文的。

人之间的矛盾的真正解决,是存在和本质、对象化和自我确证、自由和必然、个体和类之间的斗争的真正解决。"① 按照马克思的理解,这种共产主义作为对私有财产的直接扬弃,是作为否定之否定(公有制—私有制—公有制)的肯定,是人的解放和复归的一个现实的、对下一段历史发展说来必然的环节,是紧邻和代替资本主义社会的必然的社会形式及其有效的原则,但并不是人类发展的终极目标和社会状态。他强调指出:"共产主义是最近将来的必然的形态和有效的原则,但是,这样的共产主义并不是人类发展的目标,并不是人类社会的形态。"② 通过对共产主义学说的三种形态的划分和描述,马克思确定了自己的共产主义理论的地位,并将自己的见解同以前的形形色色的各种社会主义理论区分开来。

关于共产主义的实质和目标,马克思明确提出,共产主义应是人的本质的全面发展和拥有,应是一种"完整的人"的实现。"对私有财产的积极的扬弃,……不应当仅仅被理解为直接的、片面的享受,不应当仅仅被理解为占有、拥有。人以一种全面的方式,就是说,作为一个完整的人,占有自己的全面的本质。"③ 因此,这种共产主义,是人的感性的彻底解放。在客体方面,"一切对象对他来说也就成为他自身的对象化,成为确证和实现他的个性的对象"④;在主体方面,人的感觉真正成为人的感觉,即"社会的人的感觉",具有"同人的本质和自然界的本质的全部丰富性相适应的人的感觉"⑤。这样,"全部历史是为了使'人'成为感性意识的对象和使'人作为人'的需要成为需要而作准备的历史(发展的历史)"⑥。

---

① 《马克思恩格斯全集》第 42 卷,人民出版社 1979 年版,第 120 页。

② 《马克思恩格斯文集》第 1 卷,人民出版社 2009 年版,第 197 页。

③ 《马克思恩格斯文集》第 1 卷,人民出版社 2009 年版,第 189 页。

④ 《马克思恩格斯文集》第 1 卷,人民出版社 2009 年版,第 191 页。

⑤ 《马克思恩格斯文集》第 1 卷,人民出版社 2009 年版,第 191、192 页。

⑥ 《马克思恩格斯文集》第 1 卷,人民出版社 2009 年版,第 194 页。

马克思还对自己所理解的共产主义的表现形式和实现途径进行了说明。他指出，这种共产主义，是"通过工人解放这种政治形式表现出来的"，而在工人解放中，就包含着全人类的解放。原因在于，"整个人类奴役制就包含在工人同生产的关系中，而一切奴役关系只不过是这种关系的变形和后果罢了"①。马克思认为，为了消灭资本主义这种现实的奴役关系，必须诉诸革命实践："要消灭私有财产的思想，有共产主义思想就完全够了。而要消灭现实的私有财产，则必须有现实的共产主义行动。历史将会带来这种共产主义行动……"②

提出和阐释以实践为基础的新的自然观。在马克思关于人的实践活动是人与自然界相统一的现实基础的思想中已经包含了一种不同于以往哲学的、新的自然观。这种自然观是建立在人的实践活动基础之上的"人化自然"观。

马克思从实践的观点、对象化的观点来理解自然界。他强调："一个存在物如果在自身之外没有自己的自然界，就不是自然存在物，就不能参加自然界的生活。一个存在物如果在自身之外没有对象，就不是对象性的存在物。一个存在物如果本身不是第三存在物的对象，就没有任何存在物作为自己的对象，就是说，它没有对象性的关系，它的存在就不是对象性的存在。非对象性的存在物是非存在物。……非对象性的存在物是一种非现实的、非感性的、只是思想上的即只是想象出来的存在物，是抽象的东西。"③

从这一理解出发，马克思认为，不能脱离人与自然界之间的对象性关系去看待自然界，因为"被抽象地理解的、自为的、被确定为与人分

---

① 《马克思恩格斯全集》第 42 卷，人民出版社 1979 年版，第 101 页。
② 《马克思恩格斯全集》第 42 卷，人民出版社 1979 年版，第 140 页。
③ 《马克思恩格斯文集》第 1 卷，人民出版社 2009 年版，第 210—211 页。

隔开来的自然界，对人来说也是无"①。反之，"在人类历史中即在人类社会的形成过程中生成的自然界，是人的现实的自然界；因此，通过工业……形成的自然界，是真正的、人类学的自然界"②。相对于人而言也就是说，"自然界的人的本质只有对社会的人来说才是存在的；因为只有在社会中，自然界对人来说才是人与人联系的纽带，才是他为别人的存在和别人为他的存在，只有在社会中，自然界才是人自己的合乎人性的存在的基础，才是人的现实的生活要素"③。

从中可见，马克思所理解的自然界是与人及其社会关系一体化的，从而人的历史也是与自然界的历史一体化的。正是在人的社会实践的基础上，马克思实现了一种自然观与历史观的有机统一。在马克思提出的"彻底的自然主义或人道主义"这一称谓中正内含和体现了这种自然观与历史观的统一。

对黑格尔的辩证法和一般哲学的批判。在《1844年经济学哲学手稿》中，马克思批评了施特劳斯和鲍威尔对黑格尔哲学采取的非批判态度，肯定并推进了费尔巴哈对黑格尔哲学的批判，通过对黑格尔《精神现象学》的剖析，揭示了黑格尔哲学的历史功绩和局限性，从而进一步扬弃了黑格尔的辩证法和一般哲学。

马克思认为："费尔巴哈是唯一对黑格尔辩证法采取严肃的、批判的态度的人；只有他在这个领域内作出了真正的发现，总之，他真正克服了旧哲学。"④他认为，费尔巴哈的主要功绩在于：第一，证明了黑格尔哲学不过是变成思想的宗教，不过是人的本质的异化的另一种形式和存在方式。第二，把"人与人之间的"社会关系当作理论的基本原则，创立

---

① 《马克思恩格斯文集》第1卷，人民出版社2009年版，第220页。
② 《马克思恩格斯文集》第1卷，人民出版社2009年版，第193页。译文有修订。
③ 《马克思恩格斯文集》第1卷，人民出版社2009年版，第187页。
④ 《马克思恩格斯文集》第1卷，人民出版社2009年版，第199页。

了真正的唯物主义和现实的科学。第三，把感性确定物即现实的自然界和人同黑格尔的"绝对精神"对立起来。但是同时马克思也通过其具体论证表明，费尔巴哈实际上只是揭示了黑格尔哲学的神学性质，只是以感性确定性作为根据来肯定人和自然界的实在性，而并没有真正扬弃黑格尔哲学特别是黑格尔的辩证法。

费尔巴哈把黑格尔表述的"绝对精神"外化为自然界和人类社会然后又复归"绝对精神"自身的"否定之否定"过程，归结为黑格尔哲学自身的矛盾，归结为黑格尔哲学先否定神学然后又肯定神学的表现，从而把黑格尔哲学归结为"思辨神学"。马克思通过考察黑格尔哲学体系（它首先体现在作为黑格尔哲学发源地的《精神现象学》一书的结构中）认为，黑格尔所描述的这一"绝对精神"的否定之否定运动实际上是为人的形成史找到一种抽象的、逻辑的、思辨的表达，只是黑格尔错误地把现实的人的外化和异化的历史描述成了逻辑的、思辨的思维生产史。这样一来，异化就成为抽象思维同感性现实在思想本身范围内的对立，而异化的扬弃，即人对自己的已经成为异己对象的本质的重新占有，就成了纯粹的思维活动，成了在纯思维中实现的占有。

马克思还指出，由于黑格尔紧紧抓住人的异化，他的哲学中已"潜在地包含着批判的一切要素"[①]。黑格尔哲学的功绩就体现在，把人的自我产生看作一个过程，把对象化看作外化及其扬弃，因而，它"抓住了劳动的本质，把对象性的人、现实的因而是真正的人理解为人自己的劳动的结果"[②]。当然，黑格尔的这些合理的理解同时又是与他的哲学的局限性联系在一起的，即它把人的劳动仅仅理解为"抽象的精神的劳动"，把人和"自我意识"完全等同起来。由于黑格尔哲学把人同自我意识等同起来，因此，"人的本质的全部异化不过是自我意识的异化。自我意识的异

---

① 《马克思恩格斯文集》第 1 卷，人民出版社 2009 年版，第 204 页。

② 《马克思恩格斯文集》第 1 卷，人民出版社 2009 年版，第 205 页。

化没有被看作人的本质的现实异化的表现，……相反，现实的即真实地出现的异化，……本质来说，不过是现实的人的本质即自我意识的异化现象"①。此外，黑格尔哲学的局限性还表现在，它把对象化即外化同异化混淆起来。在黑格尔那里，"对象性本身被认为是人的异化了的、同人的本质即自我意识不相适应的关系。因此，重新占有在异化规定内作为异己的东西产生的人的对象性本质，不仅具有扬弃异化的意义，而且具有扬弃对象性的意义"②。

马克思把黑格尔所描述的自我意识对自己对象的重新占有作了概括，并对其进行了阐释。黑格尔把"物性"看作作为人的自我意识的外化所设定的东西。马克思批判了黑格尔的唯心主义，他指出："自我意识通过自己的外化所能设定的只是物性，即只是抽象物、抽象的物，而不是现实的物。"③因而，这样的"物性"决不是什么独立的、实质的东西。当现实的、肉体的人通过自己的外化把自己的本质力量设定为异己的对象时，"设定"也"并不是主体；它是对象性的本质力量的主体性，因此这些本质力量的活动也必定是对象性的活动"④。这样，马克思就阐明了自己的新唯物主义的立场，他将这种立场称为"彻底的自然主义或人道主义"。这种"彻底的自然主义或人道主义，既不同于唯心主义，也不同于唯物主义，同时又是把这二者结合起来的真理"⑤。

从"彻底的自然主义或人道主义"的立场出发来理解人，马克思首先承认"人直接地是自然存在物"。人作为自然存在物，一方面具有能动性，另一方面又具有受动性。正是这种双重性决定人是一种对象性的存

---

① 《马克思恩格斯文集》第1卷，人民出版社2009年版，第207页。
② 《马克思恩格斯文集》第1卷，人民出版社2009年版，第206页。
③ 《马克思恩格斯文集》第1卷，人民出版社2009年版，第208页。
④ 《马克思恩格斯文集》第1卷，人民出版社2009年版，第209页。
⑤ 《马克思恩格斯文集》第1卷，人民出版社2009年版，第209页。马克思这里所说的"唯物主义"是指以往的旧唯物主义。

在物，也就是说，"人有现实的、感性的对象作为自己本质的即自己生命表现的对象；或者说，人只有凭借现实的、感性的对象才能表现自己的生命"①。同时，正因为人是一种能动性的、对象性的存在，马克思进一步补充和强调："人不仅仅是自然存在物，而且是人的自然存在物，就是说，是自为地存在着的存在物，因而是类存在物。他必须既在自己的存在中也在自己的知识中确证并表现自身。"②由此，马克思就把人的自然性与人的社会性联结起来。

从"彻底的自然主义或人道主义"的立场出发来理解人的历史，马克思认为，人固然有自己的历史，但这一历史并不是黑格尔所理解的"绝对精神"外化和自我发展的历史，而是"对人来说是被认识到的历史"，"是人的真正的自然史"③。

马克思还分析了黑格尔的把否定和保存二者结合为一体的"扬弃"这一概念。马克思认为，在黑格尔那里人作为自我意识对自身异己对象的扬弃，说到底不过是在思想中进行的对思想的东西的扬弃。"所以这种思想上的扬弃，在现实中没有触动自己的对象。"④实际上，"黑格尔在哲学中扬弃的存在，并不是现实的宗教、国家、自然界，而是已经成为知识的对象的宗教本身，即教义学；法学、国家学、自然科学也是如此"⑤。

同时，马克思认为，黑格尔的"扬弃"概念在异化这个规定之内，也包含和体现了黑格尔辩证法的积极精神。这表现在，"它主张人的现实的对象化，主张人通过消灭对象世界的异化的规定、通过在对象世界的异化存在中扬弃对象世界而现实地占有自己的对象性本质"⑥。所以，马克思

---

① 《马克思恩格斯文集》第 1 卷，人民出版社 2009 年版，第 210 页。
② 《马克思恩格斯文集》第 1 卷，人民出版社 2009 年版，第 211 页。
③ 《马克思恩格斯文集》第 1 卷，人民出版社 2009 年版，第 211 页。
④ 《马克思恩格斯文集》第 1 卷，人民出版社 2009 年版，第 216 页。
⑤ 《马克思恩格斯文集》第 1 卷，人民出版社 2009 年版，第 216 页。
⑥ 《马克思恩格斯文集》第 1 卷，人民出版社 2009 年版，第 216 页。

借助黑格尔"扬弃"这一概念，把他所理解的共产主义描述为资本主义私有制的扬弃，描述为"实践的人道主义"："正像无神论作为神的扬弃就是理论的人道主义的生成，而共产主义作为私有财产的扬弃就是要求归还真正人的生命即人的财产，就是实践的人道主义的生成。"①而这样的共产主义，"才是人的本质的现实的生成，是人的本质对人来说的真正的实现，或者说，是人的本质作为某种现实的东西的实现"②。

总的说来，在《1844年经济学哲学手稿》中，马克思对黑格尔辩证法和一般哲学的扬弃是从劳动概念开始的。他把黑格尔的"自我意识的人"归结为"现实的人"，把黑格尔的精神劳动归结为物质生产实践，把黑格尔的自我意识的异化归结为现实的人的异化，从而建立起自己的、既源于费尔巴哈又超越于费尔巴哈的"彻底的自然主义或人道主义"的理论。虽然马克思当时在对"唯物主义"概念的理解上还受着费尔巴哈的某种影响，即由于庸俗唯物主义者对"唯物主义"一词的滥用而没有接受和使用这一术语，但其哲学的新唯物主义立场和基本倾向却是十分明显和明晰的。

二、"现实人道主义"

当马克思在巴黎通过《1844年经济学哲学手稿》为自己的新世界观的制定作必要的准备时，恩格斯已经在英国对这个较为发达的国家的经济、政治和社会的状况进行了一定的研究，并在历史观和社会主义等方面取得了与马克思极为一致的看法。1844年8月恩格斯从英国返回巴门途经巴黎时与马克思会见。这样，为了科学地论证他们的新见解，同时

---

① 《马克思恩格斯文集》第1卷，人民出版社2009年版，第216页。
② 《马克思恩格斯文集》第1卷，人民出版社2009年版，第217页。

使其在欧洲无产阶级首先是德国无产阶级中获得传播，他们就开始了他们的共同工作。《神圣家族，或对批判的批判所作的批判。驳布鲁诺·鲍威尔及其伙伴》一书就是他们在巴黎进行首次合作的成果。马克思承担和撰写了该书的大部分章节。这部著作写于 1844 年 9—11 月，在次年 2 月于美因河畔法兰克福出版。值得注意的是，该著作尽管为他们二人所合著，但是在目录中章节的标题后却是分别具署作者姓名的。具体说来，马克思承担的部分是第四章（3）（4），第五章，第六章（1）（b）（3），第七章（1）（2）（a）（c）（3），第八章，第九章；其余章节则为恩格斯所承担。

"神圣家族"（Die heilige Fmilie）是对青年黑格尔派的主要代表布鲁诺·鲍威尔及其兄弟埃德加·鲍威尔以及他们的追随者的谑称①，"批判的批判"是指他们所代表的观点和主张。该著作的核心内容是对青年黑格尔派运动理论纲领——布鲁诺·鲍威尔所代表的"自我意识哲学"的批判，马克思、恩格斯通过这一批判，不仅清算了鲍威尔等人的思辨唯心主义，而且也清算了一般的思辨唯心主义，特别是黑格尔的思辨唯心主义。在该书中，马克思是以"现实人道主义"来称谓自己的哲学立场的。他指出，批判鲍威尔等人的思辨唯心主义之所以必要，是因为"现实人道主义在德国没有比唯灵论或者说思辨唯心主义更危险的敌人了"②。

马克思和恩格斯在其思想发展过程中都曾先后受到青年黑格尔派的影响。马克思于 1837 年到柏林大学学习以后开始接触青年黑格尔派，并与鲍威尔兄弟建立了密切的联系。恩格斯与青年黑格尔派发生联系则是到了 1839 年特别是 1841 年服兵役到了柏林以后。但是，早在 1842 年夏季柏林的青年黑格尔派成立所谓"自由人"小组时，马克思就同他们发生了严重的思想分歧。马克思反对"自由人"小组脱离现实生活和沉醉

---

① 该书的德文书名为 Die heilige Fmilie，应译为《圣·家庭》。

② 《马克思恩格斯文集》第 1 卷，人民出版社 2009 年版，第 253 页。

于唯心主义的哲学思辨。恩格斯在其 1842 年 11 月撰写的《普鲁士国王弗里德里希·威廉四世》一文中，也清楚地表明了他同青年黑格尔派在对待普鲁士国家态度上的差异。伴随马克思、恩格斯由唯心主义向唯物主义、由革命民主主义向共产主义的转变，马克思、恩格斯越来越感觉到批判和清算青年黑格尔派哲学首先是鲍威尔"自我意识哲学"的必要性。

在《论犹太人问题》一文中，马克思已经开启了对鲍威尔的批判。但是由于当时在主观方面，马克思刚刚在政治立场和哲学思想上完成根本转变，其目光还集中在社会实践领域，还来不及转向哲学层面和对自己以前的"信仰"进行清理，在客观方面，当时社会现实提到首位的是宗教和政治问题，所以，马克思这时对鲍威尔的批判，主要是宗教和政治上的批判，还不是哲学上的批判。尔后，在《1844 年经济学哲学手稿》中，马克思专门撰写了"对黑格尔辩证法和整个哲学的批判"一章，对黑格尔思辨哲学展开批判。这种批判，实际上也是对鲍威尔"自我意识哲学"的理论来源和理论前提的批判。马克思在文中公开指责了鲍威尔不能批判地对待自我以及对黑格尔和费尔巴哈哲学所采取的实用主义态度，并判定：在青年黑格尔派运动之初曾是"一个真正的进步因素"的鲍威尔哲学，"归根结底不外是旧哲学的、特别是黑格尔的超验性被歪曲为神学漫画的顶点和结果"[1]。此外，在该文的"序言"中，马克思还宣告，他将在"另一个"场合对鲍威尔的"自我意识哲学"本身进行批判，即详述这个"哲学的溃烂区"本身所显示的哲学的解体和腐化过程[2]。对鲍威尔哲学的这种"历史的判决"，正是马克思在《神圣家族》一书中完成的。

马克思在该书"序言"中指出，思辨唯心主义是马克思所代表的"现实人道主义"（亦可译为"真正的人道主义"，马克思新唯物主义的代名词）的最危险的敌人，它用"自我意识"即精神来代替现实的个人，抬

---

① 《马克思恩格斯文集》第 1 卷，人民出版社 2009 年版，第 113 页。

② 《马克思恩格斯文集》第 1 卷，人民出版社 2009 年版，第 113 页。

高精神，贬低物质。而鲍威尔批判中含有的东西，正是这种以漫画形式再现的思辨。因此，该书的目的，就是揭露这种"思辨哲学的幻想"。

评述蒲鲁东主义，阐述无产阶级的历史作用和使命。在"批判性的评注 1"中，马克思对埃德加·鲍威尔关于蒲鲁东的论点进行了品评，并借此全面地评价了蒲鲁东的学说。

马克思给予蒲鲁东和他的著作《什么是财产？》以很高的评价。他认为，与资产阶级国民经济学家把私有财产作为国民经济学合理的、确定不移的基本前提不同，蒲鲁东第一次对国民经济学的这一基本前提——私有财产作了批判的、科学的考察，这是蒲鲁东在科学上所实现的巨大的进步，它不仅引发了国民经济学中的革命，而且第一次使国民经济学有可能成为真正的科学。由于资产阶级国民经济学家把私有财产当作国民经济学的合理的前提和基础，这就使他们在从事严格的经济学研究时所得出的结论往往与这一前提和基础发生矛盾。而蒲鲁东通过对私有财产的批判，永远结束了资产阶级国民经济学家的这种不自觉的状态。在马克思看来，从国民经济学观点出发对国民经济学进行批判所能做到的一切，蒲鲁东都已经做了。而埃德加·鲍威尔却没有看到蒲鲁东的真正功绩，大谈蒲鲁东发现的所谓"历史的永恒基础"——正义。

在"批判性的评注 2"中，马克思肯定，蒲鲁东"从私有财产的运动造成的贫穷出发，进行了否定私有财产的思考"①。蒲鲁东揭示了财产与贫穷之间的内在联系，并详细论证了资本的运动怎样造成贫困。而埃德加·鲍威尔却不去考察私有财产或资本的现实的运动，试图凌驾于对立的两个极端之上。马克思认为，财产与贫穷的关系体现资产阶级与无产阶级的关系。二者在矛盾的统一体中处于不同的地位。具体说来，私有财产是对立的肯定方面，无产阶级则是对立的否定方面："私有财产作为

---

① 《马克思恩格斯文集》第 1 卷，人民出版社 2009 年版，第 259 页。

私有财产,作为财富,不得不保持自身的存在,因而也不得不保持自己的对立面——无产阶级的存在。……相反,无产阶级作为无产阶级,不得不消灭自身,因而也不得不消灭制约着它而使它成为无产阶级的那个对立面——私有财产。"①换句话说,就异化的扬弃和消除的角度来看,代表私有财产的资产阶级是作为肯定方面的"保守的一方",而代表贫穷或贫困的无产阶级则是作为否定方面的"破坏的一方",因为资产阶级与无产阶级虽然在资本主义条件下同样处于自我异化的状态,但资产阶级感到的是幸福,而无产阶级感到的则是被毁灭、无力和非人的生存现实。这样,马克思就揭示出无产阶级的"具有世界历史意义的作用"和历史使命:"无产阶级执行着雇佣劳动由于为别人生产财富、为自己生产贫困而给自己作出的判决,同样,它也执行着私有财产由于产生无产阶级而给自己作出的判决。无产阶级在获得胜利时,无论如何决不会因此成为社会的绝对方面,因为它只有消灭自己本身和自己的对立面才能获得胜利。到那时,无产阶级本身以及制约着它的对立面——私有财产都会消失。"②马克思指出,无产阶级的这种作用和历史使命已经在现实中明显地、无可更改地预示出来了。

在"批判性的评注 3"中,马克思对平等概念进行了阐释。埃德加·鲍威尔指责蒲鲁东把平等原则作为财产赖以确立的基础和合理性的依据。马克思指出,法国的"平等"概念与德国的"自我意识"概念实际上具有相同的性质和作用。首先,在一定意义上,它们具有同一性:"自我意识是人在纯粹思维中同他自身的平等。平等是人在实践领域中对他自身的意识,也就是说,人意识到别人是同自己平等的人,人把别人当作同自己平等的人来对待。"③其次,在反对封建主义的斗争中,它们都起

---

① 《马克思恩格斯文集》第 1 卷,人民出版社 2009 年版,第 261 页。
② 《马克思恩格斯文集》第 1 卷,人民出版社 2009 年版,第 261 页。
③ 《马克思恩格斯文集》第 1 卷,人民出版社 2009 年版,第 264 页。

过同样积极的作用。

埃德加·鲍威尔还指责蒲鲁东过于重视"拥有"和"不拥有"这两个概念。马克思认为，蒲鲁东这样做是完全正确的，因为"不拥有"恰恰是被以往资产阶级国民经济学家所忽略的一种无产阶级所处的"非人的完全的现实"。不过，蒲鲁东仍然以资产阶级国民经济学的"占有"去反对"拥有"的旧形式——私有财产，这反映了蒲鲁东的局限性。

在"批判性的评注4"中，马克思阐明了劳动时间对商品价值的决定作用。埃德加·鲍威尔指责蒲鲁东把劳动时间作为劳动产品的价值尺度是犯了前后不一贯的错误。马克思认为，虽然蒲鲁东以国民经济学的观点对国民经济学进行批判，但由于蒲鲁东把劳动时间当作工资和产品价值规定的尺度，它就使人成了决定性的因素。实际上，不仅在直接的物质生产领域，而且甚至在精神生产领域，确定某物品是否应生产，即确定这种物品的价值，主要取决于生产该物品所需要的劳动时间。

在"批判性的评注5"中，马克思批判了埃德加·鲍威尔"批判社会主义"的唯心主义哲学基础。埃德加·鲍威尔从黑格尔的思辨唯心主义出发，把人们的一切活动和实践统统归结为精神活动和思维过程，从而把消除雇佣劳动看成一种纯思想的行为。马克思则强调，财产、资本、金钱、雇佣劳动等"是工人自我异化的十分实际、十分具体的产物，因此，也必须用实际的和具体的方式来消灭它们"①。

揭示黑格尔思辨哲学的唯心主义实质及其认识论根源。在第五章"（2）思辨结构的秘密"一节中，马克思通过分析塞利加有关《巴黎的秘密》的评论，批判了黑格尔思辨唯心主义哲学，揭示了其实质、特征和方法论前提。由于鲍威尔等人是站在黑格尔的思辨唯心主义哲学的基地上，所以，马克思对黑格尔哲学所作的这一批判，实际上是对鲍威尔等人的

---

① 《马克思恩格斯文集》第1卷，人民出版社2009年版，第273页。

直接哲学理论前提的批判，因而也是对鲍威尔为代表的青年黑格尔派哲学的一种彻底的哲学清算。

马克思认为，塞利加对《巴黎的秘密》所作的批判性叙述所展示的秘密，就是黑格尔思辨哲学结构的秘密。按照马克思的看法，这一结构的秘密就在于：首先，从苹果、梨、草莓、扁桃等个别存在中得出"果品"这个一般概念，并把这个一般概念宣布为"实体"，而把苹果等个别存在变成虚幻物；然后用一种思辨和神秘的方法，也就是说，把一般说成是"活生生的、自身有区别的、能动的本质"，抛弃一般和抽象，返回到现实的个体或个别存在，把现实的个体或个别存在变成"总体的统一体"中的"各个环节"；最后，把这种从一般到个别的观念推移运动说成是一般这个"绝对主体"的"自我活动"。

可见，简言之，黑格尔思辨哲学的秘密在马克思看来就在于：先把从个别中获得的一般变成"实体"，然后再把这一"实体"变成和了解为"主体"。马克思认为："这种办法，用思辨的话来说，就是把实体了解为主体，了解为内在的过程，了解为绝对的人格。这种了解方式就是黑格尔方法的基本特征。"① 实际上，这种了解方式也是布鲁诺·鲍威尔"自我意识"哲学方法的基本特征。在鲍威尔那里，"自我意识"就是万能的"主体"，它不受任何实体因素的制约，它创造了尘世的一切。而当人把自己的意识的内容移植到自身之外时，"实体"就被看作自我意识的具体化，或被理解为自我意识的环节。

批判鲍威尔的唯心主义历史观，提出历史是人民群众的活动。马克思在该书第六章"（1）绝对批判的第一次征讨"中，把对布鲁诺·鲍威尔"自我意识哲学"的批判同其社会历史观联系起来，考察了鲍威尔等人对待群众的态度。

---

① 《马克思恩格斯文集》第 1 卷，人民出版社 2009 年版，第 280 页。

　　鲍威尔把"自我意识"及其代表即鲍威尔等人自己看作最高的存在和创造主，排斥任何实体、物质因素及其代表即群众。他把"批判"、精神作为历史活动的主体，而把其余世界归入"群众"范畴并与之相对立，把整个历史活动归结为批判与世界、批判的"基督"与愚蠢的群众的关系，从而，在鲍威尔那里，"绝对的批判的英明同绝对的群众性的愚蠢的关系"就构成了"到目前为止的批判行动和批判斗争的意图、趋向、解答"①，成为自我意识哲学的历史观的基本关系和基本问题。从这一立场出发，鲍威尔在解释历史上伟大活动的"不合时宜"和没有取得"富有影响的成效"时，把原因归于群众的"关注"和"热情"，归于思想"满足于对自己的肤浅理解"。

　　马克思认为，鲍威尔的观点完全颠倒和否定了过去的全部历史。因为在鲍威尔看来，在历史活动中重要的不是行动着的群众，不是经验的活动，也不是这一活动的经验和利益，而仅仅是存在于这些东西中的思想。但是，事实恰恰相反，"历史的活动和思想就是'群众'的思想和活动"②。马克思认为，在对历史活动的成效进行考察时，应该把对目的的关心和唤起的热情、把思想和利益严格区分开来，科学地理解它们的相互关系。实际上，利益决定思想，思想不能离开利益。"'思想'一旦离开'利益'，就一定会使自己出丑。"③同时，思想和利益又不完全同一，思想不能完全确切反映利益，思想往往把利益夸大、扩大化："任何在历史上能够实现的群众性的'利益'，在最初出现于世界舞台时，在'思想'或'观念'中都会远远超出自己的现实界限，而同一般的人的利益混淆起来。"④这也就是后来马克思在《德意志意识形态》中所表达的，特殊利益

---

① 《马克思恩格斯文集》第1卷，人民出版社2009年版，第283页。

② 《马克思恩格斯文集》第1卷，人民出版社2009年版，第286页。

③ 《马克思恩格斯文集》第1卷，人民出版社2009年版，第286页。

④ 《马克思恩格斯文集》第1卷，人民出版社2009年版，第286页。

在开始时往往以虚幻的共同利益的形式出现。因此,马克思认为,如果说,历史活动、革命没有获得成功,那么,原因就在于,它在本质上仍然停留在仅仅由少数人组成的、不是把全体居民包括在内的、有限的群众的生活条件的范围内。或者说,原因就在于,在革命的原则中,没有体现人数众多的、与资产阶级不同的那部分群众的现实利益。

在揭示资产阶级革命的本质和局限性的基础上,马克思充分肯定了人民群众在历史上的作用,提出了这样一个著名的论断:"历史活动是群众的活动,随着历史活动的深入,必将是群众队伍的扩大。"[1]

在文章中,马克思还追溯了鲍威尔把"精神"与群众相对立的思想理论来源。马克思认为,鲍威尔所发现的"精神"与群众的关系,"事实上不过是黑格尔历史观的批判的漫画式的完成"[2],而黑格尔的历史观又不过是关于精神与物质相对立的具有宗教和德国特色的思辨唯心主义的一种表现。黑格尔的历史观就是以"绝对精神"为前提,而把人类或群众看作这种精神的物质承担者。这样一来,黑格尔就把现实的人类的历史变成了抽象精神的历史,把哲学变成了这种抽象精神史的表现形式,把哲学家变成了在事后"绝对精神"实现自我意识的工具。

在马克思看来,鲍威尔比起黑格尔来有过之而无不及。首先,黑格尔虽然宣布哲学是"绝对精神"的存在形式,但却没有宣布哲学家个人就是"绝对精神",而鲍威尔却自认为他自己就是"绝对精神"。其次,在黑格尔那里,"绝对精神"创造历史的活动只是发生在哲学家的意识中,发生在事后,而鲍威尔却有意识地扮演世界精神的角色,在事前就有目的地发明和完成历史。

在"(2)绝对批判的第二次征讨(a)"中,恩格斯对马克思上述关于鲍威尔的批判作了一点补充:在费尔巴哈已经对黑格尔的唯心主义思辨

---

[1] 《马克思恩格斯文集》第1卷,人民出版社2009年版,第287页。

[2] 《马克思恩格斯文集》第1卷,人民出版社2009年版,第291页。

作了彻底批判以后，鲍威尔仍然照搬黑格尔的历史观，这显然是一种思想倒退。

进一步论述犹太人问题以及"普遍的人的解放"。关于布鲁诺·鲍威尔关于犹太人的观点，马克思在《德法年鉴》上发表的《论犹太人问题》一文中曾经做过专门的系统的评论。针对马克思的评论以及其他人的相关评述，鲍威尔在《文学总汇报》上连续发表了几篇文章来进行回答和反驳，继续坚持他对犹太人问题所持的基本观点。鉴此，在《神圣家族》的第六章中，马克思再次对鲍威尔的观点进行了驳斥和批判，进一步深入阐释了犹太人的解放问题。

鲍威尔把犹太人的解放归结为观念的解放，认为犹太人只要在理论上、在观念上获得了自由和解放，他们在实际上也就获得了自由和解放。马克思认为，这是一种停留在精神和观念中的"纯精神的社会主义"。而对于"世俗的"社会主义来说，现实的社会物质条件则是它的不可或缺的物质前提，因此，它的"首要原理"就在于"把单纯理论领域内的解放作为一种幻想加以摒弃，为了现实的自由，它除了要求有理想主义的'意志'以外，还要求有很具体的、很物质的条件"①。

马克思认为，混淆资产阶级的"政治解放"与无产阶级的普遍的"人的解放"是鲍威尔在犹太人问题上的"根本错误"②。鲍威尔之所以导致这一错误，其重要的认识论根源就是局限在精神领域来抽象地考察宗教问题，把宗教问题当作纯宗教问题，而未能去追溯宗教赖以存在的社会的现实基础。马克思指出："鲍威尔先生只了解犹太教的宗教本质，但不了解这一宗教本质的世俗的现实的基础。他把宗教意识当作某种独立的本质来反对。所以，鲍威尔先生不是用现实的犹太人去说明犹太人的宗教的秘密，而是用犹太人的宗教去说明现实的犹太人。""因此，鲍威

① 《马克思恩格斯文集》第1卷，人民出版社2009年版，第297页。
② 《马克思恩格斯文集》第1卷，人民出版社2009年版，第304页。

尔先生就没有意识到，现实的世俗的犹太精神，因而也连同宗教的犹太精神，是由现今的市民生活所不断地产生出来的，并且是在货币制度中最终形成的。"① 马克思重申，所谓的"实际的犹太精神"即自私自利、利己主义的精神，正是在资本主义社会中发展到它的顶峰和获得它的最充分的体现。在此意义上，可以说，"这种实际的犹太精神正是基督教世界本身的完备的实践"②。所以，犹太人的解放，实际上就是犹太人从利己主义的社会中获得解放，而这并不是犹太人自己才面临的特殊任务，而是人类普遍面临的一般任务，即"彻头彻尾渗透着犹太精神的现代世界的普遍的实践任务"③。这一任务的实质就是消除货币制度。

在政治层面，马克思强调，资产阶级的政治解放是有局限性的解放。它可以使国家从宗教中获得解放，也可以使个人在政治上从宗教中获得解放，即把宗教当作自己的私人事务来对待，但是，它不可能消除宗教，更不可能消除自私自利、利己主义的犹太精神。

关于"自由的人性"和人权问题，马克思指出，犹太人所要求的"自由的人性"已经在"普遍人权"中得到表达和承认。对所谓"自由的人性"的承认实质上是对市民社会中的个人的承认，而资产阶级国家的自然基础就是市民社会以及市民社会中的独立的个人。资产阶级国家通过"普遍人权"来承认自己的这种自然基础。因此，以人权作为自己的本质要求符合资产阶级国家的性质，"现代国家承认人权和古代国家承认奴隶制具有同样的意义"④。

分析法国革命，阐释阶级利益的作用。马克思在同布鲁诺·鲍威尔进行有关法国革命的论战时以下述原则为基本出发点，即对法国革命的

---

① 《马克思恩格斯文集》第1卷，人民出版社2009年版，第307页。
② 《马克思恩格斯文集》第1卷，人民出版社2009年版，第308页。
③ 《马克思恩格斯文集》第1卷，人民出版社2009年版，第308页。
④ 《马克思恩格斯文集》第1卷，人民出版社2009年版，第312页。

考察不能仅仅停留在思想斗争的层面，而必须深入隐藏在思想斗争背后的资产阶级的阶级利益。

鲍威尔认为，法国革命纯粹是思想的冲突，而这个革命之所以失败，是因为它的思想没有超出它应该推翻的那个旧世界秩序的范围。马克思认为，思想不是现实，它只是精神领域之内的东西。思想要转化为现实，必须通过实践，并且通过作为实践主体的人："思想永远不能超出旧世界秩序的范围，在任何情况下，思想所能超出的只是旧世界秩序的思想范围。思想本身根本不能实现什么东西。思想要得到实现，就要有使用实践力量的人。"①

鲍威尔把资本主义条件下存在的各个单个个人看作自私的原子，把资产阶级政治国家、政治生活看作联系这些单个个人的纽带，认为国家必须把这些单个的自私的原子联系起来。马克思认为，市民社会的成员决不是原子。原子没有任何特性，没有同身外其他存在物的关系，也没有需要。原子是自满自足、万物皆备于自身的。而市民社会中的利己主义的个人同外部世界处在不可分离的关联中。他的每一种本质活动和特性，他的每一种生命欲望都会成为一种需要。但是，因为每一个个人的需要都同满足这种需要的手段从而同这种需要的满足并没有任何直接的联系，因此，他们必然要为自己的需要的满足而彼此联合起来。"可见，正是自然必然性、人的本质特性（不管它们是以怎样的异化形式表现出来）、利益把市民社会的成员联合起来。他们之间的现实的纽带是市民生活，而不是政治生活。"②

鲍威尔认为，罗伯斯比尔和圣茹斯特的政府之所以倒台，是因为他们想在国家中造就一种尊崇自由、正义、美德的"自由人民"，因而同人们的利己主义发生了冲突。这种利己主义迫使他们采取恐怖行动，而恐

---

① 《马克思恩格斯文集》第 1 卷，人民出版社 2009 年版，第 320 页。
② 《马克思恩格斯文集》第 1 卷，人民出版社 2009 年版，第 322 页。

怖行动最终导致他们的政府灭亡。马克思认为，罗伯斯比尔和圣茹斯特的倒台，并不是因为他们的美德理想和市民的利己主义之间的矛盾，而是因为他们把以奴隶制为基础的古代民主国家同以资产阶级社会为基础的现代民主代议制国家混为一谈，并且想把他们误以为适当的古代国家形式强加给现代国家。他们把正义和美德说成是古代人民特别是希腊人和罗马人所独有的特征，并且想仿照理想化的古代国家的样子来塑造现代社会。

鲍威尔认为，罗伯斯比尔和圣茹斯特的灭亡是由于政治启蒙运动遭到镇压，而政治启蒙正是法国革命的基础。马克思指出，实际上罗伯斯比尔和圣茹斯特的倒台导致了另一种完全不同的结果，这就是法国资产阶级社会的胜利。"世俗的历史告诉我们，罗伯斯比尔倒台以后，从前想超越自我的、热情洋溢的政治启蒙，才开始以质朴平淡的方式得到实现。尽管恐怖主义想要为古典古代政治生活而牺牲资产阶级社会，革命本身还是把资产阶级社会从封建的桎梏中解放出来，并正式承认了这个社会。"①

同样，拿破仑政变的结果，也不像鲍威尔认为的那样，意味着政治启蒙运动的彻底失败。马克思认为，因这次政变而遭到失败的实际上是在执政内阁时代取得政权的自由资产阶级。拿破仑企图借助于革命恐怖主义来实行对资产阶级社会的独裁统治，但他之所以进行反对资产阶级社会的斗争，并不是为了古代的理想，而是为了承认和保护被他看作资产阶级社会基础和目的本身的现代国家。马克思认为，如果说自由资产阶级在拿破仑时代再一次遭遇革命的恐怖主义，那么它在波旁王朝即复辟时代（1825—1830）则再一次遇到了反革命。1830年法国自由资产阶级终于实现了它在1789年的愿望，从而法国革命在一个环节上取得了胜

---

① 《马克思恩格斯文集》第1卷，人民出版社2009年版，第324页。

利。但是，从 1789 年开始的法国革命史并没有到此结束。

评述法国唯物主义，阐述唯物主义与社会主义的关系。针对布鲁诺·鲍威尔关于法国唯物主义的一系列观点，马克思对法国唯物主义的起源和历史发展、同 17 世纪形而上学的对立以及与社会主义的内在关联进行了系统论述。

鲍威尔拙劣地模仿黑格尔有关斯宾诺莎和法国唯物主义的观点，认为，法国唯物主义和自然神论都是从斯宾诺莎主义中产生出来的，它们不过是斯宾诺莎主义的两个流派；而斯宾诺莎主义直到法国革命失败为止始终在 18 世纪法国思想中居于统治地位。

马克思指出："18 世纪的法国启蒙运动，特别是法国唯物主义，不仅是反对现存政治制度的斗争，同时是反对现存宗教和神学的斗争，而且还是反对 17 世纪的形而上学和反对一切形而上学……的斗争。"[①]虽然 17 世纪的形而上学后来在德国古典哲学中特别是黑格尔哲学中经历过富有内容的复辟，但黑格尔哲学很快又为费尔巴哈的唯物主义所克服，而法国和英国的社会主义实际上不过是在实践领域体现了费尔巴哈的唯物主义。

就思想来源来说，法国唯物主义有两个派别，一派起源于笛卡尔，另一派起源于洛克。前一派是机械唯物主义，汇入了法国自然科学。后一派则直接导向了社会主义。笛卡尔把他的物理学和形而上学完全分开，并在其物理学的范围内把物质看作唯一的实体以及存在和认识的唯一根据，而法国的机械唯物主义则附和笛卡尔的物理学而同他的形而上学相对立。

在法国以笛卡尔为主要代表的 17 世纪的形而上学，从诞生之日起就遇到了唯物主义的对抗，其代表人物是伽桑狄和霍布斯。

---

① 《马克思恩格斯文集》第 1 卷，人民出版社 2009 年版，第 327 页。

17世纪的形而上学还具有实证的、世俗的内容。但在18世纪初当各门具体实证科学脱离形而上学之后这种表面现象就消失了。使17世纪的形而上学理论威风扫地的人是皮埃尔·培尔。他用怀疑论摧毁了形而上学，批判了形而上学的整个历史发展过程。此外，他还证明了无神论社会存在的可能性。

如果说，皮埃尔·培尔的理论是对17世纪形而上学否定的驳斥，那么，洛克的《人类理智论》则代表了肯定的、反形而上学的体系。

在马克思看来，唯物主义是英国本土的产物。唯名论就是英国唯物主义的主要成分和最初表现。"英国唯物主义和整个现代实验科学的真正始祖是培根。……按照他的学说，感觉是确实可靠的，是一切知识的源泉。科学是经验的科学，科学就在于把理性方法运用于感性材料。归纳、分析、比较、观察和实验是理性方法的主要条件。"[①]

马克思认为："唯物主义在它的第一个创始人培根那里，还以朴素的形式包含着全面发展的萌芽。物质带着诗意的感性光辉对整个人发出微笑。"[②]但是，唯物主义在以后的发展中由于被自然科学化和理性化，就变得片面了，变得敌视人了。

霍布斯虽然把培根的学说系统化了，但他未能更详尽地论证培根关于知识和观念起源于感性世界的基本原理，而洛克论证了培根和霍布斯的原理。但是，霍布斯消除了培根唯物主义中的宗教因素，正像洛克的学生科林斯等人消除了洛克的感觉论的神学局限性一样。

法国唯物主义从洛克的感觉论出发，发展出了各种社会理论，从而使18世纪的唯物主义具有了自己的特色。直接受教于洛克的法国学生孔狄亚克在批判17世纪的形而上学时依据了洛克的感觉论。他在其《人类知识起源论》中证明，人的灵魂和感觉，都依存和来源于经验。因此，人

[①] 《马克思恩格斯文集》第1卷，人民出版社2009年版，第331页。
[②] 《马克思恩格斯文集》第1卷，人民出版社2009年版，第331页。

是教育和社会环境的产物。爱尔维修也以洛克的学说为出发点，把唯物主义运用到社会生活方面，使唯物主义真正具有了法国的性质。拉美特利的学说略有不同。他把笛卡尔的唯物主义和英国的唯物主义结合起来，特别是发挥了笛卡尔的物理学。在霍尔巴赫那里，与此相类似，也是综合了法国唯物主义和英国唯物主义的成果。

在系统地描述了法国唯物主义的起源和历史发展以后，马克思着重揭示了唯物主义与社会主义之间的内在关联："并不需要多么敏锐的洞察力就可以看出，唯物主义关于人性本善和人们天资平等，关于经验、习惯、教育的万能，关于外部环境对人的影响，关于工业的重大意义，关于享乐的合理性等等学说，同共产主义和社会主义有着必然的联系。"①

可以说，在对社会的理解方面，唯物主义有着天然的"社会主义倾向"。这在英法社会主义者那里明显地表现出来。"傅立叶是直接从法国唯物主义者的学说出发的。巴贝夫主义者是粗陋的、不文明的唯物主义者，但是成熟的共产主义也是直接起源于法国唯物主义的。这种唯物主义正是以爱尔维修所赋予的形式回到了它的祖国英国。边沁根据爱尔维修的道德论构建了他那正确理解的利益的体系，而欧文则从边沁的体系出发论证了英国的共产主义。亡命英国的法国人卡贝受到当地共产主义思想的鼓舞，回到法国，成为一个最受欢迎然而也是最肤浅的共产主义的代表人物。比较有科学根据的法国共产主义者德萨米、盖伊等人，像欧文一样，也把唯物主义学说当作现实的人道主义学说和共产主义的逻辑基础加以发展。"②

清算鲍威尔的自我意识哲学。布鲁诺·鲍威尔的自我意识哲学直接来源于黑格尔哲学，并经历了从《复类福音作者批判》一书开始直到《基督教真相》一书为止的一个发展和完善的过程。马克思将这一整体发

---

① 《马克思恩格斯文集》第 1 卷，人民出版社 2009 年版，第 334 页。
② 《马克思恩格斯文集》第 1 卷，人民出版社 2009 年版，第 335 页。

展过程的内在逻辑概括为从斯宾诺莎主义转向黑格尔的唯心主义、从"实体"转向"主体"即"无限的自我意识"的过程。

马克思指出，鲍威尔思想发展所经历的这一转向过程，其实是遵循黑格尔在其《精神现象学》中就早已描述过的以"实体"观点为出发点的从"实体"提升到"自我意识"的过程。但是，鲍威尔未能认识到，就其本质而言，"自我意识"是作为人的属性的人的观念，而不是人。所以，鲍威尔诉诸"自我意识"，实际上是把现实的人变成了人的观念，把人的特性变成了人的观念的特性。这样，鲍威尔的哲学堪称"一幅讽刺人同自然分离的形而上学的神学漫画"①。

其实，鲍威尔的"自我意识"哲学可以在黑格尔哲学体系中找到它的位置，它并未脱离黑格尔哲学体系的基地。马克思认为，鲍威尔和另一个青年黑格尔派分子施特劳斯关于实体和自我意识的争论，是在黑格尔思辨哲学范围内的争论。黑格尔体系中有三个因素：斯宾诺莎的"实体"，即脱离人的自然；费希特的"自我意识"，即脱离自然的精神；以及黑格尔自己的"绝对精神"，即现实的人或人类。施特劳斯从中采用了实体，作为福音书的创作本原，鲍威尔出于批判宗教的同一目的从中挑选了自我意识。他们每个人都对黑格尔哲学的一个方面作了彻底的发挥，因此，"他们两人在自己的批判中都超出了黑格尔体系，但同时他们两人都继续停留在黑格尔思辨的范围内"②。只有费尔巴哈才完全相反，他对整个黑格尔哲学进行了批判，把黑格尔的绝对精神归结为"以自然为基础的现实的人"，从而铺平了从唯心主义过渡到唯物主义的道路③。

关于鲍威尔思想的发展轨迹，或者说，他的自我意识哲学的形成和

---

① 《马克思恩格斯文集》第1卷，人民出版社2009年版，第340页。
② 《马克思恩格斯文集》第1卷，人民出版社2009年版，第342页。
③ 在《关于费尔巴哈的提纲》和《德意志意识形态》中，马克思进一步推进了自己有关费尔巴哈哲学的见解。他认为，由于费尔巴哈主要从自然的角度理解人，所以，费尔巴哈所讲的"人"实际上仍是抽象的人，而不是现实的人。

演变过程，马克思在文中作了具体的考察。

鲍威尔看到，在施特劳斯那里的具有普遍形式的宗教传说，就是采取宗教团体力量形式的、非逻辑的"实体"。这表明施特劳斯忠实于斯宾诺莎的实体，将其视为绝对物。但鲍威尔认为，这种观点是神秘莫测的，只能提供福音史起源过程的假象和同义反复式的说明。因此，必须去研究实体的内部过程，寻求实体的秘密。这一想法促使鲍威尔实现了黑格尔现象学中关于抛弃实体的闭塞性、将其提升为自我意识的构想，在反对实体中导向理念的普遍性和规定性，导向"无限的自我意识"。这体现在鲍威尔的《复类福音作者批判》中。

但是，在鲍威尔看来，这个自我意识、这个精神不是别的，它就是上帝，是创造世界历史的唯一力量，是"一切"。它建造了世界，建造了差别，并且在自己的创造物中建造自己。因而，世界和自我意识的差别，只是现象上的差别，是自我意识自身的差别，所以，自我意识必须重新扬弃在它之外存在某种事物的假象，否定它自己的创造物。于是鲍威尔通过批判这一武器，把在无限自我意识之外的一切有限物质，都变成单纯的假象和纯粹的思想，在任何领域内都不假定有实体。但这样一来，世界上就只存在自我意识及其创造者鲍威尔自己了。因而，鲍威尔也就自然地把自己同自我意识等同起来，而把其余的世界当作固执的"物质"和"群众"排除掉。这是鲍威尔在其《基督教真相》中达到的结局。马克思认为，鲍威尔的这种批判的最后结果就是"以思辨的黑格尔的形式恢复基督教的创世说"。

在鲍威尔使自己的自我意识消除了它的创造物而返回到自身之后，鲍威尔也就完成了自己的"思辨循环"。马克思对此作了这样的描述："鲍威尔先生最初是一个神学家，……早在他还是一个老黑格尔正统派……的时候，……就已经……十分明确地要求享有神的批判的权利。后来，他从宗教的外壳中剥出了这种神性的隐秘的内核，即伟大的自我感觉或自我意识，使其独立化，变成独立的存在物，并在'无限的自我意识'的幌子下把它提升为批判的原则。接着，他在他本身的运动中完成了被'自我意识的哲学'描述为绝对的生命行为的那种运动。他又扬弃了'创造物'即无限的自我意识与创造者即他自己之间的'差别'，并认识到，无限的自我意识在自己的运动中'只是'鲍威尔'他自己'，……最后，宗教的救世主终于显化为批判的救世主鲍威尔先生了。"①

马克思还追溯了鲍威尔的思想理论来源——作为鲍威尔自我意识哲学发源地的黑格尔的《精神现象学》。"鲍威尔的这种勇气的秘密就在于黑格尔的《现象学》。"②黑格尔在《精神现象学》中用"自我意识"来代替人，对人的自我意识的各种异化形式所具有的物质的、感性的现实基础置之不理，以为一旦把感性的现实世界变成"思想的东西"，就征服了这个世界。鲍威尔沿袭黑格尔的做法，停留在宗教批判的范围之内，只看到宗教世界是作为自我意识的世界而存在，而没有看到宗教世界赖以存在的现实基础，更没有看到当人改变自己主观意识而并没有改变对象性的现实世界时，这个世界仍然会照旧存在。马克思在批判鲍威尔唯心主义的同时强调：如果把人对自然界的理论关系和实践关系、把自然科学和工业排出历史运动之外，就不可能达到对历史现实的认识；如果不把某一历史时期的工业即生活本身的直接的生产方式认识清楚，就不可能真正认清这个历史时期；因为"历史的诞生地"就是"地上的粗糙的物质生产"③。

---

① 《马克思恩格斯文集》第 1 卷，人民出版社 2009 年版，第 346—347 页。
② 《马克思恩格斯文集》第 1 卷，人民出版社 2009 年版，第 357 页。
③ 《马克思恩格斯文集》第 1 卷，人民出版社 2009 年版，第 350—351 页。

三、"新唯物主义"

到了 1844 年底，马克思不仅实现了向唯物主义和共产主义的转变，而且大致完成了唯物主义历史理论的发挥工作，并准备与恩格斯一起着手在各个极为不同的方面详细制定有关这一理论的新观点。《关于费尔巴哈的提纲》正是在这种情况下形成和产生的。它概括和推进了《1844 年经济学哲学手稿》和《神圣家族》中的主要成果，实际上成为马克思制定"新唯物主义"世界观的纲领。正是在《关于费尔巴哈的提纲》中，马克思首次提出了"新唯物主义"（der neue Materialismus）这一标志自己新哲学的概念，并明确宣布："旧唯物主义的立脚点是市民社会，新唯物主义的立脚点则是人类社会或社会的人类。"

《关于费尔巴哈的提纲》是马克思于 1845 年初在布鲁塞尔写下的一份笔记。这份笔记载于马克思 1844—1847 年的笔记本中，当时是供马克思自己进一步研究使用的，没有打算付印。1888 年，恩格斯把它作为《路德维希·费尔巴哈和德国古典哲学的终结》一书的附录第一次予以发表。

在《关于费尔巴哈的提纲》中，马克思首次系统地论述了他所创立的科学的实践观，并以此为基础，对包括费尔巴哈哲学在内的旧唯物主义以及以往的一切旧哲学进行了批判，同时制定了"新唯物主义"即马克思主义哲学这一新哲学世界观的要点。恩格斯对于《关于费尔巴哈的提纲》给予高度评价，认为它是"包含着新世界观的天才萌芽的第一个文件"[①]。

《关于费尔巴哈的提纲》也是马克思同包括费尔巴哈哲学在内的一切旧唯物主义彻底划清界限的标志。尽管马克思从未成为真正意义上的费尔巴哈派，但费尔巴哈哲学曾对马克思的思想发展产生过重要影响。在

---

① 《马克思恩格斯选集》第 4 卷，人民出版社 1995 年版，第 213 页。

1842 年从事政治评论活动期间，马克思开始受到费尔巴哈哲学的影响。在 1843 年夏撰写的《黑格尔法哲学批判》中，马克思充分吸取了费尔巴哈所取得的唯物主义成果，该书在一定程度上是以费尔巴哈对黑格尔一般哲学的批判作为前提和基础的。在其后撰写的《1844 年经济学哲学手稿》中，仍然明显保留了费尔巴哈哲学影响的痕迹。在该文中，马克思采纳和推进了费尔巴哈关于宗教的本质、"异化"、"感性"、"类本质"以及人与自然相统一等思想。但是，马克思对费尔巴哈哲学一开始就有所保留。早在 1843 年 3 月 13 日致卢格的信中，马克思就指出费尔巴哈"过多地强调自然而过少地强调政治"，表明了他与费尔巴哈的分歧。在以后的思想发展中，伴随对经济和社会问题的深入研究，马克思日益从根本上超越了费尔巴哈的人类学唯物主义。尽管如此，由于费尔巴哈当时在批判以黑格尔为代表的唯心主义哲学中恢复了哲学唯物主义的权威，也由于他的哲学在一定程度上为新唯物主义的创立提供了思想材料和推动力，马克思作为这一哲学的直接受惠者，直到撰写《神圣家族》，对费尔巴哈哲学的成就和作用仍给予了充分的肯定和较高的评价。

1844 年下半年以后，马克思与恩格斯一起基本上完成了唯物主义历史理论的发挥工作。同时，与费尔巴哈哲学中消极因素有着某种渊源关系的"真正的社会主义"已开始流行并对社会主义运动产生影响。这就把批判费尔巴哈哲学、进一步清理德国古典哲学遗产的任务提到马克思的面前。促使马克思批判费尔巴哈哲学的另一因素是，1844 年 10 月，青年黑格尔派分子施蒂纳出版了他的著作《唯一者及其所有物》，率先对费尔巴哈哲学进行了前所未有的抨击，并给马克思以一定的启迪。这成为马克思批判费尔巴哈哲学的一个直接的契机。

在《关于费尔巴哈的提纲》中，马克思第一次对费尔巴哈哲学进行了批判。通过这一批判，马克思不仅最终克服了包括费尔巴哈哲学在内的一切旧唯物主义，而且也借此最终扬弃了以往的一切传统哲学。

在《关于费尔巴哈的提纲》中，马克思集中批判了包括费尔巴哈哲学在内的旧唯物主义不理解现实的、感性的实践活动及其意义这一根本缺陷。他指出，包括费尔巴哈哲学在内的从前的一切唯物主义的主要缺点，就是对对象、现实、感性，只是从客体的或者直观的形式去理解，而不是把它们当作感性的人的活动，当作实践去理解，不是从主体方面去理解，以致唯心主义抽象地发展了能动的方面。即使在费尔巴哈那里，人的活动本身也没有被理解为"对象性"的活动，因而被排除在与"思想客体"不同的"感性客体"之外①。

在揭示旧唯物主义的消极、被动和直观的性质及其认识论根源的基础上，马克思表达了他对实践的本质和意义的科学理解。在马克思看来，实践本身是一种客观的、物质的活动。它是通过社会关系总和表现出来的人的本质的现实基础，是人的认识的真理性标准和目的，也是全部社会生活的本质。由此，马克思既揭示了实践在社会历史过程中的作用和意义，又揭示了实践在人们认识过程中的作用和意义；既阐明了实践的"本体论"功能，又阐明了实践的认识论功能，从而在根本上把对人、社会以及自然的唯物主义理解统一起来，实现了对社会生活认识以及整个哲学认识的根本变革。

在《关于费尔巴哈的提纲》中，马克思特别阐明了新唯物主义与旧唯物主义以及与以往一切旧哲学在理论与实践关系上所体现出来的原则区别，表述了新唯物主义的阶级实质和历史使命。他写下了这一名言："哲学家们只是用不同的方式解释世界，问题在于改变世界。"②

---

① 《马克思恩格斯选集》第1卷，人民出版社1995年版，第54页。
② 《马克思恩格斯选集》第1卷，人民出版社1995年版，第57页。

第四讲 "唯物主义历史观"的构建和创立

如前所述，到了 1844 年底，马克思不仅已经实现了向唯物主义和共产主义的转变，而且已经大致完成了唯物主义历史理论的发挥工作，并准备与恩格斯一起着手在各个极为不同的方面详细制定有关这一理论的新观点。《关于费尔巴哈的提纲》通过科学实践观的制定初步奠定了"新唯物主义"理论大厦的基础，关于"新唯物主义"理论大厦本身的系统构建则是通过《德意志意识形态》的撰写实现的。在《德意志意识形态》中，马克思与恩格斯将"新唯物主义"具体化为"唯物主义历史观"，并强调指出："这种历史观和唯心主义历史观不同，它不是在每个时代中寻找某种范畴，而是始终站在现实历史的基础上，不是从观念出发来解释实践，而是从物质实践出发来解释各种观念形态。"[①]

---

① 《马克思恩格斯文集》第 1 卷，人民出版社 2009 年版，第 544 页。在《德意志意识形态》中，虽然未直接出现"唯物主义历史观"这一完整的术语，但是"和唯心主义历史观不同"的"这种历史观"的提法已经间接地将"唯物主义历史观"的术语表达出来了。在 1859 年 8 月 3 日至 15 日恩格斯撰写并经马克思亲自审阅和修改的《卡尔·马克思〈政治经济学批判。第一分册〉》中，"唯物主义历史观"的概念得到正式公开确认。该文称，"德国的经济学（指马克思创立的马克思主义经济学——引者注）本质上是建立在唯物主义历史观的基础上的，后者的要点，在本书的序言中已经作了扼要的阐述"。参见《马克思恩格斯选集》第 2 卷，人民出版社 1995 年版，第 37—38 页。

一、"唯物主义历史观"的实证基础

在《关于费尔巴哈的提纲》中，马克思通过系统地阐述他的新实践观，已经为"新唯物主义"及其具体体现"唯物主义历史观"的体系构建奠定了主要的基石。其中，马克思提出和概要说明了下述一系列重要论点。

实践是一种现实的、感性的活动。马克思在《关于费尔巴哈的提纲》中集中揭示了以往旧哲学特别是旧唯物主义的主要缺陷，提出和阐明了实践是一种现实的感性的活动，即客观的物质活动。他指出："从前的一切唯物主义（包括费尔巴哈的唯物主义）的主要缺点是：对对象、现实、感性，只是从客体的或者直观的形式去理解，而不是把它们当作感性的人的活动，当作实践去理解，不是从主体方面去理解。因此，和唯物主义相反，唯心主义却把能动的方面抽象地发展了，当然，唯心主义是不知道现实的、感性的活动本身的。"①

在这里，马克思明确地把是否从物质实践出发来理解客观对象作为区分他的"新唯物主义"与旧唯物主义以及与唯心主义的根本标准。

根据马克思的观点，事物、整个现实世界，包括人类社会和人生活在其中的构成人现实生活基础的那部分自然界，都不是孤立存在的，而是通过社会实践与人这一实践主体构成一种互相作用的关系，即作为实践的客体而出现。而人们不是被动地接受外界事物的刺激而认识客观对象的，不是以"直观的形式"反映客体的，而是在实践的基础上，即作为主体，在意识的支配下，通过能动地改造客体，来反映客体和认识外界事物的。因此，只有从实践的观点出发，才能够真正认识和理解外界事物和客观对象。

---

① 《马克思恩格斯文集》第 1 卷，人民出版社 2009 年版，第 499 页。

包括费尔巴哈哲学在内的旧唯物主义不了解社会实践的作用。它只看到客观对象、周围的自然界作用于人，而忽视了人也作用于客观对象，作用于周围的自然，能够能动地改造和利用它们，为自己的生存和发展创造条件。这样，旧唯物主义就无条件地把人隶属于对象、自然，用感性直观取代了社会物质实践。

由于旧唯物主义忽视了人的社会实践活动，忽视了人的主体的能动性，人的主体的能动作用特别是意识的能动作用方面就被唯心主义抽象地加以发展了。唯心主义肯定人的意识具有能动的作用，但却片面地夸大了意识的能动作用，以致否认意识产生的物质根源以及意识产生作用的物质前提条件，又走向了另一极端。

通过对包括费尔巴哈哲学在内的旧唯物主义主要缺陷的批判，马克思表述了自己对实践的本质的理解。在马克思看来，实践是一种"现实的、感性的"活动，即客观的、物质的活动。由于它构成人所存在的现实世界的基础，因此必须把它纳入对事物、现实和感性客体等诸种客观对象的本质的理解中去。

实践是检验人的思维真理性的标准。在《关于费尔巴哈的提纲》中，马克思批判了旧唯物主义在真理标准这一认识论根本问题上的局限。

旧唯物主义不能从实践的观点去认识和理解客观对象，去认识和理解事物、现实、感性，也就不能把作为认识的来源和基础的实践当作检验人的认识和思维的真理性的标准。

费尔巴哈曾经对黑格尔的主观的、唯心主义的真理观进行过批判。他认为，由于黑格尔把自然与社会看作"绝对观念"的外化，所以，黑格尔主张的思维与存在的同一，实际上是思维与思维自身的同一。因此，在黑格尔那里，思维也就不可能有别的真理标准，只能以"理念"这一形式的、主观的标准为标准。但是，很明显，"这个标准是不能决定思维中的真理也就是实际上的真理的"①。那么，能决定思维真理性的标准是什么呢？费尔巴哈认为，"能决定这一点的唯一标准，乃是直观"②。然而，感性直观依然是一种认识活动，未能超出思想、精神的范围。这样，费尔巴哈同黑格尔关于真理标准的争论，实际上依然是一种"离开实践的思维"是否具有现实性的争论，是一种"纯粹经院哲学"的争论。

正是针对费尔巴哈以及以往一切旧哲学的这种真理标准上的谬误，马克思鲜明地提出了马克思主义哲学关于真理标准的观点，指出："人的思维是否具有客观的［gegenständliche］真理性，这不是一个理论的问题，而是一个实践的问题。人应该在实践中证明自己思维的真理性，即自己思维的现实性和力量，自己思维的此岸性。"③在这里，马克思第一次把实践引入认识论，作为检验人的思维真理性的客观标准。

实践之所以能够成为检验思维的真理性的客观标准，是因为实践是思维与存在、主观与客观相统一的现实基础。实践既是在人意识支配下的活动，具有主观能动性，又是能产生物质效果的活动，具有客观现实性，它不仅具有理性的普遍性，而且具有感性的直接性，是主观见之于客观的东西。因此，它能把主观和客观联系起来，通过它所产生的物质效果，反过来检验支配它的思想认识是否正确，是否和客观相符合、相一致。

实践是人与环境、主体与客体相统一的现实基础。旧唯物主义对客观对象、对事物、现实和感性等只从客体或直观的形式去理解，表现在历史观方面，是对人与社会环境相互关系的不正确的理解，即只看到了社会环境决定人，而忽视了人也作用于社会环境。

---

① 《费尔巴哈哲学著作选集》上卷，荣震华、李金山等译，商务印书馆1984年版，第179页。
② 《费尔巴哈哲学著作选集》上卷，荣震华、李金山等译，商务印书馆1984年版，第179页。
③ 《马克思恩格斯文集》第1卷，人民出版社2009年版，第500页。"客观的"（gegenständliche）一词应译为"对象性的"。在马克思那里（在黑格尔那里也如此），"对象性的"比"客观的"具有更为丰富的内涵。它不仅具有"客观的"含义，还有"属人的"含义。

费尔巴哈在人与社会环境的关系问题上也持有类似的见解。他认为，人性本来是善的，"人的一切本能就起源来说是善的本能"①，但是，后天环境和教育的作用，使这种善的本能"经常遭到破坏"，以致"转换为坏的本能"。因此，费尔巴哈也强调社会环境和教育的作用，而未看到社会环境和教育同时也是人的活动的产物，恰恰是通过人及其实践活动来改变的。

其实，社会环境的改变与人自身的改变是统一的。在《关于费尔巴哈的提纲》中，马克思从科学的实践观出发，揭示了人与社会环境相统一的现实基础，科学地阐明了人与社会环境、人的改变与社会环境的改变的相互关系。他提出了这样一个重要论断："环境的改变和人的活动或自我改变的一致，只能被看做是并合理地理解为革命的实践。"②这一论断意味着，社会环境的改变与人的自身的改变不过是统一的实践过程的两个不同的方面，人"在改造环境的同时也改变着自己"③。

实践是人的本质的规定和人的感性的基础。在《关于费尔巴哈的提纲》中，马克思批评了费尔巴哈对人的抽象理解，并对人的本质作了新的说明。

费尔巴哈把宗教的本质归结为人的本质，剥掉了宗教的神秘外衣。但是，费尔巴哈没有继续前进，进一步研究决定人的本质的社会关系，更没有对扭曲人的本质的社会关系进行批判。这样，就导致了他的下述错误："（1）撇开历史的进程，把宗教感情固定为独立的东西，并假定有一种抽象的——孤立的——人的个体。"④也就是说，停留在纯粹的感情或精神领域内，离开人类实践的发展，离开一定的社会关系，来对人进行

---

① 引自由 Carlo Ascheri 整理的费尔巴哈《基督教本质》"导言"手稿（*Entwurf von der Einführung zum Wesen des Christentums*），未公开发表。

② 《马克思恩格斯文集》第 1 卷，人民出版社 2009 年版，第 500 页。

③ 《马克思恩格斯全集》第 3 卷，人民出版社 1960 年版，第 234 页。

④ 《马克思恩格斯文集》第 1 卷，人民出版社 2009 年版，第 501 页。

抽象的考察，从而把人理解为抽象的、孤立的单个个人，而非现实的、处在一定社会关系体系中的个人。"（2）……本质只能被理解为'类'，理解为一种内在的、无声的、把许多个人自然地联系起来的普遍性。"① 也就是说，把人的"类本质"主要理解为自然本质。

马克思在批判费尔巴哈抽象的人的学说的同时，明确提出了人的本质在其现实性上"是一切社会关系的总和"这一著名命题②。根据马克思的理解，人们之间的诸种社会关系都是个人在从事物质实践的过程中建立和发展起来的，是适应人们的社会实践的发展变化而发展变化的。因而，人的本质归根到底是由人的实践活动决定的。

费尔巴哈在批判黑格尔哲学的过程中，正确地把感性作为自己的哲学的出发点，来同黑格尔的抽象的"理念"相对立。他强调不仅要从理性来理解人，而且更要从感性来理解人，把感性视为人的存在方式。可是，费尔巴哈没有看到实践是人的感性赖以存在和发展的基础，人的感性是人的实践活动的产物和结果。其实，人的感性是伴随人类的社会实践在漫长的历史过程中发展和完善起来的。正如马克思说过的，"正像人的对象不是直接呈现出来的自然对象一样，直接地客观地存在着的人的感觉，也不是人的感性"，人的感性的形成"是以往全部世界历史的产物"③。费尔巴哈脱离人的社会实践去理解、看待感性，实际上，这样的感性只能是抽象的人的感性，与黑格尔的抽象的"理念"在性质上并没有什么不同。

实践是社会生活的本质。在《关于费尔巴哈的提纲》中，马克思提出了"全部社会生活在本质上是实践的"④ 这一命题，指出了新旧唯物主

① 《马克思恩格斯文集》第 1 卷，人民出版社 2009 年版，第 501 页。
② 《马克思恩格斯文集》第 1 卷，人民出版社 2009 年版，第 501 页。
③ 《马克思恩格斯全集》第 42 卷，人民出版社 1979 年版，第 169、126 页。
④ 《马克思恩格斯文集》第 1 卷，人民出版社 2009 年版，第 501 页。

义在实践观这一根本问题上的本质区别以及它们在认识社会生活方面所起到的完全不同的作用。

马克思所以把实践确认为社会生活的本质，是因为，人类最基本的社会实践活动——物质生产是人类社会存在和发展的基础，物质生产规定了社会的性质以及进一步发展的方向，是历史发展的根本动力。

因此，物质生产是理解人类社会历史的关键性因素。马克思创立的新唯物主义正是在生产劳动中找到了理解全部人类社会历史的钥匙。马克思揭示了实践、物质生产在社会历史中的意义，就使它能够把社会中的物质的关系、经济的关系同其他的关系区分开来，科学地阐明人们的社会存在对他们的意识、人们的社会实践对他们的思想理论的决定作用。根据马克思的观点，由于实践、物质生产规定了包括社会精神生活在内的全部社会生活的本质，所以，不仅一切理论问题，而且一切与理论有关的神秘主义的东西，最终都可以归结到实践方面去，都可以通过实践以及通过对实践的理解得到合理的说明和解释。正像马克思所说的，"凡是把理论引向神秘主义的神秘东西，都能在人的实践中以及对这种实践的理解中得到合理的解决"①。

旧唯物主义不理解实践在社会发展中的意义和社会生活的实践本质，因此，它对社会现象的认识就受到了根本的局限。马克思指出，这种"直观的唯物主义"至多也只能做到对"市民社会"即资本主义社会及其单个个人的直观。旧唯物主义不能从社会生产实践来了解人，不能从社会关系中来了解人，就只能把人了解为如同一般生物个体一样。而人是社会关系中的人，它不仅具有自然性，更具有社会性。旧唯物主义不能看到人的社会本质，因而不能正确认识人和社会。

实践是认识特别是哲学认识的目的。在《关于费尔巴哈的提纲》中，

---

① 《马克思恩格斯文集》第 1 卷，人民出版社 2009 年版，第 501 页。

马克思从哲学所担负的历史任务的角度，对新旧唯物主义的本质区别作了一个最后归结："哲学家们只是用不同的方式解释世界，问题在于改变世界。"①

由于以往的哲学家们限于各种主客观条件不了解物质实践在人类社会发展中的地位和作用，没有揭示出哲学理论与其社会现实之间的真实关系，停留于抽象的思辨，决定了他们只能停留在思想领域，"用不同的方式解释世界"，而不可能提出将理论转变为革命实践的要求。这在费尔巴哈那里得到明显的体现。马克思和恩格斯指出，费尔巴哈"和其他的理论家一样，只是希望确立对存在的事实的正确理解，然而一个真正的共产主义者的任务却在于推翻这种存在的东西"②。

与旧的、直观的唯物主义相反，马克思创立的新唯物主义，是一种具有实践性的唯物主义，它有意识地服从和服务于无产阶级改造现实的斗争。因此，"对实践的唯物主义者，即共产主义者说来，全部问题都在于使现存世界革命化，实际地反对和改变事物的现状"③。由此可见，"马克思主义的哲学认为十分重要的问题，不在于懂得了客观世界的规律性，因而能够解释世界，而在于拿了这种对于客观规律性的认识去能动地改造世界"④。

二、"唯物主义历史观"的体系构建

马克思、恩格斯对"唯物主义历史观"的理论体系的系统建构体现

---

① 《马克思恩格斯文集》第 1 卷，人民出版社 2009 年版，第 502 页。
② 《马克思恩格斯选集》第 1 卷，人民出版社 1995 年版，第 96—97 页。
③ 《马克思恩格斯全集》第 3 卷，人民出版社 1960 年版，第 48 页。
④ 《毛泽东选集》第 1 卷，人民出版社 1991 年版，第 292 页。

在《德意志意识形态》一书中。《德意志意识形态》大体写于 1845 年夏至 1846 年 2 月 ①。马克思在 1859 年撰写的《政治经济学批判》"序言"中曾这样回顾这本书的写作：当 1845 年初恩格斯也住在布鲁塞尔时，"我们决定共同阐明我们的见解与德国哲学的意识形态的见解的对立，实际上是把我们从前的哲学信仰清算一下。这个心愿是以批判黑格尔以后的哲学的形式来实现的。两厚册八开本的原稿早已送到威斯特伐利亚的出版所，后来我们才接到通知说，由于情况改变，不能付印。既然我们已经达到了我们的主要目的——自己弄清问题，我们就情愿让原稿留给老鼠的牙齿去批判了" ②。

在马克思、恩格斯生前，《德意志意识形态》一书的手稿只有个别章节问世：第 2 卷第 4 章曾发表在《威斯特伐利亚汽船》杂志 1847 年 8—9 月号上，第 1 卷第 2 章的部分内容曾发表在《社会明镜》杂志第 7 期上，第 2 卷第 5 章（该章的作者是莫泽斯·赫斯）的部分内容曾发表在《社会明镜》杂志第 5 期上。

《德意志意识形态》全书第一次发表是在 1932 年，以原文形式发表于《马克思恩格斯全集》历史考订版第一部分第五卷。该书第一章《一、费尔巴哈》第一次发表是在 1924 年，由苏共中央马克思恩格斯研究院发表了该章的俄译本。该章的第一个中文译本是由郭沫若翻译并于 1938 年在上海言行出版社出版的。

《德意志意识形态》一书的手稿总共约有 50 印张。原书手稿没有写明书名和第一、第二卷的总标题。现有书名和标题是根据马克思的《驳卡尔·格律恩》（写于 1847 年 4 月 3 日）一文后加上去的。现存手稿中缺少第一卷第三章的"B．我的交往"中的第 1、2、3、4 节以及"C．我

---

① 关于《德意志意识形态》特别是其第一卷第一章的写作时间学者们意见不一。此处所说的时间系据笔者考证。

② 《马克思恩格斯选集》第 2 卷，人民出版社 1995 年版，第 34 页。

的自我享乐"中的第 1、2、3、4、5 节；第二卷的第二、三章。

《德意志意识形态》第一章由于较为集中地阐述和论证了唯物主义历史观的基本原理，故成为该书中最重要的一章。该章含若干独立的手稿，有恩格斯标记的印张编码和马克思标记的页数编码，这也成为文稿排序的根本依据。关于该章的主要作者是马克思还是恩格斯，国际学界曾发生过争议。本文持马克思是该章主要作者的观点①。

在《德意志意识形态》第一章中，马克思、恩格斯对他们所创立的唯物主义历史观进行了系统的论证和阐发。其中，对于唯物主义历史观的本质，马克思、恩格斯作了这样经典的表述："这种历史观就在于：从直接生活的物质生产出发阐述现实的生产过程，把同这种生产方式相联系的、它所产生的交往形式即各个不同阶段上的市民社会理解为整个历史的基础，从市民社会作为国家的活动描述市民社会，同时从市民社会出发阐明意识的所有各种不同的理论产物和形式，如宗教、哲学、道德等等，而且追溯它们产生的过程。"②

唯物主义历史观的现实出发点。马克思、恩格斯在阐述人类历史的现实前提的基础上，阐明了唯物主义历史观的现实出发点。

马克思、恩格斯在考察历史时，不是运用思辨的方法，从任意的前提出发，而是运用经验的方法，从现实的前提出发。马克思、恩格斯把这种现实的前提表述为"现实的个体"（Individuum）、"他们的活动"，以

---

① 这一章的手稿主要出于恩格斯的手迹，广松涉等人据此断定恩格斯是该章的主要作者甚至是唯物主义历史观的主要创立者。参见广松涉《文献学语境中的〈德意志意识形态〉》，附录二"青年恩格斯的思想形成"，彭曦译，南京大学出版社 2005 年版，第 358 页。但是，撇开该章提出的基本观点和表述风格以及该章与《1844 年经济学哲学手稿》《关于费尔巴哈的提纲》等文存在的内在思想关联不论，马克思 1846 年 8 月 1 日致卡·威·列斯凯的信以及 1847 年 12 月 9 日致巴·瓦·安年柯夫的信均能表明《德意志意识形态》第一卷第一章的第一作者是马克思而不是恩格斯。苏联学者梁赞诺夫曾提出过"恩格斯誊抄说"，这一主张应是可以成立的。
② 《马克思恩格斯选集》第 1 卷，人民出版社 1995 年版，第 92 页。

及 "他们的物质生活条件"①。其中，首要的前提是现实的个体或有生命的个体。

马克思、恩格斯认为，"全部人类历史的第一个前提无疑是有生命的个体的存在"。而个体的肉体组织决定着人们必须进行自己的物质生活资料的生产，从而发生人们与自然之间的关系。人们用以生产自己的生活资料的方式，不仅是他们的肉体存在的再生产，而且在更大程度上是他们的 "活动方式" 和 "生活方式"，是决定他们的本质的东西，因为人们生产自己的生活资料，同时也就间接地生产着自己的物质生活本身。因此，物质生产是人的本质规定，一当人开始生产自己的生活资料，人就开始把自己和动物区别开来②。

那么，人们的意识、精神与他们的存在又是什么关系？以往的历史观把人的精神、意识作为人的存在和社会历史的决定力量以及自己的哲学的出发点。马克思、恩格斯坚持从物质实践的观点出发，把意识、精神看作 "人们物质行动的直接产物"，认为 "意识在任何时候都只能是被意识到了的存在，而人们的存在就是他们的现实生活过程"③。按照这一理解，意识、意识形态自身不具有自己的独立性及独立发展的历史，而是依附于它们所产生的社会物质条件，是由人们的社会存在所决定的一种历史的产物："道德、宗教、形而上学和其他意识形态，以及与它们相

---

① 《马克思恩格斯文集》第 1 卷，人民出版社 2009 年版，第 518—519 页。"个体"（Individuum）一词现几乎均被译成 "个人"，有误。详见作者《马克思的 "个体" 和 "共同体" 概念》一文中的相关考证，载《哲学研究》2012 年第 1 期。

② 国外有学者质疑马克思从实践的观点来研究人，认为从实践的观点研究人是不当的。例如，德国哲学家海德格尔就认为，"当马克思把生产方式介入到人的存在而展开理论时，马克思遮蔽的就是人本身"。这种论调其实是对马克思哲学的一种误读。因为人和人的实践活动、主体和主体的规定、存在与本质是同一的。人的本质只有在人的实践中才能得到生成和表现。此外，实践还是人与自然相统一的现实的基础和中介。所以，可以说，从人的实践活动入手是研究现实的人的一种真实和合理的路径。

③ 《马克思恩格斯文集》第 1 卷，人民出版社 2009 年版，第 525 页。

适应的意识形式便不再保留独立性的外观了。它们没有历史，没有发展，而发展着自己的物质生产和物质交往的人们，在改变自己的这个现实的同时也改变着自己的思维和思维的产物。"①

在揭示人类历史的现实前提以及人类物质实践活动对于人类自身存在意义的基础上，马克思、恩格斯确定了唯物主义历史观的出发点，即"现实的个体"："我们的出发点是从事实际活动的人"②。

由此出发，马克思、恩格斯进一步从哲学对象的角度对唯物主义历史观进行了界定，提出它是"描述人们实践活动和实际发展过程的真正的实证科学"③。这一规定，肯定了人在唯物主义历史观中的中心地位，同时也内含和体现了唯物主义历史观的科学性和价值性的双重本性：既肯定人是历史主体，也肯定人是价值主体。前者体现客观的历史事实，后者体现主体的价值取向。

与确定有生命的个体存在是人类历史的第一个前提相联系，马克思、恩格斯分析了构成人们社会活动或人类原初历史关系的四个因素：物质生活资料生产、新的需要、人的生命的生产（家庭）和社会物质关系。这些因素相互关联，同时存在。

唯物主义历史观的实践观。从人类历史的现实前提出发，马克思、恩格斯对在《关于费尔巴哈的提纲》中已经确立的实践观进行了具体展开，进一步揭示了实践在人类历史发展过程中的地位和作用。他们指出，实践是整个现存感性世界的基础，是人与自然相统一的基础（而费尔巴哈的局限性就在于，没能把感性世界理解为构成这一感性世界的个人的实践活动）。而且，实践，物质生活资料的生产，是人类生存的第一个前提，是人们仅仅为了生活就必须每日每时从事的历史活动，因此，它"是

---

① 《马克思恩格斯文集》第 1 卷，人民出版社 2009 年版，第 525 页。
② 《马克思恩格斯文集》第 1 卷，人民出版社 2009 年版，第 525 页。
③ 《马克思恩格斯文集》第 1 卷，人民出版社 2009 年版，第 526 页。

一切历史的基本条件"。正是通过物质生活资料的生产，人类满足自身生命生产的需求，并为意识和精神的生产提供源泉和动力。

出于对实践的这种理解，与以往的哲学家们停留于哲学的思辨不同，马克思、恩格斯关注和重视哲学向实践的转化，即哲学的现实化。他们强调："对实践的唯物主义者即共产主义者来说，全部问题都在于使现存世界革命化，实际地反对并改变现存的事物。"[①] 这样，马克思、恩格斯就进一步把自己的哲学表述为一种"实践的唯物主义"。这一概念表明，在马克思、恩格斯那里，实践的观点与唯物主义的观点是统一的。只有坚持实践的观点，才能坚持彻底唯物主义的观点。此外，唯物主义的观点与共产主义的理论也是统一的。共产主义就是唯物主义在社会实践中的运用和体现。

从实践的观点来理解唯物主义历史观的本质，马克思、恩格斯认为："这种历史观就在于：从直接生活的物质生产出发阐述现实的生产过程，把同这种生产方式相联系的、它所产生的交往形式即各个不同阶段上的市民社会理解为整个历史的基础，从市民社会作为国家的活动描述市民社会，同时从市民社会出发阐明意识的所有各种不同的理论产物和形式，如宗教、哲学、道德等等，而且追溯它们产生的过程。"[②] 它和唯心主义历史观的区别在于："不是从观念出发来解释实践，而是从物质实践出发来解释各种观念形态。"[③]

唯物主义历史观的意识形态理论。马克思、恩格斯在系统阐述实践观的基础上，专门研究了意识形态与统治阶级、与占统治地位的物质关系（经济基础）的关系，集中阐述了意识形态的本质。

"意识形态"一词由希腊语 idea 和 graphein 构成，意为"观念的学

---

① 《马克思恩格斯文集》第 1 卷，人民出版社 2009 年版，第 527 页。
② 《马克思恩格斯文集》第 1 卷，人民出版社 2009 年版，第 544 页。
③ 《马克思恩格斯文集》第 1 卷，人民出版社 2009 年版，第 544 页。

说"。德文语词为 Ideologie，"观念体系"或"思想体系"之意。"意识形态"这一汉语语词为日本学者森户辰男和栉田民藏在翻译《德意志意识形态》"费尔巴哈"章中的 Bewusstseinsform（"意识形式"）一词时所使用（该译文首载于 1926 年《我等》杂志，1930 年出修订版）。郭沫若在翻译《德意志意识形态》第一章时用森户辰男和栉田民藏使用的这一语词来翻译 Ideologie，并用于该书的书名（书中则译为"观念体系"）。据有关考证，法国哲学家孔狄亚克（1715—1780）首先赋予该词以哲学含义，将其解释为一种通过对生理和心理的认识，来确定有关教育、伦理和政治的实用规则的学说。在《德意志意识形态》中，马克思、恩格斯首先是在这一概念的德语语词所具有的通常含义即"观念体系"的意义上来使用这一概念的。他们区分了"一般意识形态"和"德国意识形态"。前者指以往的一切意识形态，后者则专指青年黑格尔派哲学。

马克思、恩格斯认为，意识形态实质上是统治阶级的思想体系。"统治阶级的思想在每一时代都是占统治地位的思想"[①]，因为统治阶级是社会上占统治地位的物质力量，支配着物质生产资料，这就决定它必然同时也是社会上占统治地位的精神力量，支配着精神生产资料。这意味着，统治阶级的统治，不仅表现在社会物质领域和政治领域中，而且，也必然表现在思想领域中。也就是说，统治阶级不仅作为物质生产的管理者进行统治，而且，还作为思想的生产者和调节者进行统治。统治阶级之所以需要思想、意识形态，是因为他们不仅需要支配物质生产资料，还需要支配精神生产资料。

一定的意识形态虽然是一定的统治阶级的思想，但是统治阶级往往赋予自己的思想以普遍的形式，把它们描述成唯一合理的、具有普遍意义的思想。马克思、恩格斯指出，这种做法其实只是在统治阶级的利益

---

① 《马克思恩格斯文集》第 1 卷，人民出版社 2009 年版，第 550 页。

与其余一切非统治阶级的共同利益还有较多的联系，还没有发展为特殊利益时才有其合理性。

在指出意识形态是社会上占统治地位的思想、是统治阶级的思想的基础上，马克思、恩格斯进一步揭示了意识形态的根源，认为意识形态作为在社会上占统治地位的统治阶级的思想，是统治阶级的物质关系的在观念上的反映和表现。马克思、恩格斯强调，占统治地位的思想之所以是统治阶级的思想，说到底，是因为统治阶级在社会物质关系领域居统治地位，统治阶级的物质关系是社会上占统治地位的物质关系，而"占统治地位的思想不过是占统治地位的物质关系在观念上的表现，不过是以思想的形式表现出来的占统治地位的物质关系"①。可见，在意识形态问题上，马克思、恩格斯也彻底坚持和贯彻了"不是人们的意识决定他们的存在、而是他们的社会存在决定他们的意识"的观点。由于意识形态是统治阶级物质关系的反映和表现，所以，它为统治阶级物质关系的存在和发展服务，是维持和巩固统治阶级的阶级统治的必要条件。

马克思、恩格斯认为，意识形态作为占统治地位的思想，主要是统治阶级中有概括能力的思想家的产物，因为分工也以精神劳动和物质劳动的分工形式出现在统治阶级中间。也就是说，在统治阶级内部，有一部分人是专门作为该阶级的思想家出现的，他们因为具有概括能力而扮演了该阶级思想家的角色，并因此成为该阶级的意识形态家。

马克思、恩格斯还从意识的根源性的角度来定义意识形态，将其界定为人们的存在即人们的物质生活过程的反映和升华物："意识在任何时候都只能是被意识到了的存在，而人们的存在就是他们的现实生活过程。如果在全部意识形态中，人们和他们的关系就像在照相机中一样是倒立成像的，那么这种现象也是从人们生活的历史过程中产生的，正如物体

---

① 《马克思恩格斯文集》第 1 卷，人民出版社 2009 年版，第 550—551 页。

在视网膜上的倒影是直接从人们生活的生理过程中产生的一样。""甚至人们头脑中的模糊幻象也是他们的可以通过经验来确认的、与物质前提相联系的物质生活过程的必然升华物。"①

据此，马克思、恩格斯得出的一个极为重要的结论是，意识形态具有依存性的特征，它没有自身独立的历史："道德、宗教、形而上学和其他意识形态，以及与它们相适应的意识形式便不再保留独立性的外观了。它们没有历史，没有发展，而发展着自己的物质生产和物质交往的人们，在改变自己的这个现实的同时也改变着自己的思维和思维的产物。"②

这意味着，每一历史时期都需要也必然会产生与该时期的特定的物质生活过程相适应的特殊的意识形态，用以反映和借以解决该时期生产力与生产关系之间的矛盾以及由此产生的各种社会矛盾。任何意识形态及其社会作用都是具体的、历史的。

唯物主义历史观的社会结构理论。在《德意志意识形态》中，马克思、恩格斯对社会形态的结构作了形式上较为分散实际上则较为系统的分析和描述。

1. 现实的个人与物质生产。与青年黑格尔派哲学、与以往的一切唯心主义历史观不同，马克思、恩格斯在考察历史时，不是运用思辨的方法，从任意的前提出发，而是运用经验的方法，从现实的前提出发。马克思、恩格斯把这种现实的前提表述为"现实的个体"、"他们的活动"，以及"他们的物质生活条件"③。

马克思、恩格斯着重揭示的是处在一定的物质生活条件下的个人与这些个人的活动的关系。他们认为，全部人类历史的第一个前提无疑是有生命的个人的存在，因而，第一个需要确定的事实就是这些个人的肉

①《马克思恩格斯文集》第1卷，人民出版社2009年版，第525页。
②《马克思恩格斯文集》第1卷，人民出版社2009年版，第525页。
③《马克思恩格斯文集》第1卷，人民出版社2009年版，第519页。

体组织以及他们与自然界的关系。个人的肉体组织决定着人们必须进行自己的物质生活资料的生产，这使生活资料的生产成为人类的"第一个历史活动"，并从而成为一切历史的"基本条件"。同时，人们用以生产自己的生活资料的方式，不仅是他们的肉体存在的再生产，而且在更大程度上是他们的"活动方式"和"生活方式"，是决定他们的本质的东西，因为人们生产自己的生活资料，同时也就间接地生产着自己的物质生活本身。因此，人类的物质生活资料的生产是任何科学的历史观所必须给予充分重视的基本事实。

这样，通过对人类历史的现实前提的揭示，马克思、恩格斯阐明了人类的物质实践活动对于历史认识的意义，论证了唯物主义历史观赖以建立的经验基础。

值得注意的是，马克思、恩格斯不仅充分揭示和阐述了物质生产的地位和意义，而且也对"精神生产"给予了较为充分的关注。他们强调，分工使精神活动和物质活动由不同的个体来承担这种情况成为可能，统治阶级不仅是支配着物质生产资料的阶级，而且也是支配着精神生产资料的阶级①。

2. 人们的社会存在与社会意识。从社会关系中划分出"交往形式"或生产关系，找到社会领域中的物质关系的表现形式，使马克思、恩格斯能够对人们的存在与他们的意识即社会存在与社会意识的关系问题作出科学的说明，从而不仅在对自然的认识方面，而且也在对历史的认识方面彻底解决存在与思维的关系问题。

马克思、恩格斯指出，思想、观念、意识的生产最初是直接与人们

---

① 参见《马克思恩格斯选集》第 1 卷，人民出版社 1995 年版，第 83、98 页。有理由认为，马克思和恩格斯关于"物质生产"和"精神生产"两种生产的理论，借鉴了德国政治评论家威尔海姆·舒尔茨在其《生产运动》一书中所表述的观点。该书提出："精神生产和物质生产两方面描述了人类创造的一个不可分的过程，从而也必须证明（生产）运动规律的这两个方面。"参见 Wilhelm Schulz, *Die Bewegung der Produktion*, Zuerich, 1843, S. 11, 10。

的物质活动，与人们的物质交往，与现实生活的语言交织在一起的。人们的想象、思维、精神交往在这里还是人们物质活动的直接产物。表现在某一民族的政治、法律、道德、宗教、形而上学等的语言中的精神生产也是这样。"意识在任何时候都只能是被意识到了的存在，而人们的存在就是他们的现实生活过程。"因此，意识是随着人们的现实生活的改变而不断变化的，"不是意识决定生活，而是生活决定意识"①。

马克思、恩格斯阐述了意识的社会性。意识产生于个人之间的交往的迫切需要。交往关系为人而存在并且是人这一主体所专有的。动物不存在这种关系的问题。对于动物来说，它对他物的关系不是作为关系而存在的。因而，"意识一开始就是社会的产物，而且只要人们存在着，它就仍然是这种产物"②。意识的社会性在原始意识中仅具有低级的、萌芽的形态。原始意识只是对直接的可感知的环境的一种意识，是对处于开始意识到自身的个人之外的其他人和其他物的狭隘联系的一种意识，以及对自然界的一种纯粹动物式的意识。但是，即使如此，原始意识也已经是对人们的交往和社会性的某种反映。之后，由于生产效率的提高，需要的增长以及人口的增多，意识获得了进一步的发展和提高。特别是由于脑力劳动与体力劳动分离的发生，意识就获得了相对的独立性和真正的社会意义。从这时起，意识能够摆脱世界而去构造"纯粹的"理论、神学、哲学、道德等各种形式。但是，这并不意味着意识失去了社会的现实基础；相反，马克思、恩格斯强调，如果意识的诸种形式与现存的社会关系发生了矛盾，那么，必须从现存的社会关系和现存的生产力之间的矛盾中得到解释和说明。

3. 生产力与交往形式（生产关系）。在手稿中，马克思、恩格斯通过对人的实践活动的分析，第一次阐明了一定社会的生产力与生产关系的

---

① 《马克思恩格斯文集》第1卷，人民出版社2009年版，第525页。

② 《马克思恩格斯文集》第1卷，人民出版社2009年版，第533页。

辩证关系。

马克思、恩格斯分析了人的社会活动的若干方面或若干因素，即物质生活资料的生产，新的需要的产生以及与种的繁衍相关的家庭等。这些因素作为人的生命的生产活动，包含了双重关系：一方面是人与自然的关系，另一方面是人们之间的社会关系。两者是密不可分的，一定的生产方式或工业阶段始终与一定的合作方式和社会阶段相联系。由此出发，他们就把生产力与生产关系的矛盾从诸种社会现象中划分出来，生产关系在多数场合又被称为"交往形式"或"交往关系"。

马克思、恩格斯考察了生产力与交往关系的矛盾发展的历史，特别是生产力与作为劳动组织形式和分工结果的所有制的矛盾发展的历史。通过考察，他们得出这样的结论："一切历史冲突都根源于生产力和交往形式之间的矛盾"①，它们都不过是生产力和交往形式这一矛盾所采取的附带形式。

按照马克思、恩格斯的理解，生产力与交往形式的关系就是交往形式与个人的物质活动的关系。交往形式受制于生产力，它在历史的每一阶段上都与同一时期的生产力发展相适应，因此也就伴随生产力的发展不断由个人的活动条件转化为它的桎梏，从而在整个历史发展过程中构成一个新旧交替的有联系的交往形式的序列。交往形式迄今为止的几个历史发展阶段是：部落所有制、古代公社所有制和国家所有制、封建的或等级的所有制以及资本主义所有制。在这里，奴隶社会所有制与原始社会所有制还没有被明晰地区分开来。

4. 分工与所有制。在手稿中，马克思、恩格斯给予了分工以特殊的重视。在他们看来，分工既是生产力发展的结果，同时又是交往关系或生产关系的前提和基础。

---

① 《马克思恩格斯文集》第 1 卷，人民出版社 2009 年版，第 567—568 页。

分工决定于生产力。分工的发展程度是生产力发展水平的客观标尺。分工的发展阶段依赖于当时生产力的发展水平。

分工决定了生产方式的演变。民族内部的分工引起工业同农业的分离，然后引起商业同工业的分离。

分工和所有制是同义语，分工是就活动而言，所有制是就活动的结果而言。分工发展的不同阶段就是所有制的不同形式。在分工还很不发达、自然分工占统治地位的情况下，所有制形式是部落所有制。在分工已经很发达、城乡对立已经产生的情况下，所有制形式是古代公社所有制和国家所有制即奴隶所有制。在封建制繁荣时代，分工因小块土地的耕作而受阻，各城市间交往有限，以及居民稀少和需求有限，因此分工很少，所有制形式是封建的或等级的所有制。

分工决定阶级和国家的产生。阶级划分直接以分工和生产工具为基础。分工使精神活动和物质活动、享受和劳动、生产和消费由不同的人来分担成为可能和现实。分工产生了普遍利益和特殊利益的对立，这种普遍利益以国家这种虚幻的共同体形式出现。分工是劳动异化的根源。要扬弃异化，必须消灭分工。而消灭分工的前提，是生产力的巨大增长和高度发展。

分工的发展经历了不同的历史阶段：性别分工；自然分工；真正的分工（脑体劳动的分离）。在野蛮社会：自然形成的生产工具，人受自然支配，地产统治，个人通过家庭、部落、土地而联合，人与自然交换，脑体劳动未完全分工，统治形式是个人关系或共同体，没有不同个人间的分工；在文明社会：文明创造的生产工具，人受劳动产品支配，资本统治，个人通过交换而联合，人与人交换，脑体劳动已实现分工，统治形式是货币，以分工为基础。

5. "市民社会"（经济基础）与政治和观念的上层建筑。马克思、恩格斯将交往关系（生产关系）从各种社会关系中划分出来作为社会结构中具有决定性的因素，并沿袭传统社会学的术语将其称为"市民社会"。

按照他们的理解，市民社会包括各个人在生产力发展的一定阶段上的一切物质交往，包括该阶段上的整个商业生活和工业生活，也标志着直接从生产和交往中发展起来的社会组织。马克思、恩格斯指出，正是市民社会，"在一切时代都构成国家的基础以及任何其他的观念的上层建筑的基础"①，因此，"这个市民社会是全部历史的真正发源地和舞台"②。

在揭示交往关系或市民社会的作用的基础上，马克思、恩格斯阐明了作为政治上层建筑的国家以及作为观念上层建筑的意识形态。

他们认为，国家是交往关系发展到一定阶段产生的，是分工和私有制的产物。国家作为阶级统治的工具，"是统治阶级的各个人借以实现其共同利益的形式"③。现代资本主义国家则是与现代资本主义私有制相适应的，尽管它具有以前的国家所不曾具有的普遍形式和独立性，但它不过是"资产者为了在国内外相互保障各自的财产和利益所必然要采取的一种组织形式"④。国家是政治上层建筑的核心，一切共同的规章制度都以国家为中介并获得自己的政治形式。而法作为一种规章制度，无非是统治阶级意志的普遍表现，是一定的所有制关系的表达。

关于观念的上层建筑即意识形态，马克思、恩格斯认为，它作为统治阶级的思想体系，实际上是统治阶级的物质关系的映现和反映。因为统治阶级是社会上占统治地位的物质力量，支配着物质生产资料，这就决定它必然同时也是社会上占统治地位的精神力量，支配着精神生产资料。说到底，"占统治地位的思想不过是占统治地位的物质关系在观念上的表现"⑤。

---

① 《马克思恩格斯文集》第 1 卷，人民出版社 2009 年版，第 583 页。
② 《马克思恩格斯文集》第 1 卷，人民出版社 2009 年版，第 540 页。
③ 《马克思恩格斯文集》第 1 卷，人民出版社 2009 年版，第 584 页。
④ 《马克思恩格斯文集》第 1 卷，人民出版社 2009 年版，第 584 页。
⑤ 《马克思恩格斯文集》第 1 卷，人民出版社 2009 年版，第 550 页。

6. 个体与共同体。马克思、恩格斯论述了个体与阶级、个体与社会、个体与共同体的关系，并区别了真正的共同体与"虚幻的共同体"即共产主义社会与以往的剥削阶级社会。

各个个体的社会地位，从而他们的个体发展是由阶级决定的，他们隶属于阶级。

以一定的方式进行生产活动的一定的个体，发生一定的社会关系和政治关系。社会结构和国家是从一定的个体的生活过程中产生的。

真正的共同体即共产主义是异化扬弃的形式。只有在这一共同体中，个体才能获得全面发展自己才能的手段，才能有个体的自由。真正的共同体与虚幻的共同体的区别在于：在虚幻的共同体中，个体不是作为个体而是作为阶级的成员处在这种共同体的关系中；在真正的共同体中，各个个体则是作为个体参加的。在虚幻的共同体中，个体的发展和运动的条件受偶然性的支配，并作为某种独立的东西同单个个体相对立，联合对于个体来说是异己的联系，是个体有可能利用偶然性的一些条件的联合；在真正的共同体中，联合则是把个体的自由发展和运动的条件置于他们的控制之下。在虚幻的共同体中，个体自由只是对于那些统治阶级的成员来说是存在的；在真正的共同体中，各个个体则在自己的联合中并通过这种联合获得自己的自由。

7. 民族历史与世界历史。在手稿中，马克思、恩格斯提出了他们的"世界历史"思想，这实际上也就是今天被称为"全球化"的理论。确切地说，是对全球化的一种哲学表述。他们认为，是资本主义大工业创造了交通工具和现代的世界市场，从而开创了世界历史。世界市场是世界历史赖以形成的重要物质基础；而世界历史的发展，将导致共产主义的实现。世界历史的开启，其重要意义在于：首先，它使地域性的生产力成为一种国际化的生产力，为生产力的保存和进一步发展提供了保障。某一个地域创造出来的生产力，特别是发明，在以后的发展中是否会失传，完全取决于交往扩展的情况。只有当交往已成为世界历史交往和以大工业为基础的时候，只有当一切民族都卷入竞争斗争的时候，保持已创造出来的生产力才有了保障。其次，世界历史为共产主义创造条件。共产主义的建立以生产力的普遍发展和与此相联系的人们之间的世界交往为前提，因此，它"只有作为'世界历史性的'存在才有可能实现"①。最后，世界历史也为个人的解放创造前提。个人只有能够摆脱民族和地域的界限而同世界生产发生联系，才能获得利用全球生产的能力，才能由地域性的个人转变为世界历史的个人。总之，"每一个单个人的解放的程度是与历史完全转变为世界历史的程度一致的"②。

唯物主义历史观的未来社会构想及价值目标。在《德意志意识形态》中，马克思、恩格斯对唯物主义历史观的未来社会构想——共产主义及其价值目标进行了明晰、详尽的论述。在这里，共产主义是被作为唯物主义历史观的价值观的体现以及实践结果而提出的。

马克思、恩格斯提出，共产主义是资本主义社会生产力和交往形式矛盾运动的必然产物，它是一种自由个体联合的真正的共同体。他们认为，共产主义并不是主观人为设定的、现实必须与其相适应的一种社会理想和目标，而是"一种消灭现存状况的现实的运动。这个运动的条件是由现有的前提产生的"。也就是说，是现存的资本主义生产力和生产关系矛盾运动的必然结果。作为这样的结果，共产主义是一种真正的共同体，是"把个体的自由发展和运动的条件置于他们的控制之下"的一切个体的一种联合③。在这个共同体中，各个个体纯粹作为个体来参加，各种社会条件置于他们的控制之下，"各个个体在自己的联合中并通过这种

---

① 《马克思恩格斯文集》第 1 卷，人民出版社 2009 年版，第 539 页。
② 《马克思恩格斯文集》第 1 卷，人民出版社 2009 年版，第 541 页。
③ 《马克思恩格斯文集》第 1 卷，人民出版社 2009 年版，第 573 页。译文有修订。

联合获得自己的自由"①。因此，它的本质特征是个体与共同体、利己与利他得到了高度的统一。

马克思、恩格斯强调，建立共产主义具有经济的性质。共产主义的建立首先需要以生产力的巨大增长和高度发展为前提。因为只有这种增长和发展，才能扬弃人的活动的异化，才能消除贫困、极端贫穷的普遍化，才能随着生产力的普遍发展建立起人们之间的普遍交往，才能使地域性的个体转变为世界历史性的个体。因此，"建立共产主义实质上具有经济的性质"②，这就是推翻一切旧的生产关系的基础，扬弃私有制，为自由个体的联合创造各种物质条件，把现存的条件变成联合的条件。其次，共产主义只有作为世界历史性的存在才有可能实现。马克思、恩格斯认为，人类历史是由民族历史向世界历史的转变过程。生产力越发展，各民族的原始封闭状态被日益完善的生产方式、交往和民族间的分工消灭得越彻底，历史越成为世界历史。"无产阶级只有在世界历史意义上才能存在"。共产主义也"只有作为'世界历史性的'存在才有可能实现"③。按照马克思、恩格斯的构想，资本主义大工业开创了世界历史，而共产主义则是世界历史发展的必然趋势和结果。

在马克思、恩格斯看来，共产主义的价值目标和实质是个体自由而全面地发展，是"自主活动"和"人格个体"的实现。自主活动是指主体按照自身的意愿自我决定并且能够自由支配所需的各种外部社会条件从而能够付诸现实的活动。自主活动是"人格个体"即个体自由全面发展的承担者和现实规定，"人格个体"则是"自主活动"的主体表现。在资本主义条件下，劳动已失去了任何"自主活动"的假象，成为摧残生命的方式，成为"自主活动"的否定方式，成为手段。只有在共产主义条

---

① 《马克思恩格斯文集》第 1 卷，人民出版社 2009 年版，第 571 页。译文有修订。
② 《马克思恩格斯文集》第 1 卷，人民出版社 2009 年版，第 574 页。
③ 《马克思恩格斯文集》第 1 卷，人民出版社 2009 年版，第 539 页。

件下，才能实现"自主活动"同物质生活的一致，实现强制劳动向"自主活动"的转化，从而也才能实现个体"对生产工具一定总和的占有，也就是个人本身的才能的一定总和的发挥"①，即实现"人格个体"。在此意义上，所谓共产主义就是使个体的才能得到全面发展、使个体的自由得到真正实现的自由人联合体："在真正的共同体的条件下，各个个体在自己的联合中并通过这种联合获得自己的自由。"②

三、"唯物主义历史观"的问世和实践化

《德意志意识形态》标志着科学地制定和论证唯物主义历史观的任务的基本结束。由于工人运动的深入发展，也由于空想社会主义、各种资产阶级和小资产阶级思潮还在支配和影响着正在开始组织起来的工人阶级，科学的世界观同工人运动相结合的迫切任务就被提到了马克思主义创始人的面前。所以，马克思、恩格斯在完成制定、论证新世界观的任务以后，就把自己的科学与政治的活动的中心转移到新世界观的实践方面，转移到用科学的理论教育和武装欧洲无产阶级首先是德国无产阶级方面。

在马克思和恩格斯撰写《德意志意识形态》时，他们已经同各种各样的社会主义、共产主义理论家，工人运动组织及其领导人等建立了广泛的联系，并着手为创建真正的无产阶级政党而努力工作。为了从思想上做好建党工作，他们对魏特林的共产主义、蒲鲁东的学说以及"真正的"社会主义等危害工人运动的思潮进行了彻底批判，同时，又通过制定和阐明无产阶级实践斗争的纲领，科学地表达了他们已经发现和获得

① 《马克思恩格斯文集》第 1 卷，人民出版社 2009 年版，第 581 页。
② 《马克思恩格斯文集》第 1 卷，人民出版社 2009 年版，第 571 页。译文有修订。

的新的世界观。马克思、恩格斯这一时期的理论成果，在他们所著的《哲学的贫困》（1847 年 7 月）以及《共产党宣言》（1848）中得到了集中的反映，它们标志着马克思主义科学世界观的正式问世。

（一）批判蒲鲁东主义

《哲学的贫困》是马克思批判小资产阶级经济学家、空想社会主义者蒲鲁东的著作，它是针对蒲鲁东的《经济矛盾的体系，或贫困的哲学》一书而撰写的。在该书中，马克思通过揭露和批判蒲鲁东的哲学方法论和经济学思想，第一次以论战的形式公开表达了历史唯物主义中有决定意义的论点。

关于生产力、社会关系以及观念、范畴。针对蒲鲁东颠倒经济范畴与现实的社会关系的相互关系的做法，马克思阐述了历史唯物主义的下述核心见解："经济范畴只不过是生产的社会关系的理论表现，即其抽象。……这些一定的社会关系同麻布、亚麻等一样，也是人们生产出来的。社会关系和生产力密切相联。随着新生产力的获得，人们改变自己的生产方式，随着生产方式即谋生的方式的改变，人们也就会改变自己的一切社会关系。……人们按照自己的物质生产率建立相应的社会关系，正是这些人又按照自己的社会关系创造了相应的原理、观念和范畴。所以，这些观念、范畴也同它们所表现的关系一样，不是永恒的。它们是历史的、暂时的产物。"①

关于历史过程中的主、客体。马克思也论及了历史过程中的主、客体的关系，指出人既是历史的主体，亦是历史的客体，既是"剧作者"，又是"剧中人物"，而要把人"既当成剧作者又当成剧中人物"，就必然要仔细研究：每一世纪的人们是怎样的，在每个世纪中，人们的需求、

---

① 《马克思恩格斯选集》第 1 卷，人民出版社 1995 年版，第 141—142 页。

生产力、生产方式以及生产中使用的原料是怎样的；最后，由这一切生存条件所产生的人与人之间的关系是怎样的。对于历史过程中的主、客体关系，马克思在 1846 年 12 月 28 日致巴·瓦·安年柯夫的信中曾进行过详细发挥。

关于生产力与生产关系的矛盾运动及其阶级表现。马克思认为，为了正确地判断某一阶级社会的生产，必须把它当作以对抗为基础的生产方式来考察；必须指出，财富怎样在这种对抗中间形成，生产力怎样和阶级对抗同时发展，这些阶级中代表社会上否定方面的阶级怎样不断地成长，直到它求得解放的物质条件最后成熟。由于被压迫阶级的存在是每一个以阶级对抗为基础的社会的必要条件，因此，被压迫阶级的解放必然意味着新社会的建立。"要使被压迫阶级能够解放自己，就必须使既得的生产力和现存的社会关系不再能够继续并存。在一切生产工具中，最强大的一种生产力是革命阶级本身。"[1] 马克思指出，在资本主义社会，资产阶级和无产阶级间的对抗仍然是阶级反对阶级的斗争，它必将导致全面的革命，并最终导致一个消除阶级和阶级对立的联合体的建立。

（二）拟定无产阶级政党的指导纲领

《共产党宣言》是马克思和恩格斯接受共产主义者同盟的委托而写的。它标志着马克思主义的哲学与世界观形成时期的最后结束，并宣告了它们与工人运动的结合。

《共产党宣言》是无产阶级政党的第一个科学纲领，同时也是正面表述马克思主义科学世界观的一个纲领性文件。它从始至终贯穿了这样一个基本原理：每一历史时代主要的经济生产方式与交换方式以及必然由此产生的社会结构，是该时代政治的和精神的历史所赖以确立的基础，

---

[1] 《马克思恩格斯选集》第 1 卷，人民出版社 1995 年版，第 194 页。

并且只有从这一基础出发，这一历史才能得到说明；因此，原始社会解体以来的全部历史都是阶级斗争的历史；而这种斗争在现代已达到这样一个阶段，即无产阶级如果不彻底消灭阶级划分和阶级对抗，就不能使自己获得解放。

关于资本主义灭亡、共产主义胜利的必然性。在《共产党宣言》中，马克思和恩格斯着重考察了资产阶级和无产阶级的形成历史以及它们之间的矛盾的历史发展，论述了资产阶级灭亡和无产阶级胜利的必然性。按照马克思、恩格斯的见解，迄今为止有文字记载的历史都是阶级斗争的历史。从封建社会的灭亡中产生出来的现代资产阶级社会也不例外，它只是变换了阶级、阶级压迫的条件和阶级斗争的形式。现代资产阶级本身是一个长期发展过程的产物，是生产方式和交换方式的一系列变革的产物。它在历史上曾经起过非常革命的作用，特别是在它的不到一百年的阶级统治中所创造的生产力，比过去一切世代创造的全部生产力还要多、还要大。但是，伴随着历史的发展，资产阶级所有制关系已经再也不能容纳它本身所造成的强大生产力。同时，资产阶级不仅锻造了置自身于死地的武器而且产生了运用这一武器的人，即现代工人。在同资产阶级对立的一切阶级中，只有无产阶级是真正革命的阶级，它只有消灭现存的占有方式，摧毁至今保护和保障私有财产的一切，炸毁构成官方社会的整个上层建筑，才能获得自身的解放。由于这一切，资产阶级的灭亡和无产阶级的胜利是同样不可避免的。

关于无产阶级的地位和历史使命。在《共产党宣言》中，马克思、恩格斯论述了无产阶级的地位、性质以及所担负的历史使命。在资本主义社会中，只有无产阶级才是真正革命的阶级。这是因为：无产阶级是大工业的产物，它随着大工业的发展而发展，是最先进、最有前途的阶级，是最团结、最有组织纪律性的阶级，代表着社会发展的方向；无产阶级不占有任何财产，没有什么东西需要保护，因此能做到大公无私，革命最坚决。无产阶级要"扬弃"（aufheben）私有制、为绝大多数人谋利益、解放全人类。因而，无产阶级解放运动是人类历史上最彻底、最广泛的革命运动。

马克思、恩格斯论述了无产阶级实现自己历史使命的途径。无产阶级要完成历史使命，首先要打倒本国的资产阶级。基于当时的实践经验和历史条件，在《共产党宣言》中，马克思、恩格斯强调，无产阶级要完成历史使命，必须通过暴力革命①。

马克思、恩格斯在分析资本主义社会的阶级结构和发展趋势的基础上，提出：资产阶级私有制是建筑在阶级对立和阶级剥削上面的生产和产品占有的最后而又最完备的表现，因此，扬弃资产阶级私有制，是无产阶级革命的基本任务；无产阶级只有利用政治权力才能扬弃资产阶级所有制。因此，无产阶级革命的第一步，就是推翻资产阶级统治，使自己上升为统治阶级，争得民主（根据后来的巴黎公社的经验，无产阶级"不能简单地掌握现成的国家机器"）；无产阶级在取得政权以后，要利用自己的政治统治，采取强制手段，剥夺资产阶级的全部资本，把一切生产工具集中在自己手里，努力发展社会生产力，并尽可能快地增加生产力的总量，为消灭阶级差别、实现共产主义创造条件；无产阶级革命的最终任务，是消灭阶级对立和阶级本身，以及它们赖以存在的条件，建立一个"每个人的自由发展是一切人的自由发展的条件"的自由人联合体②。

关于共产主义的宗旨和价值目标。马克思、恩格斯在《共产党宣言》中，第一次经典地表述了关于共产主义的实质和价值目标：代替那存在着阶级和阶级对立的资产阶级旧社会的，将是"每个人的自由发展是一

---

① 鉴于1848—1849年欧洲革命经验以及革命后的形势，19世纪40年代末和50年代初，马克思、恩格斯开始关注与探讨和平发展道路的可能性问题。参见本书下编第五讲第一节相关部分。

② 《马克思恩格斯选集》第1卷，人民出版社1995年版，第294页。

切人的自由发展的条件"的自由人的联合体。

他们指出，无产阶级所以要使自己成为统治阶级，就是为消灭阶级、消灭国家创造条件。旧的生产关系一旦消灭，阶级本身和阶级对立也就不复存在了，作为阶级压迫工具的国家也就消亡了。国家消亡以后，代替它的组织形式是自由人的联合体。那时，公共权力就失去了政治性质，每个人都是社会的主人，每个人的才能都能得到充分的发展和发挥。

"每个人的自由发展"是共产主义的宗旨和价值目标，也是《共产党宣言》本身的宗旨和价值目标以及整个马克思主义的宗旨和价值目标。在 1867 年的《资本论》中，马克思把它描述为共产主义的"基本原则"。在 1894 年致卡内帕的信中，恩格斯把它描述为未来新世纪的"基本精神"。

马克思、恩格斯在分析资本主义社会的阶级结构和发展趋势的基础上，还提出了其他一系列重要的论点。其中主要有：（1）资产阶级私有制是建筑在阶级对立和阶级剥削上面的生产和产品占有的最后而又最完备的表现，因此，"扬弃"资产阶级私有制，是无产阶级革命的基本任务。（2）无产阶级只有利用政治权力才能"扬弃"资产阶级所有制。因此，无产阶级革命的第一步，就是使自己上升为统治阶级，争得民主。（3）无产阶级在取得政权以后，要夺取资产阶级的全部资本，把一切生产工具集中在自己手里，并尽可能快地增加生产力的总量。（4）无产阶级在同传统的所有制关系实行彻底决裂的同时，要同传统的观念实行彻底的决裂。（5）无产阶级革命的最终必然结果，是阶级对立和阶级本身的存在条件的消失，是自由人的联合体的实现。等等。

《共产党宣言》不是专门的哲学理论著述。但是，它却赋予马克思主义哲学一种富有创造力的、革命的、实践的形式。作为唯物主义历史观在近代资本主义社会问题上的彻底运用，它处处渗透了科学的哲学方法论原则，充分体现了马克思主义哲学的改造世界的作用和革命的本质。

正是在此意义上，列宁说："这部著作以天才的透彻而鲜明的语言描述了新的世界观，即把社会生活领域也包括在内的彻底的唯物主义、作为最全面最深刻的发展学说的辩证法、以及关于阶级斗争和共产主义新社会创造者无产阶级肩负的世界历史性的革命使命的理论。"①

《共产党宣言》的问世，表明马克思主义及其哲学已与工人阶级的解放斗争紧密结合，由此，开启了马克思主义哲学的实践化阶段。

① 《列宁选集》第 2 卷，人民出版社 1995 年版，第 416 页。

第五讲 马克思对"唯物主义历史观"的发展

1848 年以后，西方资本主义国家进入自由竞争的充分发展时期。这是资产阶级民主革命运动和民族运动蓬勃发展的时期，也是资本主义在西欧各国取得普遍胜利并获得进一步发展的时期。

1848 年，由于 1846 年至 1847 年的农业普遍歉收和 1847 年震撼整个欧洲的工商业和财政危机，工业生产大幅下降，工厂纷纷倒闭，人民群众生活急剧恶化，阶级矛盾加剧，爆发了具有全欧性质的资产阶级民主革命，革命浪潮席卷了法国、德国、奥地利、意大利以及爱尔兰、波兰和比利时等地区。在德国，在 1848 年 3 月的柏林起义以后，各邦的资产阶级自由派参加了政权。1848 年革命仍是 17、18 世纪英、法资产阶级革命的继续，尽管它在各个国家因历史条件、阶级力量对比的状况不同而具有各自不同的特殊目的和特点，但其共同任务则是消灭阻碍资本主义发展的封建制度，为资本主义的确立和进一步发展开辟道路。在这次革命中，工人阶级是作为争取统治权的第三战士参加的。虽然他们在多数国家是这次革命的参与者和主要力量，但由于自身还不够成熟，难以把领导权转移到自己手中。

1848 年革命失败后，在西欧的一些先进国家，资产阶级和封建势力长期实行妥协，并使资本主义经济得到迅速发展。19 世纪 50—60 年代，资本主义工业空前高涨，在英国取得工商业的垄断和霸权地位的同时，法国和德国也完成或发展了产业革命。而在欧美其他一些国家，到19世纪60年代末，也确立了资本主义的统治。

与此同时，伴随资本主义各国工人的贫困的不断加深，无产阶级与资产阶级的矛盾也日渐激化。1848年发生了巴黎无产阶级六月起义，这次起义是无产阶级试图推翻资产阶级统治的一次尝试，被马克思誉为"现代社会中两大对立阶级间的第一次大交锋"。1857年世界经济危机发生后，欧洲工人运动重新形成了高潮。

在1848年前，马克思和恩格斯已经实际参加和组织、领导工人运动。由于工人运动的深入发展，也由于空想社会主义、各种资产阶级和小资产阶级思潮还在支配和影响着正在开始组织起来的工人阶级，使科学的世界观同工人运动相结合的迫切任务就提到了马克思主义创始人的面前。所以，马克思、恩格斯在完成制定、论证新世界观的任务以后，就把自己的科学与政治的活动的中心转移到新世界观的实践方面，转移到用科学的理论教育和武装欧洲无产阶级首先是德国无产阶级方面。1846年，他们在布鲁塞尔成立"共产主义通讯委员会"，并先后反对和批判在德、法工人中间广泛传播的魏特林主义、"真正的社会主义"以及蒲鲁东主义。1847年底他们为共产主义者同盟起草了《共产党宣言》这部国际共产主义运动的纲领性文献。它标志着马克思主义科学世界观的正式问世。

以1848年为标志，马克思主义及其哲学进入在社会实践中运用、检验和发展的新时期。在这一时期，除了从事政治经济学等科学研究，1848年欧洲革命和中华民族反抗英、法、俄、美等国列强侵略的斗争是马克思和恩格斯所关注的重要历史事件。他们一方面积极投身于无产阶级革命实践，制定无产阶级革命的基本纲领与策略，从思想上和理论上担负起无产阶级运动的领导工作；另一方面注意及时和深刻地总结德、法等国革命的经验，探讨中国革命的影响和东方社会的发展，回答了在新的历史条件下所提出的一些具有特殊意义的历史课题，丰富和发展了既有的唯物主义历史观。

一、欧洲革命经验总结

（一）总结 1848 年欧洲革命经验

1848 年革命是世界近代史上规模最大、范围最广的一次革命。它首先在法国巴黎爆发，随后又影响了德国并扩展到整个欧洲大陆。虽然这次资产阶级民主革命运动在西欧各国都没有取得最后胜利，都没有彻底解决当时所面临的客观任务，但是它削弱了欧洲各国的封建关系和封建残余，促成了资本主义的确立和进一步发展，提高了无产阶级的觉悟和组织性，为无产阶级革命奠定了基础。马克思、恩格斯积极参与了这次革命，并撰写和发表了《雇佣劳动与资本》（1849）、《中央委员会告共产主义者同盟书》（1850）、《1848 年到 1850 年的法兰西阶级斗争》（1850）、《德国的革命与反革命》（1851—1852）、《路易·波拿巴的雾月十八日》（1851）等一系列著作。在这些著作中，马克思、恩格斯对欧洲革命经验作了理论概括，揭示了这次革命的实质和规律。特别是马克思的著作，在对革命经验进行总结的同时，也对已经获得的唯物主义历史观的某些基本原理进行了进一步的运用、阐释和发挥。

关于生产力与生产关系的论述。在 1849 年 4 月发表的《雇佣劳动与资本》一文中，马克思为了使工人阶级更好地理解 1848 年革命的实质，认清劳动的利益与资本的利益的对立，专门考察了构成近代社会"阶级斗争和民族斗争的物质基础和经济关系"。在这篇没有最后完成的著作中，马克思对生产力与生产关系，特别是对生产关系的客观性、作用和意义进一步作了科学的表述和说明。马克思提出："人们在生产中不仅仅影响自然界，而且也相互影响。他们只有以一定的方式共同活动和互相交换其活动，才能进行生产。为了进行生产，人们相互之间便发生一定的联系和关系；只有在这些社会联系和社会关系的范围内，才会有他们对自然界的影响，才会有生产。"① 生产者相互发生的这些社会关系，他们借以互相交换其活动和参与共同生产的条件，取决于生产力，特别是取决于生产资料的性质。在阐明生产力与生产关系的相互关系的基础上，马克思引申出作为社会经济基础的生产关系的独特作用："各个人借以进行生产的社会关系，即社会生产关系，是随着物质生产资料、生产力的变化和发展而变化和改变的。生产关系总和起来就构成所谓社会关系，构成所谓社会，并且是构成一个处于一定历史发展阶段上的社会，具有独特的特征的社会。古典古代社会、封建社会和资产阶级社会都是这样的生产关系的总和，而其中每一个生产关系的总和同时又标志着人类历史发展中的一个特殊阶段。"② 在这段论述中，已经蕴含了马克思以后所提出的"经济社会形态"理论的要点，即社会生产关系决定社会形态的本质和主要特征，它是区别和划分人类历史发展各个阶段或各种社会形态的根本尺度和标准。

关于国家和意识形态的论述。在欧洲革命时期，马克思十分注意研究上层建筑即国家和意识形态的作用。在对法国 19 世纪 50 年代初政治局势和政治事变考察的过程中，马克思通过总结巴黎无产阶级六月起义失败的教训，进一步揭露了资产阶级国家的实质。他指出，资产阶级君主制意味着由资产阶级中的一小部分人在国王的招牌下进行统治，而资产阶级共和国则意味着由全体资产阶级借人民的名义进行统治。六月起义的失败表明，欧洲的问题并不是"共和国还是君主国"的争论，相反，所谓资产阶级共和国不过是"表示一个阶级对其他阶级实行无限制的专

① 《马克思恩格斯选集》第 1 卷，人民出版社 1995 年版，第 344 页。

② 《马克思恩格斯选集》第 1 卷，人民出版社 1995 年版，第 345 页。

制统治"①。马克思还从经济根源上揭露资产阶级共和国的实质，指出："构成资产阶级共和国内容的正是资产阶级的利益，正是它的阶级统治和阶级剥削的物质条件。"②

与国家问题相联系，马克思在对法国阶级斗争的分析中，还具体地研究了占统治地位的思想的客观根源及其对阶级斗争进程的影响，研究了意识形态的形成和作用的机制的问题。对此，马克思在《路易·波拿巴的雾月十八日》一书中作了这样的概括："在不同的占有形式上，在生存社会条件上，耸立着由各种不同的、表现独特的情感、幻想、思想方式和人生观构成的整个上层建筑。整个阶级在它的物质条件和相应的社会关系的基础上创造和构成这一切。"③

关于个人与阶级相互关系的论述。马克思在分析 1848 年至 1851 年法国阶级斗争时，研究了各种条件和因素，说明了当时法国的阶级斗争怎样造成一种条件和局势，使得路易·波拿巴（即拿破仑三世，1808—1873）这样一个平庸而可笑的人物扮演了英雄的角色。在马克思看来，保证波拿巴政变成功的，绝不仅仅是他个人品质的下流和卑劣，更重要的是这样一个事实，即他是各种得势的反革命势力的化身，特别是农民这一法国社会中人数最多的一个阶级的保守性的体现。马克思认为，法国小农人数众多，他们的生活条件相同，但是彼此间并没有形成多种多样的联系。他们的生产方式不是使他们互相交往，而是使他们互相隔离。他们之间彼此孤立，就好像一袋马铃薯是由袋中的一个个马铃薯所集成的那样。法国小农的这种特点，决定他们不能以自己的名义代表和保护自己的利益，而必须依赖站在他们上面的权威，即不受限制的政府权力。同时，法国小块土地所有制经济的发展又恶化了农民的生活状况，强化

---

① 《马克思恩格斯选集》第 1 卷，人民出版社 1995 年版，第 593 页。

② 《马克思恩格斯选集》第 1 卷，人民出版社 1995 年版，第 403 页。

③ 《马克思恩格斯选集》第 1 卷，人民出版社 1995 年版，第 611 页。

了他们对政府权力、对帝制的依赖。而路易·波拿巴恰恰迎合了法国农民阶级的需要，是最充分地代表了 1789 年新形成的农民阶级利益和幻想的唯一人物。

通过对路易·波拿巴这一人物的分析，马克思证明，个人所以能够在历史上起到一定的作用，不单单是由于他们的个人品质以及主动作用，更主要的是因为他们是一定的社会阶级、集团的利益和要求的表达者，他们的作用和活动的性质正是取决于他们所隶属的阶级的状况和力量。

关于无产阶级革命与无产阶级专政的论述。马克思在总结 1848 年革命经验的过程中，系统地提出了无产阶级革命与无产阶级专政学说。1848 年 6 月法国无产阶级起义是无产阶级与资产阶级之间的第一次公开的武装对抗。马克思在总结这次起义失败的教训时强调，这次起义的意义在于，它使无产阶级打破了妄图通过改良资产阶级共和国来改善自身处境的幻想，用更为大胆的革命的战斗口号来取代原来的琐碎的甚至是资产阶级性质的要求。马克思把这一口号概括为："推翻资产阶级！工人阶级专政！"[1]

怎样才能推翻资产阶级的统治，实现工人阶级的专政呢？马克思在总结 1848 年革命经验的基础上，提出了"革命是历史的火车头"的著名论断，指出必须通过革命手段打碎资产阶级的国家机器。马克思还认为，无产阶级革命要取得胜利，必须建立无产阶级和农民的联盟。他明确指出，在一切农民的国度中，无产阶级革命若没有得到农民的合唱，就"不免要变成孤鸿哀鸣"[2]。

在探讨无产阶级革命学说时，马克思特别注意研究了无产阶级的社会主义革命与资产阶级民主主义革命的关系，并在他与恩格斯共同撰写的《中央委员会告共产主义者同盟书》中提出了"不间断地进行革命"

---

[1]　"专政"的德文词为 Diktatur，源自拉丁语 dietatura，意指当权和统治地位，故宜译为"执政"。

[2]　《马克思恩格斯选集》第 1 卷，人民出版社 1995 年版，第 684 页。

的思想，要求把民主革命与社会主义革命相连接，适时实现由前者向后者的转变。随后，在《1848 年至 1850 年的法兰西阶级斗争》中，马克思又进一步阐发了这一"不断革命"的观点，并将其与"无产阶级专政"一起作为"革命的社会主义"的本质特征。他指出："这种社会主义就是宣布不断革命，就是无产阶级的阶级专政，这种专政是达到消灭一切阶级差别，达到消灭这些差别所由产生的一切生产关系，达到消灭和这些生产关系相适应的一切社会关系，达到改变由这些社会关系产生出来的一切观念的必然的过渡阶段。"①

马克思在《1848 年至 1850 年的法兰西阶级斗争》中表述的有关无产阶级专政的思想在他于 1852 年 3 月 5 日致约·魏德迈的著名的信中得到了进一步的概括和发展。马克思在这封信中，极其鲜明地表达了自己的国家学说的实质及其同资产阶级先进思想家的学说之间的本质区别。马克思写道："至于讲到我，无论是发现现代社会中有阶级存在或发现各阶级间的斗争，都不是我的功劳。……我所加上的新内容就是证明了下列几点：（1）阶级的存在仅仅同生产发展的一定历史阶段相联系；（2）阶级斗争必然导致无产阶级专政；（3）这个专政不过是达到消灭一切阶级和进入无阶级社会的过渡……"②

马克思关于无产阶级革命和无产阶级专政的这些重要论述，是对 1848 年欧洲革命的科学总结，也是对历史唯物主义的创造性运用和发展。

（二）总结巴黎公社经验

19 世纪 70 年代初，欧洲工人运动在法国达到了高潮。1870 年 7 月普法战争爆发后，法国阶级矛盾与民族矛盾相互交织，达到了白热化。法国战败后，法国资产阶级拱手把国家主权出卖给了普鲁士反动政府。面

---

① 《马克思恩格斯选集》第 1 卷，人民出版社 1995 年版，第 462 页。
② 《马克思恩格斯选集》第 4 卷，人民出版社 1995 年版，第 547 页。

临生活的困苦和国家的危亡，1871 年 3 月 18 日，法国巴黎工人奋起举行武装起义，推翻了资产阶级的统治，建立了工人阶级自己的政权形式——巴黎公社。巴黎公社虽然存在时间很短，但它作为人类史上第一个无产阶级专政的政权，为国际工人阶级解放运动的开展提供了宝贵的经验。

马克思及时总结了巴黎公社的经验、教训。这项工作主要是通过马克思为第一国际总委员会撰写的致欧美全体会员的宣言的形式来完成的，它被冠以"法兰西内战"（1871）这一标题。在这部著作中，马克思以惊人的洞察力，对刚刚发生的事变进行了透彻的分析，进一步发展了马克思主义关于阶级斗争、国家、革命和无产阶级专政的学说。

进一步揭示资产阶级国家的本质。在《法兰西内战》中，马克思沿着总结 1848 年革命经验时批判资产阶级共和国的思路，结合法国资产阶级政权状况，对资产阶级国家的本质作了进一步的深刻揭示。

首先，他从资产阶级国家的起源和历史演变来揭示资产阶级国家的本质。资产阶级的中央集权的国家政权起源于君主专制时代，当时它曾充当了新兴资产阶级反对封建制度的有力武器。但是，在资产阶级革命扫除了妨碍近代资产阶级国家发展的障碍——封建领主的特权、地方的特权、城市和行会的专利以及各省的法规等以后，资产阶级国家政权一方面成为统治阶级中不同党派和冒险家争夺的对象；另一方面，它的政治性质也随着社会的经济变化而发生了变化。"现代工业的进步促使资本和劳动之间的阶级对立更为发展、扩大和深化。与此同步，国家政权在性质上也越来越变成了资本借以压迫劳动的全国政权，变成了为进行社会奴役而组织起来的社会力量，变成了阶级专制的机器。"① 总之，由于资产阶级国家越来越发展它作为特殊阶级的专制工具的性质，它也就越来越失掉其"无所偏袒"的超阶级的外观。

---

① 《马克思恩格斯选集》第 3 卷，人民出版社 1995 年版，第 53 页。

其次，马克思从资产阶级国家与社会的关系来揭示资产阶级国家的本质。马克思把资产阶级国家理解为一种从社会中产生又与社会相"异化"的政治力量："由各社会集团的彼此关系产生出来的各个细小的个别的利益，同社会本身相分离并以国家利益的形式固定起来，成为独立于社会而且与社会对立的利益，这种国家利益由担任严格规定的、等级分明的职务的国务祭司们管理。"①在马克思看来，一般国家的本质也是如此，只不过资产阶级国家与封建阶级国家等相比，空前强化了国家"控制现实社会的超自然威势"，这在法兰西第二帝国身上得到了突出表现。

最后，马克思还从资产阶级国家的政体来揭示资产阶级国家的本质。他在分析法国资产阶级政权时指出，在法兰西第一帝国建立以后的各个统治时代，政府被置于服从议会监督，即服从有产阶级直接监督的地位。但是，在政权从地主阶级转移到资产阶级以后，到了路易·波拿巴的议会制共和国时期，由于统治阶级对生产者大众的不断镇压，使它不得不赋予行政机关以愈来愈大的权力，以及不得不逐渐剥夺它自己的议会机构用以防范行政机关的手段。然而，这并不意味着"行政权力战胜了立法权力"。事实上，这只是那个阶级统治的最后的、堕落的、唯一可能的形式。其实，"这两种形式是互为补充的，议会形式只是行政权用以骗人的附属物而已"②。

阐明公社是"使劳动在经济上获得解放的政治形式"。针对巴黎公社建立后流行的对公社的种种误解和歪曲，在《法兰西内战》中，马克思集中阐述了公社的性质。

马克思阐述了公社的阶级实质与任务。他指出，"公社的真正秘密就在于：它实质上是工人阶级的政府，是生产者阶级同占有者阶级斗争的

① 《马克思恩格斯选集》第 3 卷，人民出版社 1995 年版，第 91 页。
② 《马克思恩格斯选集》第 3 卷，人民出版社 1995 年版，第 94 页。

产物"①。公社的终极任务是"致力于消灭一切阶级，从而消灭一切阶级统治"，因此，公社并不是全人类复兴的运动，而是无产阶级消灭一切阶级和阶级统治的"有组织的行动手段"②。

马克思说明了公社的职能与体制。他认为："公社是一个实干的而不是议会式的机构，它既是行政机关，同时也是立法机关。"③此外，公社应该成为从中央到地方甚至直到最小社会基层单位普遍设立的生产者的自治机关，通过各级代表会议，实行逐级分权基础上的集中统一原则。这样，通过公社组织本身而取得的政治统一就代替了资产阶级国家的人为的中央集权制。

马克思还论述了公社的社会性和国际性。他指出："公社是法国社会的一切健全成分的真正代表，因而也就是真正的国民政府，而另一方面，它作为工人的政府，作为劳动解放的勇敢斗士，同时又具有十足国际的性质。"④马克思特别强调公社"代表着不靠他人劳动为生的社会各阶级"，首先代表法国农民的利益。他指出，尽管在工业无产阶级和农民之间存在着深刻的矛盾，但是，公社是唯一能立即给农民带来莫大好处的政权，只有这种政府形式才能保证他们改变他们目前的经济状况。因此，公社"是农民解放之先声"⑤。

最后，马克思还概括了公社的历史作用和意义。公社作为人类历史上出现的、由工人阶级自己建立的第一个新型国家政权，为从根本上解决由社会主义革命而产生的国家的类型和构成问题扫清了道路。在1848年革命中，马克思已经预见到打碎资产阶级的官僚军事机器是无产阶级专政建立的先决条件。但无产阶级在打碎旧的国家机器以后，究竟用什

---

① 《马克思恩格斯选集》第3卷，人民出版社1995年版，第59页。
② 《马克思恩格斯选集》第3卷，人民出版社1995年版，第98页。
③ 《马克思恩格斯选集》第3卷，人民出版社1995年版，第55页。
④ 《马克思恩格斯选集》第3卷，人民出版社1995年版，第63页。
⑤ 《马克思恩格斯选集》第3卷，人民出版社1995年版，第96页。

么取而代之，还是一个有待革命实践解决的悬而未决的问题。巴黎公社在实践上解决了这一问题，它提供了无产阶级专政国家类型的雏形，并在实际上多方面地预示了无产阶级专政和社会主义国家的基本原则和方向。马克思指出，巴黎公社的根本意义就在于，它实质上"是终于发现的可以使劳动在经济上获得解放的政治形式"①。因此，公社是19世纪开始的无产阶级的真正社会革命的开端，"无论公社在巴黎的命运怎样，它必然将遍立于全世界"②。

强调必须打碎旧的国家机器，而代之以巴黎公社式的真正民主的国家政权。"工人阶级不能简单地掌握现成的国家机器，并运用它来达到自己的目的"③，这是马克思对巴黎公社经验的最根本的概括。

必须打碎旧的国家机器，而代之以无产阶级自己的国家政权，这是由无产阶级的阶级利益和历史使命决定的。马克思认为，旧的以往的国家机器，无论是在不同的统治阶级那里还是在同一统治阶级的不同社会集团中间，都"一直是统治阶级进行奴役和牟利的手段"，所以，历次的反动和革命所起的作用都只是把这一组织起来奴役劳动的权力从这一手中转移到另一手中，从统治阶级的这一集团转移到另一集团。而且，"只是使国家机器更加完善，而没有摒弃这个令人窒息的梦魇"。但是，无产阶级是被压迫阶级。它的历史任务是不仅要消灭阶级统治，而且要消灭阶级本身。因此，它所从事的革命，"不是为了把国家政权从统治阶级这一集团转给另一集团而进行的革命"，而恰恰"是为了粉碎这个阶级统治的凶恶机器本身而进行的革命"④。

如何打碎旧的国家机器，构建无产阶级的民主的国家政权？马克思

---

① 《马克思恩格斯选集》第3卷，人民出版社1995年版，第59页。
② 《马克思恩格斯选集》第3卷，人民出版社1995年版，第94页。
③ 《马克思恩格斯选集》第3卷，人民出版社1995年版，第52页。
④ 《马克思恩格斯选集》第3卷，人民出版社1995年版，第93—94页。

全面概括了巴黎公社所提供的宝贵经验。首先，废除常备军和警察这两种旧政府物质权力的工具，代之以人民自己的军队和"公社的勤务员"。其次，一切有关社会生活事务的创议权都归公社，军事、行政、政治等所有社会公职都交给由公社普选出来的公职人员担任，而且规定这些被选举者可以随时被撤换。同时，一切公职人员，不论职位高低，都只领取相当于工人工资的薪金。最后，通过使教会与国家分离、使学校摆脱教会与国家干涉等措施摧毁资产阶级精神压迫的力量，使科学从阶级成见和政府权力中解放出来，等等。马克思的这些概括，为无产阶级专政和社会主义国家政权的构建提供了借鉴，特别是指出了基本原则和方向。

马克思关于必须打碎旧的国家机器而代之以巴黎公社式的民主国家政权的思想，是马克思依据新的实践对他自己所作出的1848年革命经验总结的重大发挥和发展。不久以后，即1872年，马克思和恩格斯把这一思想视为对《共产党宣言》的重大补充写进《共产党宣言》的德文版"序言"中。他们在"序言"中指出："不管最近25年来的情况发生了多大的变化，这个《宣言》中所阐述的一般原理整个说来直到现在还是完全正确的。"但是，"由于最近25年来大工业有了巨大发展而工人阶级的政党组织也跟着发展起来，由于首先有了二月革命的实际经验而后来尤其是有了无产阶级第一次掌握政权达两月之久的巴黎公社的实际经验，所以这个纲领现在有些地方已经过时了。特别是公社已经证明：'工人阶级不能简单地掌握现成的国家机器，并运用它来达到自己的目的'"①。

同时，马克思也考虑到和平发展道路的可能性。基于1848—1849年欧洲革命经验以及革命后的形势，19世纪40年代末和50年代初，马克思与恩格斯一起曾设想，革命的和平发展首先在英国是有可能的，因为

---

① 《马克思恩格斯选集》第1卷，人民出版社1995年版，第248—249页。

那里的统治阶级尚未拥有强大的官僚军事压迫机器，同时无产阶级已经比较发达[①]。在 19 世纪 70 年代初巴黎公社革命失败以后，马克思与恩格斯对这一问题又作了进一步的深入探讨，再次肯定了和平方式和手段的可能性，并明确主张兼用和平的和暴力的两种方式进行斗争。他们认为："凡是利用和平宣传能更快更可靠地达到这一目的的地方，举行起义就是不明智的。"[②] 马克思还特别强调："我们应当向各国政府声明：……在我们有可能用和平方式的地方，我们将用和平方式反对你们，在必须用武器的时候，则用武器。"[③] 此外，马克思还设想，在美国、英国，也许还可以加上荷兰，"工人可能用和平手段达到自己的目的"[④]。

（三）批判拉萨尔主义

欧洲资产阶级民主革命特别是巴黎公社的经验为马克思依据既有条件去思考未来理想社会提供了实证性基础。这种思考的结果在很大程度上通过同巴枯宁主义特别是拉萨尔主义的论战得到了表述。

拉萨尔主义是 19 世纪 60—70 年代德国工人运动中影响较大的机会主义思潮。1869 年德国社会民主工党成立后，拉萨尔（1825—1864）本人虽然已经过世，但其学说在该党内还具有相当影响。拉萨尔主义的核心，是主张通过实现了普选权的国家的帮助来建立生产合作社而实现向社会主义的过渡。马克思曾指出，他同拉萨尔在政治上，除了某些非常遥远的终极目的以外，没有任何共同之处。但鉴于拉萨尔在德国工人运动发展中曾起过一定的作用等原因，马克思没有对其采取公开对立的立场。在《哥达纲领批判》中，马克思首次明确地表明了他对拉萨尔主义

---

① 《马克思恩格斯全集》第 7 卷，人民出版社 1965 年版，第 276—287、269—276 页；第 8 卷，人民出版社 1961 年版，第 388—398 页。

② 《马克思恩格斯全集》第 17 卷，人民出版社 1963 年版，第 683 页。

③ 《马克思恩格斯全集》第 17 卷，人民出版社 1963 年版，第 700 页。

④ 《马克思恩格斯全集》第 18 卷，人民出版社 1964 年版，第 179 页。

所持的态度，特别是对拉萨尔的经济学原则和策略思想所持的态度。

《哥达纲领批判》是马克思对德国社会工党纲领草案（1875 年 5 月通过）的批注。在这篇文章中，马克思批判了拉萨尔所鼓吹的"不折不扣的劳动所得"、"铁的工资规律"和"自由国家"等一系列观点，第一次明确和系统地提出了共产主义社会经济形态的理论。

共产主义社会含有既相区别又相联系的两个发展阶段。在《哥达纲领批判》一文中，马克思在批判拉萨尔的分配理论时，首次确认共产主义社会含有第一阶段和高级阶段两个发展阶段，并揭示和阐明了两个阶段的基本的经济特点。

关于共产主义社会的第一阶段，马克思认为，由于"它不是在它自身基础上已经发展了的，恰好相反，是刚刚从资本主义社会中产生出来的，因此它在各方面，在经济、道德和精神方面都还带着它脱胎出来的那个旧社会的痕迹"[①]。所以，在个人消费品的分配方面，只能实行按劳分配。这相对于资本主义的分配制度来说固然是一种历史进步，但由于这里通行的是商品等价物的交换中也通行的同一原则，即一种形式的一定量的劳动和另一种形式的同量劳动相交换，所以，这种平等的权利按照原则仍然是"资产阶级的法权"。它用同一的尺度即劳动去对待工作能力和家庭负担各不相同的个人，必然造成这些个人间的富裕程度的差别，因而平等只是形式上的，而不是事实上的。"但是这些弊病，在经过长久阵痛刚刚从资本主义社会产生出来的共产主义社会主义第一阶段，是不可避免的"；因为"权利决不能超出社会的经济结构以及由经济结构制约的社会的文化发展"[②]。

关于共产主义的高级阶段，马克思指出了如下经济特征：迫使人们奴隶般地服从分工的情形已消失；从而脑力劳动和体力劳动的对立也随

---

① 《马克思恩格斯选集》第 3 卷，人民出版社 1995 年版，第 304 页。

② 《马克思恩格斯选集》第 3 卷，人民出版社 1995 年版，第 305 页。

之消失；劳动已经不仅仅是谋生的手段，而且本身成了生活的第一需要；随着个人的全面发展生产力也增长起来，而集体财富的一切源泉都充分涌流；最后，在分配关系上完全超出资产阶级法权的狭隘眼界，实行各尽所能，按需分配。

在资本主义社会和共产主义社会之间存在一个过渡时期。在批判拉萨尔的"自由国家"及其对于纲领的影响时，马克思进一步明确提出在资本主义社会与共产主义社会之间存在一个"过渡时期"，并且回答了这一过渡时期的性质以及在这一时期里的国家的性质。

拉萨尔幻想通过普选权即直接的普遍选举来实现理想中的未来国家——所谓的"自由国家"。德国社会工党纲领草案也追随拉萨尔的这一主张把"自由国家"作为德国工人党争取的目的。马克思指出，这实质上是颠倒了国家与社会的关系，把国家当作了一种具有自己的某种基础的独立本质。其实，国家并非是由于分工而和社会分离的独特机体，它建筑在一定的社会基础之上。现存国家以现存社会为基础。也就是说，不同文明国度中的不同的资本主义国家，不管其形式如何纷繁，但都建筑在资本主义多少已经发展了的现代资产阶级社会的基础之上。至于未来国家，当然也要以未来社会为基础。

由此产生的一个问题是，未来国家将是一种什么类型的国家呢？或者用马克思的说法，在共产主义社会里国家制度会发生怎样的变化呢？那时有哪些同现代国家职能相类似的社会职能保留下来呢？马克思对此坚持了严肃的科学态度，并没有妄加推测，而是把它留给了未来的实践。但是，马克思依据 1848 年革命特别是巴黎公社的经验，明确地回答了推翻资本主义社会后所呈现的过渡时期及其国家的性质问题。他指出："在资本主义社会和共产主义社会之间，有一个从前者变为后者的革命转变时期。同这个时期相适应的也有一个政治上的过渡时期，这个时期的国家只能是无产阶级的革命专政。"① 在 1852 年致魏德迈的信中，马克思曾明确把无产阶级专政界定为"达到消灭一切阶级和进入无阶级社会的过渡"②。在《巴枯宁〈国家制度和无政府状态〉一书摘要》中马克思又强调无产阶级专政要延续到阶级存在的经济基础被消灭时为止。《哥达纲领批判》中关于"过渡时期"及其国家性质的论断是对上述思想的重要发挥。

在共产主义社会经济形态中将实行产品经济。在论及共产主义社会的经济特征时，马克思设想，在该社会形态中，将取消商品生产，而劳动也将不再表现为价值。他说："在一个集体的、以生产资料公有为基础的社会中，生产者不交换自己的产品；用在产品上的劳动，在这里也不表现为这些产品的价值，不表现为这些产品所具有的某种物的属性，因为这时，同资本主义社会相反，个人的劳动不再经过迂回曲折的道路，而是直接地作为总劳动的组成部分存在着。"③

应该特别指出，马克思的这一设想是将社会主义作为"第一阶段"或"初级阶段"包括在共产主义社会形态之内的。因此，按照这一设想，社会主义社会是在扬弃资本主义社会的基础上出现的，是一种"后资本主义社会"。这与当代在经济落后国家出现的现实中的社会主义社会是有区别的。

二、政治经济学研究

1848 年至 1849 年欧洲革命失败后，马克思被迫侨居英国，重新开始对政治经济学的系统研究，以期完成早已制定的撰写一部批判现存制度

---

① 《马克思恩格斯选集》第 3 卷，人民出版社 1995 年版，第 314 页。
② 《马克思恩格斯选集》第 4 卷，人民出版社 1995 年版，第 547 页。
③ 《马克思恩格斯选集》第 3 卷，人民出版社 1995 年版，第 303 页。

和资产阶级政治经济学的巨著的计划。1859 年出版了《政治经济学批判》第一分册。1867 年出版了《资本论》第一卷德文本。马克思逝世后，恩格斯分别于 1885 年和 1894 年整理、出版了马克思遗稿的主要部分，它们构成了《资本论》的第二卷和第三卷。

在这些浩瀚的经济学著述中，马克思通过阐述他的经济理论和揭示资本主义社会的经济发展规律，系统地发挥和论证了主要由他创立的唯物主义历史观。

（一）概述唯物主义历史观的基本原理

在《政治经济学批判》"序言"中，马克思回顾了自己研究政治经济学和发现唯物史观的过程，扼要地阐述了唯物史观的基本原理，阐释了人类社会发展的一般规律和经济社会形态演进的一般进程，论证了旧的社会形态为新的更高的社会形态所取代的历史必然性。

关于社会形态的结构。马克思明确地把社会形态这一完整的社会系统区分为生产力、生产关系（经济基础）和上层建筑三个层面，同时，又把上层建筑区分为法律的和政治的上层建筑与社会意识形式即观念的上层建筑两部分。他指出："人们在自己生活的社会生产中发生一定的、必然的、不以他们的意志为转移的关系，即同他们的物质生产力的一定发展阶段相适合的生产关系。这些生产关系的总和构成社会的经济结构，即有法律的和政治的上层建筑竖立其上并有一定的社会意识形式与之相适应的现实基础。"①

关于人们的社会存在与社会意识的关系。在《德意志意识形态》一书中，马克思、恩格斯已经通过对生产实践的考察和对人们的现实的物质生活过程的揭示，阐明了人们的存在和他们的意识的关系，将对存在

---

① 《马克思恩格斯选集》第 2 卷，人民出版社 1995 年版，第 32 页。

和意识的关系这一哲学基本问题的唯物主义解决贯彻到社会历史观领域。在"序言"中，马克思又在将整个社会生活区分为物质生活、政治生活和精神生活过程的基础上，进一步指明："物质生活的生产方式制约着整个社会生活、政治生活和精神生活的过程。不是人们的意识决定人们的存在，相反，是人们的社会存在决定人们的意识。"①

关于生产力与生产关系、经济基础与上层建筑的矛盾运动。不同社会结构层面的相互作用，构成了社会形态内部的矛盾运动。马克思强调："社会的物质生产力发展到一定阶段，便同它们一直在其中运动的现存生产关系或财产关系（这只是生产关系的法律用语）发生矛盾。于是这些关系便由生产力的发展形式变成生产力的桎梏。那时社会革命的时代就到来了。随着经济基础的变更，全部庞大的上层建筑也或慢或快地发生变革。在考察这些变革时，必须时刻把下面两者区别开来：一种是生产的经济条件方面所发生的物质的、可以用自然科学的精确性指明的变革，一种是人们借以意识到这个冲突并力求把它克服的那些法律的、政治的、宗教的、艺术的或哲学的，简言之，意识形态的形式。我们判断一个人不能以他对自己的看法为根据，同样，我们判断这样一个变革时代也不能以它的意识为根据；相反，这个意识必须从物质生活的矛盾中，从社会生产力和生产关系之间的现存冲突中去解释。无论哪一个社会形态，在它所能容纳的全部生产力发挥出来以前，是决不会灭亡的；而新的更高的生产关系，在它的物质存在条件在旧社会的胎胞里成熟以前，是决不会出现的。所以人类始终只提出自己能够解决的任务，因为只要仔细考察就可以发现，任务本身，只有在解决它的物质条件已经存在或者至少是在生成过程中的时候，才会产生。"②

在这段论述中，马克思阐明了一系列重要的思想：首先，社会革命

① 《马克思恩格斯选集》第 2 卷，人民出版社 1995 年版，第 32 页。
② 《马克思恩格斯选集》第 2 卷，人民出版社 1995 年版，第 32—33 页。

或社会变革的终极动因是社会的物质生产力的发展以及它与现存生产关系的矛盾。其次，在考察社会变革时，必须严格地将经济条件方面所发生的物质的变革同意识形态的形式区别开来；意识形态根源于生产力和生产关系之间的矛盾和冲突，它是人们认识和解决生产力与生产关系之间的矛盾或冲突的手段。最后，社会变革需要一定的物质前提和条件，这就是旧的社会形态所能容纳的全部生产力的彻底发挥和新的生产关系的物质存在条件在旧社会胎胞里的成熟。只有当这种物质前提和条件已经具备或正在生成，社会变革的任务才有可能提出并得到解决。

关于经济社会形态演进的历史及其发展趋势。马克思根据当时所掌握的材料，描述了经济社会形态演进的一般历程。他将迄当时为止的西方社会形态的演进历史大体上划分为四个阶段，即"亚细亚的、古代的、封建的和现代资本主义的"。在这里，"亚细亚的"是指以东方社会为典型代表的原始社会形态，"古代的"是指以古希腊和罗马社会为典型代表的奴隶制社会形态，而"封建的"在马克思眼中则是以日尔曼民族所经历的封建制为典型代表。马克思认为，资本主义生产关系是人类社会发展过程中最后一个采取对抗形式的生产关系。"人类社会的史前时期"将以这种生产关系的终结而告终。

（二）研究和批判资本逻辑

在《资本论》及其相关的大量经济学手稿中，马克思系统地分析了资本主义生产关系及其运动规律，并借此系统地发挥和论证了主要由他创立的唯物主义历史观。

经济社会形态的发展是一种自然史过程。马克思把人类的主要社会实践活动即物质生产作为社会的本质规定，进一步提出："社会生活过程即物质生产过程的形态"①，并从这一理解出发，对物质生产的本质、地位等进行了进一步的分析和论证，制定了经济社会形态理论。

马克思论证了物质生产首先是人与自然之间的一种特定关系："劳动首先是人和自然之间的过程，是人以自身的活动来引起、调整和控制人和自然之间的物质变换的过程。"②在这一过程中，一方面，人运用和付出自己的体力和智力，作为一种自然力与自然物质相对立；另一方面，创造出适合自己需要的特殊的自然物质。由于生产劳动是人们仅仅为了生存就必须每日每时进行的活动，是能够创造使用价值的活动，因此，它"是不以一切社会形式为转移的人类生存条件，是人和自然之间的物质变换即人类生活得以实现的永恒的自然必然性"③。

马克思把对物质生产的这种一般性质的理解，与他对历史上特定的生产类型即资本主义生产方式的批判联系起来。马克思通过分析资本主义生产方式以及揭示它的运动的客观规律性，阐明了在资本主义社会中人与自然之间的物质变换的特殊形式：不是人同他们赖以生存的自然条件的统一，而是这两者的分离得到了彻底的实现。

基于"社会生活过程即物质生产过程的形态"这一理解，马克思提出了"经济社会形态"④这一重要概念。马克思把它作为"社会形态"的通用语使用，但却赋予其特殊的内涵：各种社会类型是以物质生产特别是生产关系作为本质规定的，是以物质生产、生产关系为其本质特征的社会有机体系。

根据马克思经济社会形态理论，根源于生产力的社会生产关系是区分各种社会类型的主要标志。马克思指出："使各种社会经济形态例如奴

---

① 《马克思恩格斯全集》第 23 卷，人民出版社 1972 年版，第 97 页。
② 《马克思恩格斯全集》第 23 卷，人民出版社 1972 年版，第 201—202 页。
③ 《马克思恩格斯全集》第 23 卷，人民出版社 1972 年版，第 56 页。
④ "经济社会形态"这一概念原译为"社会经济形态"，与原文不符。《马克思恩格斯选集》1995 年版已改译为"经济的社会形态"。

隶社会和雇佣劳动的社会区别开来的，只是从直接生产者身上，劳动者身上，榨取这种剩余劳动的形式。"①

由于马克思科学地揭示出社会体系根源于物质生产、经济关系，并最终根源于物质生产力，他就有可靠的根据把"经济的社会形态的发展理解为一种自然史的过程"②。也就是说，经济社会形态的发展虽然是人参与和创造的历史过程，但却有其内在的客观规律性。它同自然界的发展一样，都是服从其固有的内在规律的。

资本主义现代性必将被扬弃。马克思并没有提出"现代性"这一概念以及对现代性的一般问题作出专门的分析和阐述。但是，马克思对资本主义社会的内在矛盾的经济学分析内含了一种对资本主义现代性的哲学批判和探讨。

历史事实是，资本主义生产方式开启了现代化进程。然而，资本主义的现代化始终蕴含着创造与毁灭、赢取与丧失、发展与付出的尖锐矛盾。这种矛盾，实际上不仅体现了资本主义现代性的矛盾，而且以一种十分特殊和具体的形式体现了现代性的一般矛盾。马克思分析和揭示了资本主义经济和社会运动即资本主义现代化过程的内在矛盾和深刻危机，以及其内在逻辑和必然趋向，这在实质上也就为现代性问题提供了一种研究和解答。在马克思看来，资本主义自身不可能解决其现代化的内在矛盾及其所造成的社会危机，因此，必须用社会主义取代资本主义，从而扬弃和超越资本主义现代性。

马克思深刻地分析了生产的社会化与产品的私人占有，劳动异化和商品、货币拜物教，财富的积累与贫困、奴役和道德堕落的积累，资本与科学、文化发展的对立，等等，深刻地揭示了资本主义市场经济条件下人的生存悖论以及人的本质普遍异化的状况。马克思把资本主义条

① 《马克思恩格斯全集》第23卷，人民出版社1972年版，第244页。
② 《马克思恩格斯选集》第2卷，人民出版社1995年版，第101—102页。

件下通过付出昂贵的代价而获得的巨大发展比作仿佛只有用人的头骨做酒杯才能喝下甜美的酒浆。他对资本主义现代性的两重性作了这样的描述：在我们这个时代，每一种事物好像都包含有自己的反面。我们看到，机器具有减少人类劳动和使劳动更有成效的神奇力量，然而却引起了饥饿和过度的疲劳。新发现的财富的源泉，由于某种奇怪的、不可思议的魔力而变成贫困的根源。技术的胜利，似乎是以道德的败坏为代价换来的。随着人类愈益控制自然，个人却似乎愈益成为别人的奴隶或自身的卑劣行为的奴隶。甚至科学的纯洁光辉也只能在愚昧无知的黑暗背景上闪耀①。

　　马克思还论证了资本主义生产方式——实质上也是资本主义现代性扬弃的历史必然性。这集中体现在马克思在《资本论》第十四章第七节所概括的"资本积累的历史趋势"中。马克思详尽地论述了这一趋势，并对其作出了如下概括："随着这种集中或少数资本家对多数资本家的剥夺，规模不断扩大的劳动过程的协作形式日益发展，科学日益被自觉地应用于技术方面，土地日益被有计划地应用，劳动资料日益转化为只能共同使用的劳动资料，一切生产资料因作为结合的、社会的劳动的生产资料使用而日益节省，各国人民日益被卷入世界市场网，从而资本主义制度日益具有国际的性质。随着那些掠夺和垄断这一转化过程的全部利益的资本巨头不断减少，贫困、压迫、奴役、退化和剥削的程度不断加深，而日益壮大的、由资本主义生产过程本身的机制所训练、联合和组织起来的工人阶级的反抗也在增长。资本的垄断成了与这种垄断一起并在这种垄断之下繁盛起来的生产方式的桎梏。生产资料的集中和劳动的社会化，达到了同他们的资本主义外壳不能相容的地步。这个外壳就要炸毁了。资本主义私有制的丧钟就要响了。剥夺者就要被剥夺了。"②在此基础

---

① 《马克思恩格斯全集》第 12 卷，人民出版社 1962 年版，第 4 页。
② 《马克思恩格斯选集》第 2 卷，人民出版社 1995 年版，第 268—269 页。

上，马克思还进一步勾画了由"个人的、以自己的劳动为基础的私有制"到"资本主义私有制"再到"在协作和对土地及靠劳动本身生产的生产资料的共同占有的基础上，重新建立个人所有制"的这一历史的否定之否定过程。

基于当时的历史条件，马克思显然不可能将资本主义现代性与一般现代性区分开来。但是，马克思对资本主义现代性的分析显然有助于对一般现代性问题的研究。

科学变成直接的生产力。资本主义机器大工业的建立和发展，使科学越来越广泛地应用于生产过程。马克思通过对资本主义生产方式的详细研究指明，资本主义社会中生产力突飞猛进的发展，使得生产和科学越来越紧密地结合起来。机械化的工业和与此相联系的固定资本的日益扩展，要求系统地应用科学知识和科学方法，从而使科学成为生产力。生产过程成了科学的应用过程，科学成了生产过程的因素。科学在生产中的应用，最初是解决主要由劳动力直接承担的生产中的个别问题；随着生产的发展，科学日益渗入生产过程并决定着生产技术的发展方向。

生产技术、机器、设备等的发展水平，是科学技术发展的客观标尺。马克思通过固定资本的研究，深刻揭示了科学在生产中日益增长的作用。他认为，在固定资本中，社会生产力既包括科学的力量，又包括生产过程中社会力量的结合，最后还包括从直接劳动转移到机器上的技巧。因此，"固定资本的发展表明，一般社会知识，已经在多么大的程度上变成了直接的生产力，从而社会生活过程的条件本身在多么大的程度上受到一般智力的控制并按照这种智力得到改造"①。

马克思还指出，随着社会生产力的发展，社会财富的增长将愈益取决于科学在生产上的应用。"随着大工业的发展，现实财富的创造较少地

---

① 《马克思恩格斯全集》第46卷（下），人民出版社1980年版，第219—220页。

取决于劳动时间和已耗费的劳动量，较多地取决于在劳动时间内所运用的动因的力量，而这种动因自身——它们的巨大效率——又和生产它们所花费的直接劳动时间不成比例，相反地却取决于一般的科学水平和技术进步，或者说取决于科学在生产上的应用。"①

自由个性的实现是人的发展的高级阶段。人的问题在马克思的经济学著述中占有重要地位。马克思从物质实践的观点出发，科学地阐明了人的本质，论述了人的个性或人格的全面发展。

早在《1844 年经济学哲学手稿》中，马克思就已把人的本质归结为劳动。在《资本论》中马克思指出："劳动资料的使用和创造，虽然就其萌芽状态来说已为某几种动物所固有，但是这毕竟是人类劳动过程独有的特征。"②

按照马克思的理解，人类的本性、人的类本质是社会历史的产物和生产劳动的结果，是由于自然和社会的交互作用而形成和发展起来的。"人的存在是有机生命所经历的前一个过程的结果。只是在这个过程的一定阶段上，人才成为人。"③因此，不仅要研究人的"一般本性"，而且要"研究在每个时代历史地发生了变化的人的本性"④。

人的具体本性和社会性质本身只能从人所处的具体的社会制度、具体的社会结构和社会关系中才能揭示出来。马克思反对抽象地谈论人。他强调，如果肯定不论生活在哪种社会形式中的人都具有他所生活的那个社会的一定性质，科学的研究方法只能是：不是从人出发，而是从一定的社会经济时期出发。

马克思具体地研究了资本主义条件下人的本质的发展状况，并探讨

---

① 《马克思恩格斯全集》第 46 卷（下），人民出版社 1980 年版，第 217 页。
② 《马克思恩格斯全集》第 23 卷，人民出版社 1972 年版，第 204 页。
③ 《马克思恩格斯全集》第 26 卷（第三册），人民出版社 1974 年版，第 545 页。
④ 《马克思恩格斯全集》第 23 卷，人民出版社 1972 年版，第 669 页。

了人的个性的发展。在资本主义社会，人的本质的发展受到了扭曲。这集中表现在，"资本主义生产方式使劳动条件和劳动产品具有的与工人相独立、相异化的形态"①。就劳动条件而言，在工场手工业条件下，工人成为终身执行某一特定职能的"局部工人"；在大机器生产的条件下，工人则成为机器的"活的附属物"。就产品而言，"正像人在宗教中受他自己头脑的产物的支配一样，人在资本主义生产中受他自己双手的产物的支配"②。马克思批判了资本主义生产方式给人的发展所带来的局限，同时，马克思也肯定，"异化"和阶级对抗是人类发展的必经阶段，而且，它最终将会被扬弃和消除，从而将会实现每个人的全面发展："'人'类的才能的这种发展，虽然在开始时要靠牺牲多数的个人，甚至靠牺牲整个阶级，但最终会克服这种对抗，而同每个个人的发展相一致。"③

根据社会关系的历史发展与人的个性发展的内在联系，马克思把人的发展过程划分为三大社会形态或三个大的历史阶段。第一个历史阶段是"人格依赖"（persoenliche Abhaengigkeit）关系占统治地位的阶段。这是指自然经济状态下的前资本主义阶段。在这一阶段，人的生产能力只是在狭窄的范围内和孤立的地点上发展着。人们作为生产者，或依附于家庭、部落等自然共同体，或依附于奴隶主和封建主。人身依附关系成为各种社会关系和社会生活领域的主要特征。第二个历史阶段是"以物的依赖性为基础的人格独立性"（persoenliche Unabhaengigkeit）的阶段。这是指商品交换普遍发展的资本主义阶段。在这一阶段上，由于商品、市场和交换关系的充分发展，个人成为相对独立的主体，生产者也作为自由雇佣工人出现，资本主义社会随之而发展起来。因此，人虽然在形式上取得了相对的独立性，实际上却受到物的统治和支配。第三个历史

① 《马克思恩格斯全集》第23卷，人民出版社1972年版，第473页。
② 《马克思恩格斯全集》第23卷，人民出版社1972年版，第681页。
③ 《马克思格斯全集》第26卷（第二册），人民出版社1973年版，第124—125页。

阶段是"建立在个体全面发展和他们共同的社会生产能力成为他们的社会财富这一基础上的自由个性"（freie Individualitaet）的阶段。这是指未来的共产主义阶段。在这一阶段，社会关系不再作为异己的力量支配人，而是置于人们的共同控制之下。人们将在自觉、丰富和全面的社会关系中获得自由和全面的发展，成为具有自由人格的人 [①]。

资本主义经济学分析中的辩证法。马克思把唯物辩证法系统地应用到他的政治经济学研究过程中。他不仅科学地研究了资本主义生产方式的内在矛盾，研究了它的产生、发展和衰亡的客观辩证法，而且还出色地阐明和运用了作为马克思主义的逻辑和认识论的主观辩证法。在《资本论》中，研究方法和叙述方法、分析方法和综合方法、归纳方法和演绎方法、逻辑方法和历史方法等都得到了有机的统一。列宁认为，虽说马克思没有遗留下专门的逻辑学著作，但他遗留下了"《资本论》的逻辑"。

例如，在《资本论》第一章，马克思从考察商品开始，从商品中引申出对使用价值和交换价值的说明。在说明了使用价值和交换价值以后，商品就被按照它进入交换过程时那样作为使用价值和交换价值的直接统一来叙述。然后，在分析直接交换关系内在矛盾的基础上，转入对货币的研究，即作为价值尺度的货币、作为流通手段的货币，以及作为这两个规定的统一体的实在的货币。在这里，马克思充分运用了黑格尔所阐明的从抽象上升到具体以及逻辑与历史相统一的原则，从作为资本主义经济细胞的、最成熟的商品形态入手，逐渐揭示和展现出商品生产的各种内在矛盾和本质规定，逻辑的形式摆脱了历史的形式以及起扰乱作用的偶然性。同时，在这种对叙述方法和逻辑方法的出色运用中，也融会了对矛盾、对量转化为质以及对否定之否定过程的辩证分析，融会了归纳和演绎，等等。

---

① 参见《马克思恩格斯全集》第 46 卷（上），人民出版社 1979 年版，第 104 页。引文有修订。

在《资本论》第一卷第二版"跋"中，马克思对自己从事政治经济学研究所应用的辩证方法进行了说明，并阐述了他的辩证法与黑格尔的辩证法的关系。马克思指出，辩证法在黑格尔那里是倒立的，因为黑格尔颠倒了思维过程与现实事物的关系，即把思维过程当作现实事物的创造者，而把现实事物视为思维过程的外部表现。而马克思的看法则刚好相反，他认为，"观念的东西不外是移入人的头脑并在人的头脑中改造过的物质的东西而已"①。

在肯定黑格尔辩证法的合理内核的基础上，马克思特别阐明了辩证法的批判的革命的本质："辩证法在对现存事物的肯定的理解中同时包含对现存事物的否定的理解，即对现存事物的必然灭亡的理解；辩证法对每一种既成的形式都是从不断的运动中，因而也是从它的暂时性方面去理解；辩证法不崇拜任何东西，按其本质来说，它是批判的和革命的。"②

（三）古代史和东方社会发展道路研究

马克思晚年在撰写《资本论》过程中，为了彻底弄清地租问题，同时也为了能够对俄国以至整个东方社会的经济发展作出准确的判断，把研究的重心和注意力转向了东方古代社会。在马克思逝世的前几年，特别是在 1879—1882 年，马克思写下了大量笔记。这些遗稿，西方学者称之为"人类学笔记"，而苏联学者则将其叫作"古代史笔记"。它们包括：《马·柯瓦列夫斯基〈公社土地占有制，其解体的原因、进程和结果〉一书摘要》（1879—1880）、《路易斯·亨·摩尔根〈古代社会〉一书摘要》（1880—1881）、《亨利·萨姆纳·梅恩〈古代法制史讲演录〉一书摘要》（1881）、《约·拉伯克〈文明的起源和人的原始状态〉一书摘要》（1881），等等。

---

① 《马克思恩格斯选集》第 2 卷，人民出版社 1995 年版，第 112 页。
② 《马克思恩格斯选集》第 2 卷，人民出版社 1995 年版，第 112 页。

在这些手稿中，马克思把研究的视域由西欧扩展到包括秘鲁、墨西哥、印度以及阿尔及利亚等国家在内的今天所谓的亚、非、拉广大地区，不仅研究了这些古老国家历史上的氏族制度、婚姻关系、国家状况等，而且还对这些国家的古代公社土地所有制作了经济学上的分析，并借此探讨了这些国家的现实发展及其前景。这些手稿，是马克思19世纪50年代初开始的对东方社会研究的继续和完成，标志着马克思思想发展的一个新阶段，是马克思一生创作生活中的最后一个重要的里程碑。

手稿的核心是马克思对东方古代社会的研究。这一研究构成了马克思关于东方社会理论的雏形。

马克思对东方古代社会发展道路的认识过程。马克思对东方古代社会的研究大抵经历了19世纪70年代前和70年代后两个时期，主要是围绕"农村公社"问题展开的。在对东方社会的研究中，"农村公社"成为马克思打开东方社会历史迷宫的锁钥。

19世纪70年代之前，马克思首先在19世纪50年代初所写下的关于印度与中国问题的政治评论中，对作为东方社会基本细胞的"农村公社"进行了探讨，而后又在1857—1858年的经济学手稿中通过"亚细亚所有制"这一概念，对东方古代社会的生产关系作了专门研究。按照马克思当时获得的见解，尽管亚细亚所有制形式具有一定的稳定性，但在历史发展的进程中，它不仅在形式上多少要受到奴隶制与农奴制的影响，而且最终必然要解体，过渡到资本主义生产关系。依据这一认识，马克思在随后写下的《〈政治经济学批判〉序言》中提出了"亚细亚—古代—封建—现代资产阶级"这一社会形态演进的基本图式，并在《资本论》第一卷"序言"中概述了资本主义生产方式的普遍性。

然而，到了19世纪70年代初，事情发生了转机。马克思在19世纪70年代初掌握了俄文以后，逐渐对俄国社会状况有了深入的了解，并接触到了车尔尼雪夫斯基等俄国学者对于俄国经济和社会命运问题的不同见解，使得马克思对东方社会以至整个世界历史的发展有了新的看法。

在1872—1875年的《资本论》第一卷法文本中，马克思慎重地修改了1867年版《资本论》第一卷"序言"中对资本主义普遍性的论述，把作为资本关系前提的对农民的剥夺"在不同的国家具有不同的色彩"的提法改为只是"在英国才彻底完成"以及在"西欧的其他的一切国家"正经历着的运动，即把这一运动严格限制在西欧范围内。在1877年11月前后致《祖国纪事》编辑部的信中，马克思再次确认了这一修改，并反对把他的关于西欧资本主义起源的历史概述上升为人类社会一般发展道路的历史学理论。在马克思的暮年，他集中精力对东方的农村公社作了较为彻底的研究，进一步完善了自己有关东方社会的见解。在1881年3月8日致查苏利奇的信中，他针对俄国实际对自己的最新研究成果作了简明的概括，并进一步明确重申：作为资本主义制度基础的生产者同生产资料的彻底分离，即对农民的剥夺，其"历史必然性"仅"限于西欧各国"。同时又肯定，在一定的历史条件下，俄国的农村公社能够"不通过资本主义制度的卡夫丁峡谷"而成为该社会"新生的支点"。

马克思晚年对东方社会及其发展道路的经济学分析。马克思晚年对东方社会及其发展道路的经济学分析集中体现在他的农村公社理论上。这一理论大体包括了下述主要内容。

关于农村公社的历史地位。在给查苏利奇的复信稿中，马克思吸取了柯瓦列夫斯基对印度古代土地所有制形式演变过程的研究成果，确立了农村公社在社会历史演进过程中的地位。马克思认为，原始公社形式在历史的形成中有原生的、次生的以及再次生的等一系列类型，而农村公社则是"古代社会形态的最新类型"，是"原生的社会形态的最后阶段"。

在该信草稿中，马克思还把农村公社同"较古的类型的公社"相对照，把原生的社会形态分为"较古的类型的公社"和"农村公社"两大发展阶段。这一见解推进了马克思自己以前的原始社会形态理论：首先，把对原始社会形态的发展阶段和历史演进的描述具体化了；其次，最终终结了"亚细亚生产方式"概念的使用。无论是在 1857—1858 年手稿和 1859 年《〈政治经济学批判〉序言》中，还是在 1867 年版《资本论》第一卷"序言"中，"农村公社"概念都是被涵盖在"亚细亚生产方式"术语之下的，而现在"农村公社"历史地位的确立使得"亚细亚生产方式"术语失去了存在的意义。

关于农村公社的主要特征。马克思通过把农村公社与较古类型的公社相对比，列举了农村公社三个方面的主要特征：其一，割断了血亲这种牢固然而狭窄的联系，其结构不再是系谱树的结构，而是最早的没有血统关系的自由人的社会联合；其二，在公社内，房屋及其园地已是私有财产；其三，耕地虽归公社所有，但分配给个人经营，其产品归个人占有。换言之，实行公社的所有制和土地的小块耕种相结合；此外，马克思还单独提到农村公社的另一特征，即作为软弱性根源的与世隔绝的孤立性。

关于农村公社的历史演变。马克思在给查苏利奇的复信稿中强调，农村公社是从较早的古代类型公社中产生出来的，是自发的产物，而不是从外部输入的；在历史上，它在西欧到处都曾不同程度地存在过，只是以后伴随社会的进步才趋于消失。但是它的解体主要不是由于自身内在矛盾的必然发展，而是由于出现了阻碍它发展的经济条件和历史环境，如连绵不断的战争等。马克思特别指出了农村公社的"天赋的生命力"：有的农村公社尽管经历了中世纪的波折，也毕竟还是保存下来了，特别是这种公社的特征在取代它的公社中清晰地保存下来了。

由此牵涉到的一个重要问题是关于既存的以农村公社为基础的东方社会的性质。值得注意的是马克思并没有将其认定为封建社会或资本主义社会，而是专门提出一个特殊术语，称其为"实行非资本主义生产并以农业为主的国家"①。在马克思看来，这种以农村公社为基础的东方社会即使在近代以前也并不符合欧洲封建社会的标准，即并不具有农奴制和诸子分权制等特征。

关于农村公社的未来前景。按照马克思的看法，农村公社以至以农村公社为基础的东方社会的未来前景和历史命运取决于公社所有制的内在矛盾的发展，即公社内部所包含的集体所有制因素与私有制因素的矛盾的发展。这种内在矛盾既是农村公社强大的生命力的源泉，同时也是它可能解体的根源：一方面，公有制因素及其所造成的各种社会关系能够使公社基础稳固并使个人得到发展；另一方面，私有财产的积累（首先是从积累牲畜开始的动产的逐步积累）对经济和社会平等起破坏作用，并造成公社内部的利害冲突，可能最终瓦解土地所有制，导致公社的解体。因此，抽象而论，农村公社的构成形式只能是下面两种情况之一：或者是它所包含的私有制因素战胜集体所有制因素，或者是后者战胜前者。一切都取决于它所处的历史环境。

马克思结合俄国社会的具体情况，详细探讨了俄国农村公社的发展。他从欧洲只有俄国农村公社几乎作为巨大帝国疆土上人民生活的统治形式保存下来这一事实出发，充分揭示和分析了俄国农村公社存活和新生的种种有利条件（比如，土地公有制构成俄国农村公社集体占有制的基础，资本主义生产与其同时存在，为其提供了大规模进行共同劳动的现成的物质条件，等等），确认了它能够不通过"资本主义制度的卡夫丁峡谷"而走上一条完全不同于西欧其他国家的发展道路的现实可能性，断然否定了俄国新资产阶级代表所主张的公社必然灭亡的观点。同时马克思又对1861年俄国改革以来农村公社"几乎被推向灭亡的边缘"这一现实的危险给予了肯定与深切的关注。那么，俄国农村公社的前途何在呢？

---

① 《马克思恩格斯全集》第45卷，人民出版社1985年版，第300页。

马克思诉诸俄国革命。他认为，如果革命在适当的时刻发生，俄国农村公社就会成为俄国社会复兴的因素，成为使俄国比其他还处在资本主义制度压迫下的国家优越的因素。

关于对殖民主义者破坏、瓦解农村公社行径的评价。与马克思肯定农村公社具有复兴的现实可能性相联系，在对柯瓦列夫斯基《公社土地占有制》一书摘要中，以及在给查苏利奇的复信稿中，马克思都把破坏、瓦解农村公社的殖民主义行径视为倒行逆施而予以坚决否定。特别引人注目的是，马克思批驳了把农村公社的衰落仅仅说成是经济发展必然性的结果的观点。

马克思东方社会理论的历史地位与意义。马克思在晚年手稿中肯定了农村公社在资本主义国际条件和环境下存活和复兴的可能性，肯定了农村公社有可能成为一些社会趋向未来理想经济体系的出发点。这实际上意味着提出了人类社会演进的又一可能的形态与模式，即完全不同于西欧典型资本主义国家发展进程的另一种发展形态与模式。由于存有农村公社历史印痕的国家事实上绝不以当时的俄国为限，其代表的世界范围甚至比西方典型资本主义国家所限的地域还要广泛，因此，这种可能的发展形态与模式也具有相当的普遍性与典型性。如果说马克思的《资本论》是对西欧典型资本主义国家历史进程的分析，揭示了这些国家资本主义发生、发展和必然灭亡的规律和历史趋势，那么，马克思晚年的手稿则是对欧洲资本主义社会以外的国家特别是东方国家（马克思将其称为"实行非资本主义生产并以农业为主的国家"）历史进程的分析，预示了这些国家的可能的发展道路和历史前景。所以，在此意义上，有理由说，马克思晚年的手稿尽管只是尚未完成的著作的纲要，但它的历史地位与意义却完全可以与《资本论》相媲美。它所表述的关于东方社会的见解，补充、丰富和深化了《资本论》以前马克思自己制定的人类经济社会形态演进学说和一般历史哲学理论，是对《资本论》的重要发展。

第六讲　恩格斯对"现代唯物主义"的构建

一、"辩证的同时又是唯物主义的自然观"

从 19 世纪 70 年代初开始到 1883 年马克思逝世，是恩格斯思想发展的一个重要时期。概括和总结自然科学的发展提供的新材料，探索和揭示自然界发展的辩证运动及其规律，以及尝试全面、系统地构建一种以整体自然界为对象的"辩证唯物主义的自然观"，是恩格斯这一时期理论创作的中心。恩格斯在《反杜林论》第二版"序言"（1885）中曾明确提出"确立辩证的同时又是唯物主义的自然观"的任务以及提到他本人所从事的"确立辩证的同时又是唯物主义的自然观"的工作，并强调："马克思和我，可以说是把自觉的辩证法从德国唯心主义哲学中拯救出来并用于唯物主义的自然观和历史观的唯一的人。"[①]

恩格斯致力于"确立辩证的同时又是唯物主义的自然观"，首先与当时自然科学发展的状况直接相关。自然科学的突破性进展及其成就，是马克思主义哲学创立和发展的一个重要历史前提。马克思和恩格斯一生都很关注自然科学的发展，把自然科学视为包括哲学知识在内的一切知识的基础。早在马克思主义哲学创立之前，马克思对古希腊的自然哲学、恩格斯对 18 世纪的自然科学状况都曾作过深入的研究（见马克思的《博

---

① 《马克思恩格斯选集》第 3 卷，人民出版社 1995 年版，第 349 页。

士论文》和恩格斯的《英国状况　十八世纪》)。在《1844 年经济学哲学手稿》中，马克思以人的物质生产实践活动为基础，从对象性的观点出发，提出了一种以"人化自然"为核心的自然观的构想，实现了对传统自然观乃至整个传统形而上学的变革①。马克思还研究了以劳动特别是工业为基础的人和自然的关系，强调了自然界的人的本质、人的自然的本质以及这两者的历史统一，并预言了自然科学与社会科学的统一趋势，展示了哲学思维的宏观视域。在《资本论》及其手稿写作的过程中，马克思不仅研究了科学技术对于近代资本主义工业生产的意义，而且还专门研究了数学（以便满足经济学研究的需要），写下了著名的《数学手稿》。但是，由于马克思当时不得不把主要注意力放在自己的新哲学世界观的社会应用方面，放在对资本主义社会经济规律的揭示方面，他自己便不可能去专门研究日益广泛发展的自然科学知识的哲学问题。

其次，从自然科学发展的状况来看，19 世纪中叶以后，自然科学的发展已进入了一个新时期。按照恩格斯的说法，传统的经验自然科学已为新的理论自然科学所代替。在这一时期里，自然科学对辩证法的需要与在自然科学家中间占统治地位的机械的形而上学的思维方式之间的矛盾，变得越来越明显了。

在这种情况下，恩格斯开始日益密切关注自然科学问题，注意自然哲学以及自然科学的哲学问题的研究。1873 年他开始写作《自然辩证法》一书，并一直持续到 1886 年（主要写于 1873—1883 年，1885—1886 年作了个别补充）。该书总结并概括了恩格斯多年来有关自然科学的研究成果，它实质上是恩格斯系统建构"辩证唯物主义自然观"的尝试。恩格斯最初是打算把它写成一部旨在反对庸俗唯物主义者路德维希·毕希纳（1824—1899）的著作，后来则把它扩展为对"辩证唯物主义自然观"的

① 参见本书下编第三讲第一节。

系统阐述。在这部著作中，恩格斯把他对辩证法和唯物主义的理解全面运用于自然科学，同时，也从自然科学方面对他的新的自然观进行了系统论证。

《自然辩证法》的写作曾因投入对杜林的批判而中断了两年（1876—1878）。杜林（1833—1921）是一位小资产阶级思想家，1864—1877年间曾任柏林大学私人讲师。他在政治上主张一种"自由社会主义"，企图通过工人组织建立一种理想的未来的"社会共同体系"。他的这种主张在一定程度上为19世纪末叶的修正主义作了铺垫。在19世纪70年代，杜林学说在知识分子和部分工人中赢得了一定市场，并对在爱森纳赫派和拉萨尔派合并的基础上诞生的统一的德国社会主义工人党（1875）产生了一定的影响。在这种情况下，为了消除杜林主义的影响和维护党的统一的思想基础，恩格斯暂时中止了他对自然辩证法的研究，从1876年5月至1878年7月，用两年多的时间撰写了《反杜林论》一书。但是，在撰写《反杜林论》相关的部分时，恩格斯也有机会尽量利用和阐发了他研究自然辩证法所获得的成果。

关于哲学与自然科学的关系。哲学与自然科学有着密切的关系。一方面，哲学依赖于自然科学，它要以自然科学为基础，从自然科学中汲取必要的成分上升为自己的思想理论内容。恩格斯认为，自然科学的状况甚至决定哲学的思维形式和水平：古希腊的素朴的辩证的自然观是与当时自然科学还未进展到对自然界进行解剖与分析的水平即还把自然界作为一个整体来观察的状况相联系的；到了15世纪下半叶，对自然界进行分门别类研究的做法被从自然科学移置到哲学中以后，就造成了此后几个世纪所特有的形而上学的思维方式；而现代的辩证唯物主义的自然观则是在自然科学证实了自然界本身中所存在的各种运动形式之间的联系，从而由经验科学变成理论科学的条件下，通过概括自然科学所取得的新的重大成果而产生的①。

另一方面，自然科学也依赖哲学，需要哲学提供方法论上的指导。恩格斯特别强调了辩证思维对于理论自然科学的重要意义。这表现在：其一，只有辩证思维才能为自然界中所发生的发展过程，为自然界中的普遍联系，为从一个研究领域到另一个研究领域的过渡提供模式，并从而提供说明方法。其二，哲学史与哲学史上的有关世界普遍联系的见解，"为理论自然科学本身所提出的理论提供了一种尺度"②。这样，不管自然科学家对哲学采取什么样的态度，他们还是得受哲学的支配。问题只在于：他们是愿意受某种坏的时髦哲学的支配，还是愿意受一种建立在通晓思维的历史和成就的基础上的理论思维的支配③。

恩格斯还分析了把哲学与自然科学割裂开来的认识论根源。他指出，哲学与自然科学的分裂与对立，是缘于自然科学与哲学两者都忽视了人的活动对他的思维的影响，排除了人的社会实践："它们在一方面只知道自然界，在另一方面又只知道思想。但是，人的思维的最本质的和最切近的基础，正是人所引起的自然界的变化。"④

关于物质及其运动的基本形式以及整体世界的物质统一性。关于物质及其存在方式和形式，恩格斯指出，"物质无非是各种物的总和，而这个概念就是从这一总和中抽象出来的"。对这种抽象出来的"物质"人们固然不能看到和体验到，但它却是许多不同的、可以从感官上感知的事物的"简称"，有着实在的客观内容。与此相联系，恩格斯论述了他对"世界统一性"的理解，提出"世界的真正的统一性在于它的物质性"⑤。在论述物质概念的同时，恩格斯还指出，"运动""时空"等概念像物质概

① 《马克思恩格斯选集》第 3 卷，人民出版社 1995 年版，第 359—362 页。
② 《马克思恩格斯选集》第 4 卷，人民出版社 1995 年版，第 284—285 页。
③ 《马克思恩格斯选集》第 4 卷，人民出版社 1995 年版，第 308 页。
④ 《马克思恩格斯选集》第 4 卷，人民出版社 1995 年版，第 329 页。
⑤ 《马克思恩格斯选集》第 3 卷，人民出版社 1995 年版，第 383 页。

念一样也是一种抽象。比如运动，它"无非是一切感官可感知的运动形式的总和"①。

恩格斯不仅论述了物质、运动和时空的客观性，而且也论述了它们之间的内在联系。他把运动定义为"物质的存在方式"，而把时空界定为物质的"存在的基本形式"或"两种存在形式"，认为物质、运动与时空三者是不能分割的；没有运动的物质和没有物质的运动是不可想象的，而时间以外的存在和空间以外的存在，同样是非常荒诞的。在谈到时空时，恩格斯强调指出了它的有限性与无限性的统一；在谈到运动时，恩格斯则强调指出了它的绝对性与相对性的统一。

在《运动的基本形式》和有关的札记中，恩格斯深入地阐述了关于物质运动形式的理论。他根据当时的科学发展状况，按照客体的存在方式和固有属性，把除社会形态以外的运动形式区分为机械运动、物理运动（热、光、电、磁等）、化学运动和生命运动等基本形式，并且强调了下述几个相互关联的观点：第一，这几种依次排列的运动形式，不仅在质上各不相同，而且体现了从低级到高级的不同层次，体现了从低级运动到高级运动的上升过程；第二，各种不同运动形式之间相互联系、相互渗透，可以相互转化；第三，高级运动形式以"扬弃"的方式包含着低级运动形式，但绝不归结为低级运动形式；第四，人们对各种运动形式的认识是由最简单、最低级的运动形式开始的。

恩格斯根据运动形式的区分来创立科学的分类原则。他指出，每一门科学都是分析某一个别的运动形式或一系列互相关联和互相转化的运动形式的。因此，科学分类就是这些运动形式本身依据其内部所固有的次序的分类和排列，而它的重要性也正是在这里。

值得注意的是，与对物质概念的理解和界定相联系，恩格斯在《反

---

① 《马克思恩格斯选集》第 4 卷，人民出版社 1995 年版，第 343 页。

杜林论》中提出了他对整体自然界或整体世界的 "统一性" 的观点，即 "世界的真正的统一性在于它的物质性" 这一著名命题。杜林试图用现实世界的统一性去否定和排除彼岸世界和上帝的存在，但他却采用了证明上帝存在的本体论论证法，从思辨的 "存在" 的唯一性推导出现实宇宙的统一性。恩格斯认为，当我们说到 "存在" 的时候，其统一性只是意味着一切对象是存在的、实有的。除此之外并未说出更多的东西。因此，"世界的统一性并不在于它的存在，尽管世界的存在是它的统一性的前提，……世界的真正的统一性在于它的物质性" [①]。

在《德意志意识形态》中，恩格斯曾与马克思一起主张人们的实践活动是 "整个感性世界的基础"，将哲学认识严格限定在 "感性世界" 的范围之内。与《德意志意识形态》中这种理解不同，恩格斯在《反杜林论》中提出的 "世界的真正统一性在于它的物质性" 的命题，是对整体世界的本质作出的一种描述和概括，也就是说，已将哲学认识的领域由 "感性世界" 扩大到了 "整体世界"。因此，实际上是站在形而上学的立场对宇宙 "终极本体" 的一种追寻。

关于整体自然界的辩证性质和辩证运动的宏观图景。恩格斯认为，辩证的唯物主义的自然观的任务是揭示自然界的辩证运动及其规律，而自然界的辩证运动及其规律不是别的，就是黑格尔曾经以唯心主义的方式只当作思维规律而加以阐明的辩证法的规律。因此，在《自然辩证法》和《反杜林论》中，恩格斯都用了很大篇幅结合自然科学的成果来阐述辩证法规律在自然界中的体现，说明 "辩证法的规律是自然界的实在的发展规律" [②]，它是哲学思维从自然界中抽象出来的，而不是从外部强加于自然界的。从而，把对自然界的辩证性质的揭示提升为对辩证法客观性的论证。

---

① 《马克思恩格斯选集》第 3 卷，人民出版社 1995 年版，第 383 页。
② 《马克思恩格斯选集》第 4 卷，人民出版社 1995 年版，第 311 页。

恩格斯在揭示自然界运动的辩证性质和辩证法的客观性的同时，还从一种十分宏观的视域对太阳系以至整个自然界的辩证发展的历史轨迹进行了描述。他依据康德的星云假说和当时的自然科学材料，勾画了"炽热的星云—太阳系的出现—人的产生—太阳系的毁灭—炽热的星云"的宇宙的永恒的循环过程，并且对这个在地球年代不足以作为量度单位的时间内才能完成其轨道的循环表述了一些重要的见解和结论：首先，在这个循环中，最高物发展的时间，有机生命的时间，尤其是意识到自身和自然界的生物的生命的时间，正如生命和自我意识在其中发生作用的空间一样，是非常狭小短促的。其次，在这个循环中，物质的任何有限的存在方式，都是暂时的，除了永恒变化着、永恒运动着的物质、物质运动及其依据的规律以外，再没有什么永恒的东西。第三，由于物质在它的一切变化中永远是同一的，它的任何一个属性都永远不会消失，因此，它虽然在某个时候一定以铁的必然性毁灭自己在地球上创造的思维的精神，但在另外的某个地方和某个时候一定又以同样的铁的必然性把它重新产生出来①。

关于作为自然、社会和思维即整体世界运动一般规律的辩证法。以对整体自然界辩证运动图景的揭示为基础，在《自然辩证法》与《反杜林论》中，恩格斯对辩证法作了系统的阐述。

首先，作为理论和方法的辩证法的本性和基本原则。恩格斯在阐明辩证法理论的本性时，特别强调它不是一种单纯的证明工具，而是一种科学的世界观与方法论。杜林把辩证法狭义地理解为单纯的证明工具，曲解了辩证法的本性。恩格斯指出，其实，"甚至形式逻辑也首先是探寻新结果的方法，由已知进到未知的方法；辩证法也是这样，只不过是更高超得多罢了；而且，因为辩证法突破了形式逻辑的狭隘界限，所以它

---

① 《马克思恩格斯选集》第4卷，人民出版社1995年版，第279页。

包含着更广的世界观的萌芽"①。按照恩格斯的看法,辩证法当然是有其证明功能的,但是辩证法的这种单纯的证明功能与它的探寻未知的认识论功能和方法论功能相比,则是退居次要地位的。

辩证法所以成为一种科学的世界观与方法论,就其理论内容来说,是因为它反映了事物运动、发展的辩证性质。恩格斯说:"辩证法在考察事物及其在观念上的反映时,本质上是从它们的联系、它们的联结、它们的运动、它们的产生和消逝方面去考察的。"②

恩格斯还着重阐明了辩证法的一些基本特征与原则,特别是普遍联系与运动发展的原则,从普遍联系与运动发展两个方面来揭示辩证法的本性。

辩证法按照客观世界的本来面目来认识客观世界,把它了解为各种事物和过程相互联系的统一整体。其中,各种事物、过程之间既相互区别,又相互渗透、相互过渡、相互转化。因此,辩证法不像形而上学那样在绝对的对立中思维,而是在区别中看到联系,在对立中看到统一。恩格斯强调:"辩证的思维方法同样不知道什么严格的界线,不知道什么普遍绝对有效的'非此即彼!',它使固定的形而上学的差异互相转移,除了'非此即彼!',又在恰当的地方承认'亦此亦彼!',并使对立通过中介相联系。"③在这个意义上,"辩证法是关于普遍联系的科学"④。

事物、过程之间的这种普遍联系是在运动中发生的。它是一种动态的联系而非一种静止的联系。因而这种普遍联系的本身就是普遍相互作用。正是这种普遍的相互作用,才构成了事物运动的终极原因。恩格斯说:"相互作用是事物的真正的终极原因。我们不能比对这种相互作用的

---

① 《马克思恩格斯选集》第3卷,人民出版社1995年版,第477页。
② 《马克思恩格斯选集》第3卷,人民出版社1995年版,第361页。
③ 《马克思恩格斯选集》第4卷,人民出版社1995年版,第318页。
④ 《马克思恩格斯选集》第4卷,人民出版社1995年版,第259页。

认识追溯得更远了，因为在这之后没有什么要认识的东西了。"①"只有从这种普遍的相互作用出发，我们才能达到现实的因果关系。"②这样，相互作用推动着事物的发展变化，尽管运动的具体形式不断更替，但运动本身却具有绝对普遍的意义。在这个意义上，辩证法是关于普遍相互作用、关于永恒运动和发展的科学。

其次，关于唯物辩证法的规律、范畴及其客观性。在《反杜林论》中，恩格斯集中论述了矛盾的普遍性、客观性以及质变与量变、否定之否定规律。在《自然辩证法》中，他又进一步明确提出了辩证法的三个主要规律。他指出，辩证法实质上可以归结为下面三个规律：量转化为质和质转化为量的规律；对立面的相互渗透的规律；否定的否定的规律。恩格斯说明，这三个规律都曾被黑格尔阐明过：第一个规律是在他的《逻辑学》的第一部分即"存在论"中；第二个规律占据了他的《逻辑学》的整个第二部分，而且是最重要的部分，即"本质论"；第三个规律是整个体系构成的基本规律。黑格尔的错误在于，他颠倒了思维规律与自然、历史的关系。

恩格斯着重论述了辩证法规律的客观性、普遍性。关于矛盾规律，他说："当我们从事物的运动、变化、生命和彼此相互作用方面去考察事物时……我们立刻陷入了矛盾。"③不仅简单的机械的位移本身已经包含着矛盾，而且物质的更高级运动形式，特别是有机生命及其发展，就更加包含着矛盾。在谈到矛盾着的对立双方的关系时，恩格斯指出："辩证法根据我们直到目前为止的自然科学实验的结果，已经证明了：所有的两极对立，都以对立的两极的相互作用为条件；这两极的分离和对立，只存在于它们的相互依存和联结之中，反过来说，它们的联结，只存在于

---

① 《马克思恩格斯选集》第4卷，人民出版社1995年版，第328页。
② 《马克思恩格斯选集》第4卷，人民出版社1995年版，第328页。
③ 《马克思恩格斯选集》第3卷，人民出版社1995年版，第462页。

它们的分离之中，它们的相互依存，只存在于它们的对立之中。"①关于量变质变规律，恩格斯不仅列举了自然与社会中的各种事例，而且特别论及了以这个规律作为基础的化学的情况。他认为，根据自然界的情形，可以把这一规律表述为：质的变化只有通过物质或运动的量的增加或减少才能发生。同样，关于否定之否定规律，恩格斯也通过各种有代表性的例证说明，"它是自然、历史和思维的一个极其普遍的、因而极其广泛地起作用的、重要的发展规律"②。恩格斯把否定之否定的规律的逻辑内容描述为，"按本性说是对抗的、包含着矛盾的过程，一个极端向它的反面的转化，最后，作为整个过程的核心的否定的否定"③。在揭示辩证法规律的客观性和普遍性的基础上，恩格斯对辩证法学说作了这样的界定："辩证法不过是关于自然、人类社会和思维的运动和发展的普遍规律的科学。"④恩格斯对辩证法所作的这一定义，如同他所提出的"世界的真正的统一性在于它的物质性"的命题一样，是以整体世界为对象的，因而也显示出明显的形而上学色彩。

在阐述辩证法三大规律的同时，恩格斯还结合自然科学发展的事实，对同一与差异、部分与整体、简单与复合、个别与一般、必然与偶然、原因与结果、正与负、运动与静止、生与死、进化与退化等辩证法的一系列范畴进行了阐述，揭示了它们的客观性与辩证内容。恩格斯对这些范畴的阐述与对三大规律的阐述一起，实际上已经勾勒出一个丰富的唯物主义辩证法的科学体系。

值得注意的是，恩格斯把对辩证法的阐述与人的实践活动联系起来。他强调，"人的思维的最本质的和最切近的基础，正是人所引起的自然界

---

① 《马克思恩格斯选集》第 4 卷，人民出版社 1995 年版，第 349 页。

② 《马克思恩格斯选集》第 3 卷，人民出版社 1995 年版，第 484 页。

③ 《马克思恩格斯选集》第 3 卷，人民出版社 1995 年版，第 483 页。

④ 《马克思恩格斯选集》第 3 卷，人民出版社 1995 年版，第 484 页。

的变化，而不仅仅是自然界本身"①。基于这一理解，恩格斯在分析因果性范畴时指出，由于人的活动，就建立起因果观念，即一个运动是另一个运动的原因这样一种观念。虽然某些自然现象的有规则的前后相继也能造成因果观念，譬如热和光随太阳而来，但是这里不存在任何证明。然而人类的活动能够对因果性进行验证。如果我们用一面凹镜把太阳光集中在焦点上，造成像普通的火光一样的效果，那么我们因此就证明了热是从太阳来的。因此，"必然性的证明寓于人类活动中，寓于实验中，寓于劳动中"②。

关于主观辩证法与客观辩证法及二者的关系。在《自然辩证法》中，恩格斯明确提出了"主观辩证法"和"客观辩证法"的概念，认为所谓客观辩证法是支配着包括社会在内的整个客观世界的，而所谓主观辩证法，即辩证的思维，不过是客观辩证法的反映③。

恩格斯从三个方面对主观辩证法与客观辩证法的关系进行了阐述。

一是从自然与精神的统一方面。自然与精神是辩证法所涉及的两个不同的领域。研究精神与自然的关系是研究主、客观辩证法相互关系的基础。恩格斯指出，"我们的主观的思维和客观的世界遵循同一些规律，因而两者在其结果中最终不能互相矛盾，而必须彼此一致，这个事实绝对地支配着我们的整个理论思维。这个事实是我们的理论思维的本能的和无条件的前提"④。但是，各种哲学对自然与精神、存在与思维的统一性的理解是不同的。18世纪法国唯物主义只看到了内容的方面。黑格尔哲学虽然坚持了内容与形式的统一，可是它对这种统一性的理解却是建立在唯心主义基础上的。只有马克思主义哲学才扬弃了18世纪法国唯物主

---

① 《马克思恩格斯选集》第4卷，人民出版社1995年版，第329页。
② 《马克思恩格斯选集》第4卷，人民出版社1995年版，第330页。
③ 《马克思恩格斯选集》第4卷，人民出版社1995年版，第317页。
④ 《马克思恩格斯选集》第4卷，人民出版社1995年版，第364页。

义和黑格尔哲学的片面性。恩格斯在《自然辩证法》札记中还指出，这种精神与自然的统一性用经验主义的方法是难以解决的①。

二是从逻辑与历史的统一方面。逻辑的东西是历史的东西在思维中的再现。历史从哪里开始，思想进程也应当从哪里开始，而思想进程的进一步发展不过是历史过程在抽象的、理论上前后一贯的形式上的反映。当然，逻辑的东西又不是历史的东西的简单的照搬，而是一种概念的把握，是剔除了历史中的偶然因素的。所以，"在历史的发展中，偶然性发挥着作用，而在辩证的思维中就像在胚胎的发展中一样，这种偶然性融合在必然性中"②。

三是从抽象与具体的统一方面。人类的认识发展是由具体到抽象、再由抽象到具体的过程。由具体到抽象，体现了人的认识由个别到一般的上升运动。而通过抽象获得的认识结果，虽然形式上看起来很抽象，但实质上却是对现实中具体的再现，因而是一种思维中的具体。这种具体由于概括了现实中的无数个个别，因此它比现实中的某一个个别的具体更丰富。恩格斯用运动的规律和运动的个别具体例证的关系来说明这一抽象和具体的道理："运动形式变换的一般规律，比运动形式变换的任何个别的'具体的'例证都要更具体得多。"③

关于主观辩证法的内在矛盾，恩格斯在阐明认识的辩证过程的同时，详尽地论述了认识过程中的有限与无限、相对与绝对的关系。

自然科学家卡·耐格里在其《自然科学认识的界限》中认为，人们只能认识有限的东西。恩格斯驳斥了卡·耐格里的这种形而上学的见解。他指出，有限与无限是不可分割的。"事实上，一切真实的、穷尽的认识都只在于：我们在思想中把个别的东西从个别性提高到特殊性，然后再

①《马克思恩格斯选集》第4卷，人民出版社1995年版，第330页。
②《马克思恩格斯选集》第4卷，人民出版社1995年版，第331页。
③《马克思恩格斯选集》第4卷，人民出版社1995年版，第331—332页。

从特殊性提高到普遍性；我们从有限中找到无限，从暂时中找到永久，并且使之确立起来。"①由于有限中就包括无限，把握了有限也就把握了无限，所以恩格斯强调，"对自然界的一切真实的认识，都是对永恒的东西、对无限的东西的认识"②。恩格斯在肯定人能够认识无限的东西的同时又指出，有限与无限的矛盾是在历史进程中获得统一和解决的："绝对地认识着的思维的无限性，也是由无限多的有限的人脑所组成的，而人脑……会在实践上和理论上做蠢事……因此，对无限的东西的认识受到双重困难的困扰，并且按其本性来说，只能通过一个无限的渐进的前进过程而实现。"③

认识的相对与绝对的关系也是如此。恩格斯在批判杜林的绝对真理的论调时指出："思维的至上性是在一系列非常不至上地思维着的人中实现的；拥有无条件的真理权的认识是在一系列相对的谬误中实现的；二者都只有通过人类生活的无限延续才能完全实现。"④

恩格斯得出的最后结论是："人的思维是至上的，同样又是不至上的，它的认识能力是无限的，同时又是有限的。按它的本性、使命、可能和历史的终极目的来说，是至上的和无限的；按它的个别实现情况和每次的现实来说，又是不至上的和有限的。"⑤

关于从自然到社会、从猿到人转变的辩证法。恩格斯在对 19 世纪中叶自然科学的最新成果进行研究和概括的过程中，对人类起源问题给予了特殊的注意。大约在 1876 年 6 月，他专门写了一篇论文来阐述这一问题。这篇论文原计划用作关于一部奴役问题的著作的导言，但因为该著作没有完成，恩格斯将其冠以"劳动在从猿到人转变过程中的作用"的

---

① 《马克思恩格斯选集》第 4 卷，人民出版社 1995 年版，第 341 页。
② 《马克思恩格斯选集》第 4 卷，人民出版社 1995 年版，第 341 页。
③ 《马克思恩格斯选集》第 4 卷，人民出版社 1995 年版，第 341—342 页。
④ 《马克思恩格斯选集》第 3 卷，人民出版社 1995 年版，第 427 页。
⑤ 《马克思恩格斯选集》第 3 卷，人民出版社 1995 年版，第 427 页。

标题，收入《自然辩证法》一书的准备材料中。在这篇专论中，恩格斯利用历史唯物主义的观点论述了人类起源问题，特别是劳动对于人类起源的意义，不仅丰富了他与马克思共同创立的新世界观，而且也为人类学的研究开辟了新途径。

恩格斯在文中提出，在某种意义上，是劳动创造了人本身。以往的政治经济学家把劳动看作一切财富的源泉。恩格斯则确切地指出，其实劳动与自然界一起才是一切财富的源泉，劳动的作用在于把自然界提供的材料变为财富。但是，劳动的作用还不止于此。"它是一切人类生活的第一个基本条件，而且达到这样的程度，以致我们在某种意义上不得不说：劳动创造了人本身。"①

恩格斯论述了从猿到人转化过程中含有的三项要素，它们构成彼此相联、有机统一的三个阶段：一是由直立行走而导致的手的分工与进化；二是与交往增多相联系的语言的产生；三是脑髓的发展。

劳动在从猿到人转变过程中的作用贯穿在上述三个历史阶段中：首先，"手不仅是劳动的器官，它还是劳动的产物"②。是由于劳动，由于和日新月异的动作相适应，由于这样所引起的肌肉、韧带以及在更长时间内引起的骨骼的特别发展遗传下来，而且由于这些遗传下来的灵巧性以愈来愈新的方式运用于新的愈来愈复杂的动作，人的手才达到今天这样高度的完善。其次，"语言是从劳动中并和劳动一起产生出来的"③。劳动的发展促进了社会成员的协作与交往，从而也就促进了语言的产生和发音器官的完善。最后，猿的脑髓逐渐地变成人的脑髓，"首先是劳动，然后是语言和劳动一起，成了两个最主要的推动力"④。

---

① 《马克思恩格斯选集》第 4 卷，人民出版社 1995 年版，第 373—374 页。
② 《马克思恩格斯选集》第 4 卷，人民出版社 1995 年版，第 375 页。
③ 《马克思恩格斯选集》第 4 卷，人民出版社 1995 年版，第 376 页。
④ 《马克思恩格斯选集》第 4 卷，人民出版社 1995 年版，第 377 页。

基于劳动在从猿到人转变过程中的作用，恩格斯进一步论述了劳动是人区别于动物的根本标志。他着重考察了人的劳动与动物式劳动的区别。按照恩格斯的观点，人的劳动的发端是制造工具。"劳动是从制造工具开始的。"① 人的劳动所制造的最古老的工具是打猎的工具和捕鱼的工具，前者同时又是武器。而在动物那里，"任何一只猿手都不曾制造哪怕是一把最粗笨的石刀"②。人的劳动的另一重要特征是，这种活动突出地表现为人对自然界的支配作用，它使自然隶属于人的目的与需要。与人相比，动物也是具有某种从事有计划、经过思考的行动的能力的。在某些哺乳动物那里，这种从事有意识、有计划行动的能力还达到了相当高的阶段。而且，动物通过其活动也能使自然界在某种程度上发生变化。但是，"动物仅仅利用外部自然界，简单地通过自身的存在在自然界中引起变化；而人则通过他所作出的改变来使自然界为自己的目的服务，来支配自然界"③。

从劳动的观点来看人、社会与自然界的相互作用，恩格斯认为人与自然界之间的相互作用同动物与自然界之间的相互作用有着不同的性质。动物与自然界之间也存在着相互作用的关系。动物通过它们的活动也改变外部自然界，虽然在程度上不如人所做的那样。同时，由动物改变了的环境反过来又作用于原先改变环境的动物，使它们起变化。但是，动物对其环境的影响是无意地发生的，而且对于动物本身来说是偶然的事情。而人离开动物愈远，他们对自然界的作用就愈带有经过思考的、有计划的、向着一定的和事先知道的目标前进的特征。这样，人能够通过自己的主动活动在自然界上面打下自己的意志的印记。

人对自然界的这种支配作用是以人与自然的统一性为前提的。"我们

---

① 《马克思恩格斯选集》第4卷，人民出版社1995年版，第379页。

② 《马克思恩格斯选集》第4卷，人民出版社1995年版，第375页。

③ 《马克思恩格斯选集》第4卷，人民出版社1995年版，第383页。

统治自然界，决不像征服者统治异族人那样，决不是像站在自然界之外的人似的，——相反地，我们连同我们的肉、血和头脑都是属于自然界和存在于自然之中的；我们对自然界的全部统治力量，就在于我们比其他一切生物强，能够认识和正确运用自然规律。"[①]

人与自然界的相互作用要通过社会这一中介。人不仅要学会认识和调节人的活动对自然界所产生的影响，而且首先要学会预见和调节人的活动对社会进程所产生的影响。在此方面的一个首要任务是，要建立同人与自然的和谐要求相适应的生产方式和社会制度。恩格斯认为，包括资本主义在内的以前的一切生产方式都只在于取得劳动的最近的、最直接的有益效果。因此，要能够自觉利用自然规律，合理地对自然界施加影响，需要对资本主义生产方式以及与其连在一起的整个社会制度实行完全的变革[②]。

综括而论，恩格斯通过自然辩证法的研究，致力构建了一种以整体自然界或整体世界为对象的自然观，特别是依据当时的自然科学成果从一般唯物主义的立场尝试对整体自然界或整体世界的本质和规律进行了揭示。这在一定程度上继承和发挥了以往的唯物主义自然观和辩证法理论，同时也在相应程度上复兴了传统的形而上学。

二、"历史唯物主义"

恩格斯在 1890 年 8 月 5 日致施米特的信中明确提出了"历史唯物主

---

① 《马克思恩格斯选集》第 4 卷，人民出版社 1995 年版，第 383—384 页。
② 《马克思恩格斯选集》第 4 卷，人民出版社 1995 年版，第 385 页。

义"（der historische Materialismus）的概念^①，将其与"唯物主义历史观"
并行使用，并在此理解下对主要由马克思创立的唯物主义历史观进行了
多方面的阐释和发挥。

恩格斯 19 世纪 80 年代以后对"历史唯物主义"的发挥大体上是结
合以下几个方面的研究进行的：对人类初期发展阶段的研究（《家庭、私
有制和国家的起源》）；对马克思主义哲学所实现的革命变革以及历史唯
物主义基本原理的阐述（《路德维希·费尔巴哈和德国古典哲学的终结》
等）；对于经济与政治、社会意识或基础与上层建筑的辩证关系的专门探
讨（致约·布洛赫等人的关于历史唯物主义的书信）；等等。

在《家庭、私有制和国家的起源》（1884）中，恩格斯根据摩尔根的
考察成果和马克思有关摩尔根著作的摘要，阐明了人类从始初到文明阶
段的发展过程，论述了家庭的发展、阶级的起源和国家的本质。在《路
德维希·费尔巴哈和德国古典哲学的终结》（1886）中，恩格斯阐述了马
克思主义哲学与德国古典哲学的关系，说明了马克思主义哲学的本质以
及它所实现的哲学变革，论及了哲学观的一些重要问题，特别是提出了
关于哲学基本问题的理论。在 19 世纪 90 年代关于历史唯物主义的书信
中，恩格斯较为集中地论述了关于上层建筑对经济基础的反作用，进一
步充实和完善了历史唯物主义。

历史进程是受内在的一般规律支配的。在《路德维希·费尔巴哈和
德国古典哲学的终结》中，恩格斯对历史唯物主义的基本原理作了系统
的阐述。

第一，揭示了社会历史发展规律的客观性。社会发展史和自然发展
史是有区别的。在自然界中，除了人对自然界的反作用外，是一些盲目

---

① 见《马克思恩格斯选集》第 4 卷，人民出版社 1995 年版，第 692 页。恩格斯这一概念的制定
显然是受到了狄慈根在其《一个社会主义者在哲学领域中的漫游》（1886）中所提出的"辩证唯物
主义"一词的启示。

的、无意识的力量在相互作用，自然规律是自发地实现的。而在社会历史领域，进行活动的全是有意识的、受一定思想支配的、追求某种目的的人。可是，尽管社会历史和自然界有这种差别，"丝毫不能改变这样一个事实：历史进程是受内在的一般规律支配的"①。因为在社会领域内，尽管人人都有自觉的愿望和目的，但很少如愿以偿。从表面看，社会历史似乎是受偶然性支配的，而实际上这种偶然性始终是受内部隐蔽着的必然性支配的。问题的关键在于"发现那些作为支配规律在人类社会的历史上起作用的一般运动规律"②。

第二，指出了研究和发现社会历史规律的途径和原则。社会历史发展规律是通过人们的活动表现出来的，而人们的活动又是受他们的思想动机支配的，因此，探究社会历史的客观规律就必须注意探究隐藏在人们思想动机背后的动力。特别是要注意探索使广大群众、整个民族以及使整个阶级行动起来的动机，探索引起伟大历史变迁的起持久作用的根本动因。"这是能够引导我们去探索那些在整个历史中以及个别时期和个别国家的历史中起支配作用的规律的唯一途径。"③

第三，指出阶级斗争是阶级社会特别是现代社会发展的直接动力。恩格斯考察了欧洲特别是英法两国近代的历史，指出随着资本主义的发展，阶级对立日益简单化和明朗化，人们已不难发现，无产阶级和资产阶级以及封建贵族"这三大阶级的斗争和它们的利益冲突是现代历史的动力，至少是这两个最先进的国家的现代历史的动力"④。

第四，阐明生产方式的矛盾运动是社会历史发展的最终原因。阶级的起源和发展是由于纯粹经济的原因，无产阶级反对资产阶级的斗争首

① 《马克思恩格斯选集》第4卷，人民出版社1995年版，第247页。
② 《马克思恩格斯选集》第4卷，人民出版社1995年版，第247页。
③ 《马克思恩格斯选集》第4卷，人民出版社1995年版，第249页。
④ 《马克思恩格斯选集》第4卷，人民出版社1995年版，第250页。

先是为了经济利益而进行的，政治权力不过是用来实现经济利益的手段。现代大工业被资本主义生产方式的狭窄范围所束缚，造成了生产过剩和大众的贫困，必然要求通过改变资本主义生产方式来使生产力摆脱桎梏，由此导致无产阶级反对资产阶级的斗争。因此，"一切政治斗争都是阶级斗争，而一切争取解放的阶级斗争，尽管它必然地具有政治的形式（因为一切阶级斗争都是政治斗争），归根到底都是围绕着经济解放进行的"①。生产方式的矛盾运动是社会历史发展的最终原因。

第五，论证经济基础决定上层建筑的原理。国家和法是上层建筑的核心，但不是社会发展的决定力量，因为它们是受社会的经济关系决定的。国家的产生、存在和发展，应该从社会的经济生活中得到解释，"国家总的说来还只是以集中的形式反映了支配着生产的阶级的经济需要"②。国家的愿望，"归根到底，是由生产力和交换关系的发展决定的"③。不论是公法还是私法，反映的都是经济关系，都是为一定的经济基础服务的。但国家和法一旦产生，都有相对的独立性。"国家一旦成了对社会来说是独立的力量，马上就产生了另外的意识形态。"④这样，在政治家和法学家那里，由于对法律形式的强调，法律同经济事实的联系就完全消失了。但这并不能否认国家和法受经济基础所决定。

哲学和宗教是更高的即远离物质经济基础的意识形态。它们同自己的物质存在条件的联系，愈来愈被国家以及政治法律等中间环节弄模糊了。但归根到底，它们仍是受经济基础决定的。文艺复兴运动以来的哲学史和宗教史生动地证明了这一点。初看起来，哲学和宗教一经产生，便同现有的观念材料相结合，并总要包含传统的材料，似乎是和现实生

---

① 《马克思恩格斯选集》第 4 卷，人民出版社 1995 年版，第 251 页。
② 《马克思恩格斯选集》第 4 卷，人民出版社 1995 年版，第 252 页。
③ 《马克思恩格斯选集》第 4 卷，人民出版社 1995 年版，第 251 页。
④ 《马克思恩格斯选集》第 4 卷，人民出版社 1995 年版，第 253 页。

活相脱离的。然而，人们对传统材料总要做进一步的加工，使之发生符合本时代特征的变化，"这些材料所发生的变化是由造成这种变化的人们的阶级关系即经济关系引起的"①。因此，经济关系最终对哲学和宗教起决定作用。

经济运动也必定要经受政治运动的反作用。在社会历史发展过程中最终起决定作用的是经济因素，是物质资料的生产和再生产。这是历史唯物主义最基本的原理。恩格斯在其有关历史唯物主义的书信中对这一点反复强调。他指出："根据唯物史观，历史过程中的决定性因素归根到底是现实生活的生产和再生产。"②"经济关系不管受到其他关系——政治的和意识形态的——多大影响，归根到底还是具有决定意义的，它构成一条贯穿始终的、唯一有助于理解的红线。"③

在充分肯定经济因素、经济关系的决定作用的基础上，恩格斯着重论述了上层建筑诸因素的作用。马克思和恩格斯在创立唯物史观时，对上层建筑诸因素的作用曾有所论及，并在实践中十分重视政治斗争和革命理论的作用。但由于当时的主要任务是把唯心主义从它的最后一个世袭领地中驱逐出去，因此他们把强调的重点放在论证社会存在决定社会意识、经济基础决定上层建筑方面，而对于上层建筑诸因素的相对独立性及其对经济基础的反作用问题论述得较少。而且，马克思和恩格斯也并不是始终有时间、地点和机会来充分论述其他参与交互作用的因素。因此，恩格斯在晚年的书信中根据新的历史经验，总结几十年的哲学斗争，在全面阐明经济基础和上层建筑之间的辩证关系的基础上，着重论述了上层建筑诸因素的能动作用，指明"经济运动……也必定要经受它

---

① 《马克思恩格斯选集》第4卷，人民出版社1995年版，第257页。
② 《马克思恩格斯选集》第4卷，人民出版社1995年版，第695页。
③ 《马克思恩格斯选集》第4卷，人民出版社1995年版，第732页。

自己所确立的并且具有相对独立性的政治运动的反作用"①。

首先，恩格斯论述了经济因素和上层建筑诸因素之间的交互作用。历史的发展是一个复杂的运动过程，其中一切因素发生着交互作用，既有经济因素和上层建筑诸因素之间的相互作用，也有经济因素和上层建筑内部各因素之间的相互作用。虽然经济因素对社会历史发展进程最终起决定性作用，但不等于说只有经济因素才是唯一决定的因素。事实上，上层建筑诸因素也对历史发展的进程发生影响并且在许多情况下决定着这一发展的形式。只有承认这一点，才能正确地认识各种复杂的社会现象。

其次，恩格斯指出了上层建筑诸因素的作用的性质。恩格斯对上层建筑中政治、法律、哲学、宗教、文学、艺术乃至传统观念等因素分别作了具体论述，有区别地肯定了它们各自的能动作用。政治、法律等因素直接与经济基础发生联系，直接体现统治阶级的利益，是上层建筑的核心成分，在上层建筑中居主导地位。而哲学、宗教等因素离经济较远，往往需要以国家和法律为中介来反映和影响经济的变化。不管上层建筑诸因素的作用多么大和具有什么样的差别，相对于经济因素来说，它们的作用仍具有反作用的性质，是第二性的。

最后，恩格斯揭示了上层建筑诸因素反作用的表现。恩格斯以国家权力为例分析了上层建筑对经济发展三种可能的作用：一是沿着经济发展的同一方向起作用，加速经济的发展；二是逆着经济发展的方向起作用，阻碍经济的发展；三是暂时改变经济发展的方向。第三种情况归根到底可归结为前两种情况中的一种。恩格斯的论断虽是就国家权力来说的，但无疑也适用于上层建筑其他诸因素。

意识形态具有相对的独立性。恩格斯在阐明上层建筑诸因素的能动

---

① 《马克思恩格斯选集》第 4 卷，人民出版社 1995 年版，第 701 页。

作用的同时，还深入分析了意识形态的相对独立性问题。所谓意识形态的相对独立性，是指它对经济基础来说有一定的独立性，有自己的特点和特殊的发展规律。依据恩格斯的表述，意识形态的独立性主要表现在三个方面。

第一，意识形态具有历史继承性。恩格斯以哲学为例指出："每一个时代的哲学作为分工的一个特定的领域，都具有由它的先驱传给它而它便由此出发的特定的思想材料作为前提。"[1]

第二，意识形态的发展同经济的发展的不平衡性。先进的意识形态不一定产生于经济水平高的国家，经济较落后的国家在意识形态上也可以居领先地位。"经济上落后的国家在哲学上仍然能够演奏第一小提琴"[2]。其重要原因在于它可以直接继承和吸收其他民族先进的精神成果。

第三，意识形态的各种因素之间的相互制约性。一定的意识形态的发展，除了最终受经济制约外，还不同程度地受意识形态其他因素的影响，特别是受政治和法律观点的影响。

但是，必须看到，意识形态的这种独立性是相对的。意识形态的发展虽然要以以往的思想资料为前提，但经济"决定着现有思想材料的改变和进一步发展的方式"[3]。经济落后国家之所以能够产生先进的意识形态，归根到底还是反映了经济发展的客观要求。所以，不管意识形态的各种因素之间怎样相互影响，最终还是要受经济条件的制约。

历史是无数单个意志的合力的结果。恩格斯论述了人们创造自己历史和怎样创造历史的问题，并以力的平行四边形为比喻，阐明了历史发展过程中人的主观能动性和客观规律的辩证关系。

首先，恩格斯肯定，人们自己创造自己的历史，历史的发展是由许

---

① 《马克思恩格斯选集》第 4 卷，人民出版社 1995 年版，第 703—704 页。
② 《马克思恩格斯选集》第 4 卷，人民出版社 1995 年版，第 704 页。
③ 《马克思恩格斯选集》第 4 卷，人民出版社 1995 年版，第 704 页。

多单个人的意志和力量相互作用的结果。社会历史的发展离不开人的活动，而人的活动又是在一定的思想动机支配下进行的，所以，不能否认人的意志、动机、愿望在历史发展中的作用。历史是人们的各种愿望和力量交互作用的结果。

其次，恩格斯指出，人们创造历史的活动，如同无数力的平行四边形形成的一种总的合力。这种合力不是各种意志和力量的简单相加，而是它们在相互冲突、相互牵制、相互抵消中产生的结果。这种结果往往同每个人的意志和愿望并不相同，甚至是谁都没有希望过的。这说明，人类历史像自然界发展过程一样，是服从于其内在发展规律的。然而，这并不意味着，这些个人意志等于零。相反，每个人的意志在历史发展中都起一定的作用，都对合力有所贡献，因而是包括在这个合力之中的[①]。

最后，恩格斯阐明，历史发展的总的合力及其趋势归根到底体现经济运动的必然性。在形成合力的过程中，凡是符合经济运动发展方向的意志和力量，与历史发展的客观要求相一致，对历史的发展就起积极的推动作用。而违背经济运动发展方向的意志和力量，不符合历史发展的客观要求，对历史的发展就起消极的阻碍作用。恩格斯的这些论述运用唯物辩证法关于偶然性和必然性相统一的原理，说明了在历史发展过程中主观能动性和客观条件性的辩证关系。

三、"现代唯物主义"

恩格斯对"现代唯物主义"的系统构建在很大程度上是通过《反杜林论》以及《路德维希·费尔巴哈和德国古典哲学的终结》的写作实现

---

① 《马克思恩格斯选集》第4卷，人民出版社1995年版，第697页。

的。在《反杜林论》"引论"（1876—1878）中恩格斯鲜明地提出了"现代唯物主义"这一概念，并试图用其整合和包摄他本人所构建的"辩证而又唯物主义的自然观"与主要由马克思创立的"唯物主义历史观"。他强调，"现代唯物主义"是在利用旧唯物主义的"永久基础"上所实现的一种哲学思想的系统综合："现代唯物主义，否定的否定，不是单纯地恢复旧唯物主义，而是把两千年来哲学和自然科学发展的全部思想内容以及这两千年的历史本身的全部思想内容加到旧唯物主义的永久性基础上。这已经根本不再是哲学，而只是世界观。"[①]

在《反杜林论》和《路德维希·费尔巴哈和德国古典哲学的终结》中，恩格斯系统地阐述了"现代唯物主义"的各个组成部分，对由他本人所构建的"辩证而又唯物主义的自然观"与主要由马克思创立的"唯物主义历史观"进行了较为系统的整合和描述。

关于马克思主义哲学的性质、对象和任务。在《反杜林论》和《路德维希·费尔巴哈和德国古典哲学的终结》中，恩格斯对马克思主义哲学的一般性质以及它在马克思主义整个学说体系中的地位进行了阐述。恩格斯明确地把马克思和他创立的新哲学称为"现代唯物主义"。按照恩格斯的阐述，这种"现代唯物主义"是从德国唯心主义哲学中拯救了自觉的辩证法并且把它转为有关自然和历史的唯物主义理解的一种唯物主义[②]。这首先意味着，"现代唯物主义"从根本上克服和扬弃了德国古典哲学的唯心主义性质，对自然和历史都采取了彻底的唯物主义的态度。恩格斯在批判杜林的"一般世界模式论"时，明确提出"意识和自然，思维和存在，思维规律和自然规律"的关系问题，并重申"现代唯物主义"所坚持的思维只能从外部世界汲取和引出有关存在形式的原则这一彻底的唯物主义立场："原则不是研究的出发点，而是它的最终结果；这些原

---

① 《马克思恩格斯选集》第 3 卷，人民出版社 1995 年版，第 481 页。

② 《马克思恩格斯选集》第 3 卷，人民出版社 1995 年版，第 481 页。

则不是被应用于自然界和人类历史，而是从它们中抽象出来的；不是自然界和人类去适应原则，而是原则只有在符合自然界和历史的情况下才是正确的。这是对事物的唯一唯物主义的观点。"①其次，根据恩格斯的阐述，"现代唯物主义"的质的特征还体现在，它继承了德国古典哲学的优点，对客观世界的理解是辩证的。它既把历史看作人类发展的一个处在不断的运动、变化、转变和发展中的辩证过程，也把自然界理解为一个有自己的时间上的历史的辩证过程，其中天体也像天体上的有机物种一样有生生灭灭的永恒的辩证运动。这样，从认识史来说，"现代唯物主义"直接否定了德国古典哲学的唯心主义，仿佛是向 18 世纪唯物主义的回复，但又"不是导致 18 世纪的纯粹形而上学的、完全机械的唯物主义"②。由此而产生的"现代唯物主义"的又一个本质特征是，它不是凌驾于其他各门具体科学之上的哲学，而是一种科学的哲学世界观和方法论。对于哲学发展的以前阶段说来，把哲学理解为"科学的科学"是在情理之中的，因为那时各门具体科学特别是自然科学尚未分化和尚未在独立的条件下产生、发展起来，哲学不免把许多具体科学的研究内容包括在自身之内，并给各门具体科学提供关于事物及其知识的总联系的构想。但是，随着各门具体科学特别是自然科学的发展，特别是由于辩证唯物主义自然观和历史观的确立，就扬弃了以往的作为"科学的科学"的旧哲学，以致旧哲学中仍能赖以独立存在的内容，就只剩下了思维及其规律的学说，即形式逻辑和辩证法③。恩格斯指出，无论就其历史观还是就其自然观来说，"现代唯物主义本质上都是辩证的，而且不再需要任何凌驾于其他科学之上的哲学了"④。

---

① 《马克思恩格斯选集》第 3 卷，人民出版社 1995 年版，第 74 页。
② 《马克思恩格斯选集》第 3 卷，人民出版社 1995 年版，第 363—364 页。
③ 《马克思恩格斯选集》第 4 卷，人民出版社 1995 年版，第 257 页。
④ 《马克思恩格斯选集》第 3 卷，人民出版社 1995 年版，第 364 页。

在《路德维希·费尔巴哈与德国古典哲学的终结》中，恩格斯对"现代唯物主义"的性质及其在哲学史上所实现的革命变革进行了进一步的阐述。首先，他着力阐明了"现代唯物主义"与德国古典哲学的关系，具体论述了"现代唯物主义"与德国古典哲学特别是与黑格尔、费尔巴哈哲学的本质区别。恩格斯强调，"现代唯物主义"面向工人阶级及其社会实践，既彻底改造了黑格尔唯心主义的辩证法，吸收了其合理内核，重新唯物地把头脑中的概念看作现实事物的反映，把黑格尔的辩证法倒转过来，拯救了黑格尔的辩证法，又突破和克服了费尔巴哈唯物主义的局限性，吸收了他的哲学唯物主义的基本内核，把唯物主义贯彻到社会历史领域，从而彻底地扬弃和超越了德国古典哲学。其次，恩格斯明确提出和阐述了"哲学基本问题"，阐明了"现代唯物主义"对于哲学基本问题所持的与以往哲学不同的立场。恩格斯认为："全部哲学，特别是近代哲学的重大的基本问题，是思维和存在的关系问题"[1]，尽管这一问题在不同的时代其表现形式有所不同。哲学基本问题包含两个方面的内容：哲学基本问题的第一方面是思维和存在、精神和物质何者为本原的问题。对这一问题的不同回答把唯物主义与唯心主义区别开来。"凡是断定精神对自然界说来是本原的，从而归根到底承认某种创世说的人，组成唯心主义阵营。凡是认为自然界是本原的，则属于唯物主义的各种学派。"[2]哲学基本问题的第二方面是思维和存在的同一性问题，即人的思维能不能认识现实世界。依据对这一问题的不同回答，将可知论与不可知论区别开来。

恩格斯强调，在哲学基本问题上，"现代唯物主义"坚持彻底的唯物主义立场和可知论立场。它认为唯物主义最根本的意义在于要求"人们决心在理解现实世界（自然界和历史）时按照它本身在每一个不以先入为主的唯心主义怪想来对待它的人面前所呈现的那样来理解；他们决心

---

[1] 《马克思恩格斯选集》第4卷，人民出版社1995年版，第223页。
[2] 《马克思恩格斯选集》第4卷，人民出版社1995年版，第224页。

毫不怜惜地抛弃一切同事实（从事实本身的联系而不是从幻想的联系来把握的事实）不相符合的唯心主义怪想"①，从而第一次对唯物主义世界观采取了真正严肃的态度，将其彻底地贯彻到对社会历史领域的认识。此外，"现代唯物主义"把实践引入认识论，深刻揭露了不可知论的谬误，也科学地解决了世界的可知性问题。恩格斯针对不可知论指出："对这些以及其他一切哲学上的怪论的最令人信服的驳斥是实践，即实验和工业。"②因此，推动哲学家前进的动力，决不是纯粹的思想力量，而主要是自然科学和工业的日益迅速的进步，即实践。

需要指出的是，恩格斯主要是在一般唯物主义的意义上使用"存在"和"思维"的概念的。他甚至直接将"存在"和"思维"具体化为自然界与精神的关系，而未能提及、甄别和指出马克思在对"存在"和"思维"概念的理解上同以往唯物主义的区别。实际上，马克思在《1844年经济学哲学手稿》、《德意志意识形态》、1859年《政治经济学批判》"序言"等文中完全赋予了"存在"和"思维"以独特的含义。马克思眼中的"存在"，不是指整体自然界，而是指现实的"感性世界"，其中，不仅包括在人类社会历史中生成的自然界，即"人化的"自然存在或属人的自然存在，而且包括并且首先是指人们的"社会存在"，即人们的物质生活过程，特别是人们的物质生产过程。而马克思眼中的作为思维结果的"意识"，则首先是人们物质实践和物质交往活动的产物，是人们的"社会存在"即人们的物质生活过程的反映，是具有社会性的"社会意识"，是人们复现和确证自己现实生活和现实存在的中介。应该说，马克思的这种对"存在"和"思维"概念及其相互关系的理解，是与旧唯物主义有着本质差异的。

与对"现代唯物主义"的性质的理解相关联，恩格斯把"现代唯物

---

① 《马克思恩格斯选集》第4卷，人民出版社1995年版，第242页。
② 《马克思恩格斯选集》第4卷，人民出版社1995年版，第225页。

主义"的对象与任务理解为对自然、社会和思维的运动的一般规律的揭示。他指出："在自然界里，正是那些在历史上支配着似乎是偶然事变的辩证法运动规律，也在无数错综复杂的变化中发生作用；这些规律也同样地贯串于人类思维的发展史中，它们逐渐被思维着的人所意识到。这些规律最初是由黑格尔全面地、不过是以神秘的形式阐发的，而剥去它们的神秘形式，并使人们清楚地意识到它们的全部的单纯性和普遍有效性，这是我们的期求之一。"[①]可见，恩格斯明确把"现代唯物主义"界定为自然、社会和思维的运动的普遍规律的理论表达。

关于马克思主义哲学的内在统一性。恩格斯把彻底的唯物主义与彻底的辩证法理解为同一的东西。在他那里，辩证法一词被赋予两重内涵：它既被用来指自然、社会和思维三大运动形式的辩证运动及其规律，同时又被用来指这种客观的辩证运动及其规律的理论表现。前者是就客观内容而言的，后者则是就主观形式、理论形式而言的。同时，恩格斯又认为，现代唯物主义的对象和任务就是揭示关于自然、人类社会和思维运动的普遍规律。这样，在恩格斯看来，彻底的唯物主义与辩证法在双重意义上都是同一的，即无论在客观内容还是在主观形式方面都是同一的。辩证的唯物主义也就是唯物的辩证法。

恩格斯在《自然辩证法》中特别强调，自然、社会和思维诸种形式不仅都存在着辩证运动及其规律，而且这种规律实质上也是同一的。他指出，辩证法的一般规律在自然、社会与思维各个领域是普遍存在的，"辩证法的规律无非是历史发展的这两个阶段（自然界和人类社会——引者注）和思维本身的最一般的规律"[②]。这意味着，"唯物主义历史观"与"辩证的而又同时是唯物主义的自然观"及其内部的各个组成部分都统一于辩证法的一般规律。

---

① 《马克思恩格斯选集》第 3 卷，人民出版社 1995 年版，第 349—350 页。
② 《马克思恩格斯选集》第 4 卷，人民出版社 1995 年版，第 310 页。

关于马克思主义哲学与马克思主义其他组成部分的关系。在《反杜林论》中，恩格斯不仅系统地论述了马克思主义的哲学、政治经济学和科学社会主义理论，而且，也论述了马克思主义这些组成部分的相互关系。

按照恩格斯的理解，科学社会主义是唯物主义历史观"在现代的无产阶级和资产阶级之间的阶级斗争上的特别应用"①。这是因为，"现代社会主义，就其内容来说，首先是对现代社会中普遍存在的有财产者和无财产者之间、资本家和雇佣工人之间的阶级对立以及生产中普遍存在的无政府状态这两个方面进行考察的结果"②，而正是唯物主义历史观才提供了这种考察的科学方法，引导人们从经济关系来说明阶级和阶级斗争现象，从生产方式和交换的变更中、从经济学中来寻找政治变革和社会变迁的终极原因。马克思正是循此前进，提出了剩余价值理论，揭露了资本主义剥削的秘密，阐明了资本主义生产关系运动的规律，从而创立了科学社会主义理论。恩格斯认为，正是由于唯物主义历史观和剩余价值这两大发现，社会主义才由空想变成了科学。③

恩格斯在阐述马克思主义哲学与科学社会主义的关系时对于辩证法给予了特殊的注意，他特别强调了辩证法的作用，指出唯物主义历史观和科学社会主义的确立"只有借助于辩证法才有可能"④。

总的说来，恩格斯通过"现代唯物主义"概念所进行的"辩证唯物主义自然观"的构建以及对主要由马克思创立的"唯物主义历史观"的发挥，一方面在一定程度上继承和沿袭了马克思所开创和奠定的新的实践哲学传统，另一方面也呈现了某种复归传统形而上学以及试图综合"唯物主义历史观"与传统唯物主义的倾向。

---

① 《马克思恩格斯选集》第 3 卷，人民出版社 1995 年版，第 691—692 页。
② 《马克思恩格斯选集》第 3 卷，人民出版社 1995 年版，第 355 页。
③ 《马克思恩格斯选集》第 3 卷，人民出版社 1995 年版，第 366 页。
④ 《马克思恩格斯选集》第 3 卷，人民出版社 1995 年版，第 692 页。